司法警官职业教育优质教

罪犯教育实务

ZUIFAN JIAOYU SHIWU

（第二版）

主　编◎李振玉
撰稿人◎(以撰写内容先后为序)
　　　李振玉　张　静　苏海莹
　　　张　璟　董烈菊

中国政法大学出版社

2024·北京

司法警官职业教育优质教材
审定委员会

第二版说明

党的二十大报告指出，"必须坚定不移贯彻总体国家安全观，把维护国家安全贯穿党和国家工作各方面全过程，确保国家安全和社会稳定"。监狱作为司法行政机关，要坚定不移贯彻总体国家安全观，全面加强监狱执法工作，提高罪犯改造质量，为推进中国式现代化建设提供有力的司法保障。

党的二十大报告首次提出了"加强教材建设和管理"，表明了教材建设国家事权的重要属性。在二十大报告精神的指引下，编写组对教材进行了第二版修订，全面落实立德树人的根本任务，促进学生成为德、智、体、美、劳全面发展的时代新人，体现具有中国自主体系的罪犯教育实践，推进中华民族文化自信自强。

《罪犯教育实务》是司法部2014年罪犯教育精品课程的建设成果之一，也是2019年国家级专业教学资源库《罪犯教育矫正》的建设成果。该教材依据刑事执行专业人才培养目标和课程标准，坚持育人为本，德育为先的理念，遵循高等职业教育规律，紧密联系监狱罪犯教育工作实践，以罪犯教育职业岗位的相关执法工作过程和工作任务分析为基础，以培养职业能力为主线，选取和序化教材内容，突出教材内容的职业性和教学活动的实践性。教材按照"教、学、练"的人才培养模式要求，重点突出了罪犯教育工作过程的系统化和工作岗位的针对性，侧重应用型，将知识与技能的学习紧密结合，将监狱罪犯教育改造工作的新实践、新思路与职业教育教学改革的新要求、新成果紧密结合。因此，本教材不仅适用于高职高专刑事执行类相关专业选用，还适用于在职监狱民警业务培训参考使用。

本教材内容共分基础知识、教育实务、教育管理三个部分，设计9个知识单元、11个项目、41个训练任务。其中，基础知识部分简要介绍了罪犯教育的概念、理念、指导思想、任务、原则、工作模式、发展趋向、岗位要求等，为学生明确将来的工作要求并做好相关实务工作奠定了基础；教育实务部分按教育过程从"入监教育""日常教育"到"出监教育"，共分了9个项目，使学生掌握从事罪犯教育工作的实务技能；教育管理部分体现罪犯教育组织管理业务工作的特色。

本书的提纲由李振玉提出，经课程团队集体讨论后定纲。

各部分的撰写分工如下（按撰写内容先后为序）：

第一部分　基础知识（李振玉）

第二部分　教育实务

项目一　入监教育（张静）

项目二　日常教育（苏海莹）

项目三　讲评教育（张璟）

项目四　课堂教育（张璟）

项目五　谈话教育（李振玉）

项目六　分类教育（张静 苏海莹）

项目七　场所文化教育（董烈菊）

项目八　社会帮教（苏海莹）

项目九　出监教育（李振玉）

第三部分　教育管理（张静）

本书编写过程中，学院学术委员会提供了宝贵的指导意见，并给予大力支持，同时也得到山东省监狱、山东省微湖监狱、山东省女子监狱、山东省第二女子监狱提供的无私帮助，在此一并特致谢忱。本书编写过程中，参考、借鉴了罪犯教育方面的有关教材、著作、论文和网络信息资源，并运用了一些监狱教育改造工作的文字、图片等资料，恕不能一一注明，谨向原作者表示衷心的谢意！

最后，由于编写人员水平有限和罪犯教育实践经验不足，书中疏漏错误难免，敬请读者谅解并批评指正，以便后期修改完善。

《罪犯教育实务》编写组
2024 年 2 月

目 录

第一部分 基础知识

第二部分 教育实务

第三部分　教育管理

第一部分　基础知识

罪犯教育的概念

　　什么是罪犯教育？在回答这个问题之前，首先要弄清楚教育、改造、矫正这些词语的联系与区别，然后搞清楚教育改造与罪犯教育的概念是否一致。因为这些问题不搞清楚，后面的论述将会陷入混乱。

一、教育、改造、矫正、教育改造、罪犯教育辨析

　　什么是"教育"？这个问题没有统一的答案，因为不同的教育家都有各自的解说。

　　我国古代思想家对"教育"的多种解说：

　　《中庸》："修道之谓教。"

　　《礼记·学记》："教也者，长善而救其失者也。"

　　《荀子·修身》："以善先人者谓之教。"

　　西方思想家和教育家对"教育"的认识：

　　卢梭："教育应当依照儿童自然发展的程序，培养儿童所固有的观察、思维和感受的能力。"

　　杜威："教育即生长""教育即改造""学校即社会"；教育是生活的过程，而不是将来生活的预备。"教育是经验的改造或改组。"

　　斯宾塞：教育应该"为美好的生活作准备"。

　　夸美纽斯：假如要去形成一个人，那便必须由教育去完成。"教育在于培养和谐发展的人。"

可见，在西方，"教育"一词具有引导帮助儿童发展的含义，在一定程度上揭示了教育是"培养人的活动"这一本质属性。

中国《教育大辞典》对"教育"所下的定义是："传递社会生活经验并培养人的社会活动。"广义的教育，泛指影响人的知识、技能、身心健康、思想品质的形成和发展的各种活动。狭义的教育，主要是指学校的教育，即根据一定的社会要求和受教育者的发展需要，有目的、有计划、有组织地对受教育者施加影响，以培养一定社会（或阶级）所需的人的活动。

从广义上说，教育无处不在，监狱的大墙内有教育行为，改造罪犯包含着教育因素这一点是无可置疑的。即使是狭义的学校教育，监狱也有相似实践。毛泽东曾经说过，"我们的监狱其实是学校"，这个认识是没错的。但是，不能因为监狱里有教育、有教学，就把监狱真的看成一所学校，认为两者没有区别。毛泽东也曾说过，"部队是所大学校""农村是所大学校"。对此，我们又将如何理解呢？

"改造"一词，《汉语词语》中的解释，一是从根本上改变旧的，建立新的，如改造世界、改造自然；二是修改或变更原事物，使其适合需要，如改造旧房。在《诗经·国风·郑风·缁衣》中有"缁衣之好兮，敝，予又改造兮"。虽然改造在这里有"重新制造"的意思，但与刑法执行中对罪犯的改造无关。《荀子·议兵》中有"中试则复其户，利其田宅，是数年而衰，而未可夺也。改造，则不易周也"。这里的"改造"是"重新选择"的意思。"改造"一词在监狱学中的含义已经不是《诗经》和《荀子》中的原来意义了。但是，改造的用法依然保留着"主动改造"和"被动改造"的意思。因此，把"改造"这个词用在罪犯身上是很合适的。当然，在监狱中使用"改造"一词，必须在监狱刑罚执行这个特定领域思考，才能使之带有改造罪犯，使他们重获新生的意味。

"矫正"，原意是指纠正、改正，把弯曲的弄直。"矫正"的概念是20世纪末至21世纪初被引入社会领域，成为司法方面的专门用语的。其意指国家司法机关和工作人员通过各种措施和手段，使犯罪者或具有犯罪倾向的违法人员得到思想上、心理上和行为上的矫正治疗，从而重新融入社会，成为其中正常成员的过程。

下面分析教育改造和罪犯教育的关系：

从学科层面看，"教育改造"一词先于"罪犯教育"被学者们接受，并且"教育改造"是监狱工作实践中一直采用的概念。我们常说的三大改造手段，就是指监管改造、劳动改造和教育改造。从 1954 年的《中华人民共和国劳动改造条例》（现已失效，以下简称《劳动改造条例》）到 1994 年的《中华人民共和国监狱法》（2012 年修正，以下简称《监狱法》），再到 2003 年的《监狱教育改造工作规定》和 2007 年的《教育改造罪犯纲要》，都使用"教育改造"一词。从 20 世纪 80 年代开始，在罪犯教育学类教材中，"教育改造"成为书名首选。而进入 20 世纪 90 年代之后，"教育改造"作为书名已经很少出现，绝大部分教材都采用"罪犯教育学"这一名称。最早可查的是 1986 年群众出版社出版的李俊杰编著的《罪犯教育学》一书。教育改造是监狱工作中的一项实际工作，用工作名称来命名学科显然不太恰当。由于对服刑人员的教育改造具有教育的色彩，所以，依靠教育学理论，纳入一级学科教育学体系，是符合学科建设要求的。

从意识形态层面考虑，"改造"一词带有政治色彩，在监狱学逐步由"政治哲学"向"矫正哲学"转向的过程中，应尽量避免使用教育改造这样有政治意蕴的词。因此，使用罪犯教育更为合适。如果"改造"一词没有政治和意识形态的色彩，那么改造和矫正实际上都是指向刑罚执行制度，都是为了实现使罪犯成为守法公民这一目标。因此，两者并不存在本质的区别。

教育改造和罪犯教育也是如此，两者的差异只是在于一种学科建设意义上的不同选择，并不存在本质区别。因此，本书中所说的罪犯教育，实际就是教育改造。

二、罪犯教育的概念

从罪犯教育教材和专著对罪犯教育改造的定义看，有狭义和广义之分，狭义的罪犯教育是指思想教育、文化教育和技术教育等"三课教育"内容，例如，力康泰主编的《改造教育学》。广义的罪犯教育是指监狱在刑罚执行的过程中，对罪犯依法实施的，以转变罪犯思想、矫正犯罪恶习为核心所进行的一系列有目的、有计划、有组织的影响活动。例如，贾洛川主编的《罪犯教育学》。随着罪犯教育理论研究的深入，后来的学者逐步将两者融合，既讲明"三课教育"的内容，又将概念最终落脚到"系列影响活动"上面。

监狱虽是阶级斗争的产物，对罪犯开展教育却是社会文明发展的需要。在这里，罪犯教育工作是我国刑罚执行的重要组成部分，它在依法对罪犯实施惩罚的前提下，从改造人、教育人的目标出发，强制实施思想、文化、技术、心理健康等方面的教育。罪犯教育工作为监狱安全稳定、社会法治秩序和和谐社会建设作出了巨大的贡献。自中华人民共和国成立以来，我国的罪犯教育工作取得了举世瞩目的成就，既弘扬了社会主义法治精神，又体现了"以改造人为宗旨"价值取向的现代监狱行刑理念及其运行机制。本教材中的罪犯教育采广义含义，即"大教育"。

単元二

罪犯教育的理念

随着行刑社会化的发展，人们越来越意识到对罪犯开展教育的重要性。什么样的罪犯教育理念更有利于监狱教育工作的开展？这个问题在监狱实践和理论界探讨已久。其中，毛泽东改造罪犯的思想全面而系统，开创了中国特色的改造罪犯理论，也为我们思考罪犯教育的理念提供了指南，随着时代的发展，我们仍然需要继承和弘扬毛泽东关于改造罪犯的思想。结合时代的需要，我们总结了以下罪犯教育的理念。

一、人是可以改造的

罪犯是否可以改造？这是罪犯教育工作首先应当思考的问题。在这个问题上大致有三种观点：

第一种观点是否定论。它的代表性人物是意大利精神病学家、犯罪学家切萨雷·龙勃罗梭。龙勃罗梭认为，犯罪是一种必然的社会现象，并且否定了贝卡利亚的意志自由论。龙勃罗梭运用实证方法对犯罪人进行研究，从而提出"天生犯罪人"理论。在此理论下，犯罪原因被归结于隔代遗传（即返祖现象）与退化现象。犯罪人的这种返祖现象与退化现象使得他们的行为方式与现代文明社会的规范和期待相抵触，从而被认定为犯罪。龙勃罗梭把犯罪人分为四类，其中天生犯罪人和精神病人是真正的犯罪人，是不可改造的。龙勃罗梭说过："如果说犯罪一旦发展起来就难以医治，就难以遏止，那么，那种认为监狱和教育是救治犯罪的灵丹妙药的观点，就的确属于幻想。相反，我们所更接近的现实告诉我们：不管采用怎样的监狱制度，累犯现象都是恒常不变的；更重要的是，所有的监狱制度都在为新的犯罪提供窝点。"

第二种观点具有二元论色彩，即把罪犯分为能够改造的和不能改造的两类。这一观点的代表是德国的刑法学家弗兰茨·冯·李斯特，他有一句广为人知的名言："矫正可以矫正的罪犯，不能矫正的不使为害。"李斯特在刑事政策上主张："能矫正的罪犯应当予以矫正；不能矫正的罪犯应使其不致再危害社会。目的是必须根据不同的犯罪类型而作不同的规定和发展。"

第三种观点对改造持乐观态度，但是承认改造是有条件的。列宁曾经指出："理论上没有不能改造的罪犯。"毛泽东在中华人民共和国成立后多次就罪犯改造的可能性问题发表观点，他作出的"人是可以改造的"论断成为中国监管改造工作的理论基础。早在1960年，毛泽东就指出："许多犯罪分子是可以改造好的，是能够教育好的。"1963年，毛泽东又强调："我们相信人是可以改造过来的，在一定的条件下，在无产阶级专政的条件下，一般说是可以把人改造过来的。"1964年4月24日，毛泽东在杭州对公安部党组《关于调查处理胡芷芸案件的情况报告》上批示："人是可以改造的，就是政策和方法要正确才行。"1965年8月，毛泽东在一次谈话中指出："犯了罪的人也要教育，动物也可以教育嘛！牛可以教育它耕田，马可以教育它耕田、打仗，为什么人不可以教育他有所进步呢？问题是方针和政策。"

"人是可以改造的"，已经被我国监狱改造罪犯的实践证明。例如，一千多名日本战犯经过教育改造后回国，他们多数积极参加反战和中日友好活动；成功地把末代皇帝溥仪教育改造为自食其力的守法公民，并且使他竭尽全力地为国家和社会作出贡献。

二、我们的监狱其实是学校

1960年10月22日，毛泽东在会见美国记者斯诺时说："我们的监狱不是过去的监狱，我们的监狱其实是学校，也是工厂，或者是农场。"有学者认为，不能以教育改造为由将监狱定性为"学校"，或所谓"特殊学校"，并认为那只是文学上的比喻修辞，并非"定性"之论。"我们的监狱其实是学校"虽然并非是对监狱的"定性"，但是我国监狱一直都在比照着学校"育人"的思路来运行，可以说教育改造工作一直在实践"我们的监狱其实是学校"的理念。

"我们的监狱其实是学校"理念的明确提出是在1960年，但是这一理念的渊源却可以上溯至革命根据地监所时期。1931年5月10日，《陕甘宁边区高等法院对各县司法工作的指示》明确规定："犯人每天必须认字、读报及听课""有专门学识的，也准许专门研究或写作。"边区监所还制定了《课堂规则》，以落实这一指示精神。1945年1月6日，延安《解放日报》在对"高等法院监狱犯人生活"的报导中写道："犯人进监狱，虽然被限制了自由，但就他们所过的教育生活来说，入监就是入学。"犯人在狱中主要学习三个方面的课程，即生活教育、政治教育和文化教育。其中文化教育的主要内容是教识字、讲卫生、学算术、阅书报，写墙报和社会常识等。这一史实说明，中国共产党领导下的监所工作始终重视教育问题，始终践行"我们的监狱其实是学校"这一理念。

在"我们的监狱其实是学校"这一理念的指引下，中国出现了将监狱办成特殊学校的实践，监狱工作借助学校教育的形式使教育改造走向了正规化和系统化，带动了整个监狱工作的发展。有学者指出，"从某种意义上说，只有把监狱办成学校，我们的监狱才能实现真正意义上的'现代化'，也才能体现真正意义上的'文明'"。经过几十年的发展，特殊学校成绩斐然，监狱系统编写了具有特殊学校特色的"三课教育"课本，教学机构逐步健全，师资队伍日益充实。截止到 2000 年年底，全国已有 96.37% 的监狱办成了特殊学校，这说明我国监狱基本上都已经建成了挽救人、改造人、造就人的特殊学校。

实践总是在一定的理念指引下开展的，中国监狱工作取得的骄人的成绩，与我们始终将监狱看成学校的理念有着重要的联系。只有在"我们的监狱其实是学校"这一理念之下，才能正确理解"特殊园丁""三像""灵魂工程师"这些比喻的深刻内涵。

三、教育改造是监狱的中心工作

中国监狱的改造工作不同于西方的教育刑主义，我们不认同"刑罚就是教育"的观点，但是，"教育在罪犯改造中起主导作用"却是学界共识。可以说，在监狱的各项工作中，改造是最重要的工作，在各种改造手段中，教育改造是核心手段。

我国的监狱工作始终将"改造人"放在核心地位。早在革命根据地时期，民主政府已经认识到，生产、管理和教育这三大监所工作不是"平行的"，是以教育为主的，生产和管理都是"为了教育"。自中华人民共和国成立以来，我国的监狱工作方针经历了四次变化。从"三个为了"到"两个结合"，再到"改造第一，生产第二"，直到现在的"惩罚与改造相结合、以改造人为宗旨"。这四个方针虽然表述各异，但是其基本精神是一致的，都体现了以"改造人"为宗旨这一追求。

学者对这一理念早已进行了不同形式的表述。早在《监狱法》颁布之前，有学者即指出："在劳动改造罪犯的活动中，始终有一个以教育为本的精神存在着。"中国政法大学教授王平认为："监狱对罪犯实施教育，古今中外监狱都有，在这一层意义上，我国监狱的教育改造无任何特色，但是，以改造罪犯为宗旨，把教育作为改造罪犯的基本手段，把监狱办成改造罪犯的特殊学校，并且取得巨大成功的，唯有我国监狱。"夏宗素教授主编的《监狱学基础理论》一书认为，"行刑教育性原则"，是指监狱在刑罚执行中将教育活动贯彻刑罚执行始终，以促使罪犯改过自新。该书同时断定："新中国的监狱从创立伊始就明确了行刑教育化原则。"

这一理念可以从司法行政工作会议和领导讲话中得到印证。2010年，司法部在全国监狱教育改造工作会议上就明确提出，要坚持把加强罪犯教育改造工作作为监狱工作的中心任务，坚持把教育人、改造人、挽救人放在第一位。2012年，司法部正式提出，"把提高教育改造质量作为监狱工作的中心任务"。从中华人民共和国监狱工作发展历史来看，改造、矫正、教育和挽救已成为中国特色社会主义新时代监狱更本质、更优越的特征。2023年开展的全国监狱长培训班重新强调改造居中心地位，强调要充分认识改造罪犯是党对监狱工作一以贯之的根本要求，始终坚持以改造罪犯为中心任务，努力提升罪犯改造质效。

四、构建大教育格局

罪犯改造要顺应时代发展，要坚持与时俱进。创建平安监狱，维护社会治安秩序，创建和谐社会，需要综合发挥各个职能部门的作用。同样，罪犯教育是监狱的一个系统工程，这种系统关系决定了监狱改造罪犯必须依靠各个部门，各个执法活动与环节，必须树立大教育观，我们不能用片面、孤立、静止的观点去看待罪犯改造，更不能将罪犯改造仅仅依赖于监狱某一部门、某一种手段，将罪犯改造工作简单化、片面化和狭义化。罪犯改造要坚持与时俱进，监狱民警必须牢固树立大教育观，必须实现从单纯的保安全、保稳定的低标准向提高罪犯改造质量为中心的高标准转变。

监狱民警要做到与时俱进，牢固树立大教育观，就必须确立依法重教和严格执法的理念。罪犯改造工作是监狱刑罚执行的重要手段，在改造罪犯中处在治本的核心地位。但长期以来，我们在认识上始终存在一个盲点，那就是讲到依法治监，严格执法，就是收押与管理，就是严禁打骂体罚罪犯，就是在罪犯减刑、假释、保外就医和生活保障上必须严格落实制度、按规定办事，但对罪犯教育改造工作从严格执法、按《监狱法》的要求去做这个高度去认识，予以法律化、制度化的保证，在一些监狱民警的思想中还十分淡薄，这使得我们现在对罪犯的教育改造工作仍停留在"人治"和"法治"之间的认识层面上，导致出现监狱罪犯改造工作法律地位很高，实际地位较低的现象。因此，监狱民警必须从思想上牢固树立依法重教与严格执法的新理念，具体表现在以下几个方面：

1. 要致力于监狱职能部门与基层押犯监区、分监区的有效互动，这样才能构建罪犯改造质量长效的管理机制。监狱一定要激活提高罪犯改造质量的管理机制，形成监狱上下共同参与、积极关注的良好工作氛围，监狱各个职能部门与押犯监区、分监区要始终保持有效的互动联系并明晰各自的职责，避免互相推诿，形成教育管理工作一盘棋的格局，实现对监管改造工作的齐抓共管，这样才能有效地提高罪犯改造质量。

2. 要有创新与务实的理念。监狱民警在探索和改进罪犯改造的方法手段上，必须根据罪犯个别化改造目标的需要，选择各种手段中有针对性作用的具体方式方法，构建罪犯个别化的改造教育实证方案，真正实现罪犯改造由教导向引导的根本性转变。同时，监狱民警要坚持实事求是的精神，坚决摒弃自身工作上存在的形式主义和脱离罪犯改造实际的做法，破除老框框，剔除陈旧的内容，赋予其新的内容，必须放弃或改进原有不切合实际的条条框框，既要做到有所为，也要敢于有所不为。

3. 突出科技兴教和教育社会化的理念。监狱民警要有超前意识和现代观念，要努力创造条件，增强科技促教的能力，向科技要质量、求水平。充分利用大众传播媒介及时跟踪科技发展动态，将最新信息及时充实到罪犯教育内容中，实现罪犯真正意义上的自主学习，自我教育，使罪犯真正置身于数字化学习环境的熏陶之中，以培养罪犯的独立性、自我规范、自我发展和自我调节的素质。大力运用现代科技手段，推进罪犯心理矫治工作，实施好电化教育，从而加快罪犯改造工作现代化发展步伐。在罪犯教学方式方法上，要不断创新教育形式，在积极发展远程教育的同时，加强与社会联合办学，让封闭式的教育方式尽快向开放式的教育方式转变。

4. 坚定不移地树立"协同作战"的理念。监狱一定要打破部门界限，建立"全员施教"的大教育格局和责任体系。监狱的狱政管理、劳动生产、生活医疗、监区环境等都是教育改造罪犯的重要载体，提高罪犯教育改造质量，有赖于各种教育在方法上、内容上和功能上的有机结合，以及各种改造手段要相辅相成，形成合力。同时监狱要不断与时俱进，挖掘和创新狱政管理、刑罚执行、劳动改造、生活卫生等方面的教育功能，不断拓展罪犯教育改造的载体，丰富罪犯教育改造的内涵，增强罪犯教育改造的综合效能，形成协同作战、齐抓共管的大教育格局。

5. 对监狱现有行刑方式进行改革。我国监狱行刑方式的改革是适应我国经济社会发展和社会大环境的一种必然要求，也是我国法制发展进程的一种必然趋势。我国监狱改革行刑方式要借鉴西方先进的监狱管理经验，要在罪犯处遇制度上，设置开放性的处遇级别，借鉴罪犯请假离监制度和刑释前走向社会就业培训制度，让罪犯从一个"监狱人"转变为"社会人"。要在监狱结构上，实行监狱等级划分制度。罪犯服满一定刑期后，依据罪犯改造表现情况和悔罪情况，转入与社会生产相接近的行刑空间进行改造，这有利于罪犯进行自我改造，顺利地完成从监禁到社会的过渡。同时在刑罚变更上，要完善假释立法，扩大假释的适用范围，完善社区矫正体系，优化罪犯监管环境，提高罪犯改造质量。

单元三

罪犯教育的指导思想

罪犯教育的指导思想是以毛泽东思想、邓小平理论、"三个代表"重要思想、科学发展观、习近平新时代中国特色社会主义思想为指导，学习贯彻习近平法治思想和总体国家安全观，牢固树立社会主义法治理念，贯彻"惩罚与改造相结合，以改造人为宗旨"的监狱工作方针，贯彻以教育改造人为首要任务，紧紧围绕提高罪犯改造质量，坚持以人为本，充分发挥管理、教育、劳动改造手段的作用，发挥心理矫治的重要作用，推进教育改造罪犯工作的法制化、科学化、社会化，把罪犯改造成为守法公民。

一、毛泽东改造罪犯的思想

毛泽东改造罪犯思想，是在马克思列宁主义和中国传统文化的基础上，与中国革命和建设的实践结合而形成与发展的。它提出了"人是可以改造的"这一总指导原则，明确了"思想改造第一，劳动改造第二"的人道主义感化方法。这已成为我国社会主义监狱制度的一大特色，在中华人民共和国监狱发展史上具有极其重要的地位。毛泽东关于改造罪犯的理论为我国监狱制度的创立和监狱理论的发展奠定了基础。例如，关于无产阶级改造社会、改造人的思想，关于发挥社会主义刑罚教育作用的思想，关于人是可以改造的思想，让罪犯在希望中改造等。这些理论奠定了罪犯教育工作的理论基础，有力地推动我国监狱刑罚执行观念、制度和实践的创新，科学地指导了中国特色监狱制度的创建。60多年来，我国监狱制度的创建、我国监狱工作的实践和我国监狱理论的发展，都是在这一理论指导下进行的。在新的历史条件下，毛泽东改造罪犯的理论依然是我们做好教育改造工作的指导思想。

二、社会主义法治理念

社会主义法治理念是指政法工作指导思想，党的十八届四中全会提出了全面推进依法治国的指导思想。罪犯教育工作必须坚持以"依法治国、执法为民、公平正义、服务大局、党的领导"为核心内容的社会主义法治理念。监狱罪犯教育工作要遵循社会主义法治理念,就要做到以下四个方面:

1. 依法施教。在依法治国的理念引导下,监狱工作要形成完备的法律、法规、规章体系,务必要做到依法治监,在罪犯教育工作中更要依法施教。罪犯教育改造的所有过程和所有措施都必须依法实施。

2. 公正执法。监狱执法是我国司法公正的最重要的体现场所之一,在创新教育改造方法,提高罪犯改造质量时,必须以"社会主义公平正义"为工作的根本要求。在罪犯教育工作中要切实做到以事实为依据,以法律为准绳,不偏不倚,客观公正。

3. 严格执法。认真做好罪犯收押集训、日常考核、奖惩实施等基础工作,对容易出现问题和人民群众关注的加减刑、假释、暂予监外执行等执法环节进行规范。完善内部监督制约机制,规范民警的执法行为。

4. 文明执法。在教育改造过程中,杜绝打骂、体罚、虐待罪犯现象,要落实文明施教,遏制和消除各种不文明执法行为,保障罪犯合法权益。

三、党的监狱工作的方针和对监狱工作的要求

监狱工作方针是国家为监狱刑罚执行、惩罚与改造罪犯工作确定的指引监狱工作方向和目标的总体性要求和规定。随着社会的发展进步、形势的变化要求,改造罪犯工作实际需要也发生了改变,我国监狱工作方针随之调整,但60多年来,将罪犯改造成为守法公民的宗旨理念却一直没有变,监狱改造人的精神追求始终没有变。

我国监狱罪犯教育的指导思想无不体现出监狱工作的方针。而"惩罚与改造相结合、以改造人为宗旨"的监狱方针又体现了党的监狱工作方针。党的十八大以后,结合国内外政治经济发展的新常态、新形势、新思路,党对全国政法工作提出了新要求,对监狱提出了全面加强罪犯教育改造工作的新要求。党的二十大报告指出,要"把维护国家安全贯穿党和国家工作各方面全过程,确保国家安全和社会稳定"。监狱是维护国家安全和社会稳定的重要战线,要坚守安全底线,践行改造宗旨,确保监狱场所持续安全稳定。为此,我们应坚持把教育改造罪犯作为中心任务,不断提高教育改造质量。

新的监狱工作方针,将"以改造人为宗旨"作为监狱工作的出发点和归宿,这是一个新的重大理论发展,要求监狱必须围绕"改造人"这一首要任务和最

终目标开展工作，这既是多年来中国监狱工作的经验总结，也是中国特色监狱制度特征的体现。为新时代的改造罪犯工作指明了发展方向，提出了明确的要求。

四、坚持以人为本的理念

"把罪犯当'人'看待"，是我国监狱工作一贯奉行的政策和原则。第二次世界大战后，随着现代矫正制度的兴起，罪犯教育以人为本，人道、民主的理念也反映在国际机构的相关文件上，1955年联合国《囚犯待遇最低限度标准》第66条第1款规定，应该照顾到犯人不同情况，使用一切恰当办法，其中包括教育、职业指导和训练、道德性格的加强，在可能进行宗教照顾的国家也可包括这种照顾。当代的世界大环境下，无论是国际社会的总体舆论还是各个国家自己的司法制度，都把人权保障提升到了一个新的高度。这一趋势也在中国的法律和政策中逐步体现出来。例如，2004年人权入宪，2012年《中华人民共和国刑事诉讼法》（以下简称《刑事诉讼法》）修订时，将"保护人权"以法条的形式表现出来。2013年废止了在我国存在了56年的劳教制度，这是我国完善人权司法保障制度的重大进步。社会的发展要求人类从思想和行为上都更加地进步，人本思想成为整个社会的重中之重，罪犯的改造也不能偏离这一趋势。有学者指出，人性化是罪犯改造的基础。罪犯也是人，具有公民资格，尽管他实施了为法律和道德所不容的犯罪行为，处于被剥夺自由、被惩罚的地位，但他还是公民，还是社会的一分子，其未被法律剥夺或限制的权利仍然需要受到保护。我们在监狱民警中做过调查，问他们如何做好教育改造工作，某监狱民警给我们的答案是：对于罪犯的教育改造，一个重要前提就是要把罪犯看作一个"人"，要尊重他们的人格。

罪犯教育的对象是具有自我能动性的人，提高罪犯教育的质量，就要以人的发展的客观规律为依据，突出教育人、改造人、造就人的宗旨，研究罪犯教育改造的措施和方法，充分运用法律赋予的工作手段，本着对人民高度负责的精神去教育改造罪犯，在强调保护罪犯权利的同时，必须要求罪犯履行义务。

单元四

罪犯教育的原则

罪犯教育基本原则，是指在罪犯实施教育改造的过程中应当遵循的基本法则或标准。2007年司法部《教育改造罪犯纲要》中把教育改造罪犯的基本原则表达为：以人为本，重在改造；标本兼治，注重实效；因人施教，突出重点；循序渐进，以理服人。

一、以人为本，重在改造

教育改造罪犯，要充分了解和掌握罪犯的思想动态，充分考虑罪犯的自身情况，着眼于罪犯顺利回归社会，采取有针对性的改造措施。监狱工作以"改造人"为中心，我们改造罪犯就是要使其学会做人，重视罪犯的"人性"问题，是衡量"以人为本"的重要内容，我们不能"以管代教"，不是简单的"监禁加劳役"，而是通过科学的方式约束其行为，唤醒其良知，塑造其人性，促使其社会化。比如，在思想政治教育方面，要适当增加时事教育，使罪犯身在高墙而思想观念能跟上社会的潮流；在知识技能教育方面，要加强针对性、务实性，适应罪犯就业的需要，开展技术培训，让罪犯掌握一技之长，增强释放后的竞争力；在心理健康教育方面，要为罪犯提供正当的情绪宣泄渠道，使其克服心理障碍，帮助其完善人格。

二、标本兼治，注重实效

教育改造罪犯，要把规范罪犯行为与矫正罪犯犯罪意识有机地结合起来，增强各种改造手段和措施的实际效果。罪犯在狱中服刑，他们的行为和思想是相互联系、相互影响的，思想支配行为，行为反映思想。我们改造罪犯，要做到既矫正思想，又规范行为，围绕将罪犯改造成"守法公民"来展开。如果说法律是他律，那么改造思想和灵魂就是自律。要运用科学有效的教育方法，如心理咨询、心理矫治、经常开展行为规范达标竞赛、劳动竞赛等活动，开展社会帮教活动等，来转变罪犯的思想观念，增强其改造的信心。

三、因人施教，突出重点

因人施教原则，是指在罪犯教育过程中应该根据罪犯的个体差异，选择不同的教育者，采用不同的内容，制定相应的教育策略的原则。因人施教在我国有着悠久的历史，宋代大儒朱熹称"夫子教人，各因其材"，就是说孔子教育学生会根据学生的个别差异进行不同的教育。突出重点是指教育改造罪犯，要根据不同类型、不同罪犯的实际情况，在实施分类教育和个别教育时，要对重点类型、重点罪犯重点采取教育改造措施，实现教育改造效果的最大化。

罪犯教育的规律之一是罪犯个体的身心发展的个别差异性。在监狱中，虽然在总体上具有共性，身心发展在一定时期内具有一定的稳定性和普遍性。但由于遗传、环境和教育等因素的影响，不同类型的罪犯之间又具有差异性，他们之间在生理、心理、行为特点、改造表现等方面，可能都具有鲜明的特殊性。反映这一规律的原则便是因人施教原则。为了保证教育改造的效果，犯罪教育活动要在统一的要求下，坚持因人施教，突出重点。贯彻这一原则要求应做到：

（一）详细掌握犯罪的情况和特点

1. 把握犯罪群体特点。个体往往具有其所在群体的特点。群体积极向上，群体中的个体就积极向上。这体现的是集体教育的影响。所以，了解犯罪个体的特点就要首先了解犯罪群体的特点，从而对犯罪建立一个初步认识。

2. 把握犯罪个体情况和特点。首先，根据吴宗宪教授的犯因性差异理论，犯罪的教育改造针对的就是犯罪的犯因性缺陷。所以，在教育罪犯过程中，第一项工作就是必须了解每名罪犯的犯因性差异，为改造活动指明对象。

3. 了解罪犯的一般性差异方面的特征。一般性差异就是"个人在遗传过程中由于遗传与环境的相互影响而在生理、心理、社会能力等方面表现出的相对稳定而又不同于他人的特点"。掌握罪犯的基本信息，包括姓名（绰号）、年龄、籍贯、罪名、刑期等个人基本情况。了解罪犯社会关系方面的情况，掌握分析罪犯入监之前的生活、学习、工作经历、家庭状况（包括家庭结构与社会关系）、社会交往等方面的情况，勾勒出罪犯从出生到犯罪的人生曲线，特别要重点分析对罪犯思想和行为有重大影响的人和事。

（二）科学制定教育改造计划

1. 根据教育罪犯的需要，选择有针对性的教育方法。制定教育改造计划，要选择有针对性的教育改造方法。

2. 根据教育罪犯的需要，选择适宜的教育内容。罪犯教育的效果要得到保障，既要选择有针对性的教育改造方法，还要关注罪犯教育内容。

3. 根据教育罪犯的需要，选择合适的施教者。对同一个罪犯实施同样的方法和内容，如果由不同的监狱人民警察去实施会产生不同的结果。例如，对未成年犯的教育由中年女警官进行，往往会事半功倍。

四、循序渐进，以理服人

循序渐进原则，是指监狱民警要严格按照科学知识的内在逻辑顺序和罪犯认识发展能力的顺序，对罪犯开展教育矫治活动的原则。这一原则也符合罪犯的认识发展规律，一般情况下，罪犯的知识结构单一，知识水平低下，因此，学习知识的过程应该有序进行，从低级到高级. 从简单到复杂。贯彻这一原则就需要按知识的逻辑顺序进行教育。任何知识都有其内部固有的逻辑体系，即任何知识都有其自身知识架构和知识排列的规律。罪犯教育的内容同样有其固有的逻辑体系和知识架构层次体系。作为教育者的监狱民警应该按照罪犯教育内容的逻辑脉络关系制定教学计划，力图实现罪犯教育活动的系统化。如罪犯的道德教育，在内容的选择上就应根据受教育罪犯的实际道德状况，遵循"底线道德——公民基本社会道德——超越性社会美德"这样一个由低到高的道德要求的发展路径。以罪犯已经达到的水平为起点，以罪犯在一定时期内可能达到的发展水平为终点，从起点向终点高难度和高速度地发展。

以理服人原则，是指监狱人民警察在罪犯教育过程中不凭借强势地位，以权压人，而是坚持摆事实、讲道理的方法，使罪犯心悦诚服地接受教育的原则。在教育改造中贯彻以理服人原则的基本要求是：①坚持摆事实、讲道理；②坚持疏通引导；③坚持耐心说服；④以情感人，情理结合。

教育改造罪犯，应当按照罪犯的思想转化规律，制定工作计划，分阶段、有步骤地实施；要坚持摆事实、讲道理，对罪犯开展耐心细致的说服教育工作。应当按照罪犯的思想转化规律，制定教育计划，有步骤地实施，避免欲速则不达。

单元五

罪犯教育的任务

加强对罪犯的教育改造，"把绝大多数罪犯改造成守法公民"，是《监狱法》赋予监狱的根本任务，是司法部提出的监狱工作目标，是建设和谐社会的重要举措。我们对罪犯进行教育，在于摆事实，讲道理，启发和疏导罪犯，把罪犯引导到正确的方向上来，所以，罪犯教育的主要任务有以下三项：

一、转化思想、矫正恶习

罪犯教育是监狱民警转变罪犯的错误思想观念的基本途径。从心理学的研究来看，精神正常的人们的外部行为，往往受其心理活动的支配；大多数的外部行为都是心理的体现。对于罪犯而言也是如此。罪犯入狱之前之所以进行犯罪行为，就是因为存在心理方面的问题。因此，通过教育改造工作，可以启发罪犯认识过去所忽略的问题，纠正他们已经形成的错误认识和不恰当观念，促使他们思想观念发生转变。通过社会主义法制教育，使罪犯明确我国的法律制度是按照无产阶级和广大人民意志和利益制定的，维护人民的民主权利等合法利益，弄清法律保护什么，允许什么，禁止什么，反对什么，了解合法、违法的界线，从而树立法制观念，养成遵纪守法的良好习惯。通过认罪教育，使罪犯承认犯罪事实，找出犯罪的根源，认清犯罪的危害，从而服从法律判决，遵守监规纪律，接受改造。通过形势政策和前途教育，使罪犯认清形势、了解和相信党的政策、澄清模糊认识、消除顾虑、坚定信心、积极改造、争取光明的前途。

二、传授知识，培养技能

罪犯教育是促使罪犯学习多种知识的重要措施。首先，罪犯教育是罪犯提高文化水平的基本渠道。从罪犯构成来看，罪犯的总体文化程度相对低于社会平均水平，知识欠缺是一个人犯罪的重要因素。通过文化知识的学习，可以提高辨别是非的能力。有了较高的知识水平，可以更好地学习技术。所以我国监狱把开展文化教育，提高罪犯的文化知识素质，作为教育改造的一项重要任务。通过文化教育，改善罪犯的知识结构，使其摆脱愚昧状态，为他们转变思想、学习科学知识和劳动技能创造条件，同时也传承了社会文化，促进社会文明进步。其次，罪犯教育是罪犯掌握其他知识的重要渠道。好逸恶劳，缺乏劳动技能是多数罪犯的犯罪原因之一，培养罪犯的劳动技能，是监狱教育改造工作的法定任务。《监狱法》第70条规定："监狱根据罪犯的个人情况，合理组织劳动，使其矫正恶习，养成劳动习惯，学会生产技能，并为释放后就业创造条件。"在罪犯教育中还要组织罪犯学习其他方面的有用知识。罪犯只有在学习劳动技能的过程中，学到一技之长，掌握谋生的本领，才能立足社会，服务社会，做一个守法公民和有用的人。

三、健康教育，指导回归

健康包括身体健康和心理健康。罪犯的健康是指身体、心理及对监狱适应的良好状态。对罪犯进行健康教育，既要注重对身体健康的教育，又要关注对心理健康的指导，更要关注罪犯在监狱中的状态。要对罪犯进行针对性心理健康教育，完善人格，提高心理调控能力，增强监狱服刑的适应能力，消除其犯罪内因。引导罪犯正确对待监狱服刑，以健康的行为方式适应社会，为罪犯接受改造提供良好的健康基础，指导罪犯回归社会，是罪犯教育的一个重要任务。

单 元 六

罪犯教育的工作模式

一、罪犯教育工作模式的演进

中华人民共和国成立后，改造罪犯的模式和教育工作模式的发展可分为三个阶段：

第一个阶段是以 1954 年的《劳动改造条例》的颁布为标志，确立了以劳动改造为主的改造罪犯模式。《劳动改造条例》规定，罪犯每日实际劳动时间一般为 9 小时到 10 小时，学习时间平均每天不少于 1 小时。罪犯一般每半月休息 1 天。这可以说是一种"15+1"罪犯教育工作模式。

第二个阶段是以 1994 年《监狱法》出台为标志，确立了狱政管理、教育改造、劳动改造相结合的改造罪犯模式。1995 年 6 月，司法部下发了《关于罪犯劳动工时的规定》。该规定明确：罪犯每日劳动 8 小时，平均每周劳动不超过 48 小时，生产任务不满的监狱，经（省级监狱管理局）批准可以实行每周劳动 5 天，集中学习 1 天。罪犯每周至少休息 1 天。据此，我国监狱开始实行"6+1"教育工作模式，若生产任务不足时，经批准可实施"5+1+1"罪犯教育工作模式。

第三个阶段是以 2007 年司法部印发的《教育改造罪犯纲要》为标志，确立了以教育改造为中心的改造罪犯模式。2009 年 11 月，司法部下发了《关于加强监狱安全管理工作的若干规定》，规定监狱应当坚持每周 5 天劳动教育、1 天课堂教育、1 天休息。罪犯每天劳动时间不得超过 8 小时，每周劳动时间不超过 40 小时。至此，"5+1+1"罪犯教育工作模式得以确立。

从"15+1""6+1"到"5+1+1"，并不是简单的数字改变，而是全面涉及整个刑罚执行理念和行刑模式创新的大问题，对践行"惩罚与改造相结合、以改造人为宗旨"的监狱工作方针，提高教育改造质量，确保监狱安全稳定必然起到积极的作用。劳动时间缩短、教育时间增加，可有效地缓解罪犯劳动的紧张心理，加大罪犯思想教育的力度，有力地维护监所改造秩序的持续安全稳定。学习时间增多，可加大技术教育的力度，提升罪犯的劳动熟练程度，提高劳动效率，在促进监狱经济发展的同时，为罪犯刑释后就业谋生打下良好基础。教育时间增加，可使教育改造工作的进攻性明显增强，罪犯学习的主动性大大提高。

二、"5+1+1"罪犯教育工作模式

（一）"5+1+1"罪犯教育工作模式的基本内涵

所谓"5+1+1"教育改造模式，是指在监狱刑罚执行过程中，坚持每周5天劳动教育、1天课堂教育、1天休息的改造制度与行刑方式。"5+1+1"罪犯教育工作模式的内容是：

1. 5天劳动教育。劳动教育的目的是使罪犯树立正确的人生观和价值观，养成自食其力的习惯，学会劳动的本领，为释放后就业谋生、成为自食其力的守法公民打下基础。当前，我国罪犯的劳动内容以劳动密集型的来料加工业为主，生产模式以流水线作业为主，可以划分为很多生产环节和不同工序，相互间需要通力协作来完成整个产品。在劳动中，罪犯受劳动纪律和规章制度约束，能有效地矫治罪犯的思想和行为，增强团队合作精神。劳动教育中，要科学下达经济指标，优化生产项目，严格定额管理，从根本上解决罪犯劳动超时问题，不断提高罪犯改造积极性。在多样化基础上选择附加值较高的项目进行优化，使更多的罪犯有适合自己特长的效益较高的生产项目，最大限度地发挥自己的潜能，提高生产效能。

2. 1天课堂教育。课堂教育包括思想、文化和技术教育，其目的在于将罪犯改造成自食其力的守法公民，避免或减少重新违法犯罪。课堂教育中，要合理安排"三课"课堂教育日及"三课"课时比例，一般把每周1天的学习日定在周三或周四，一方面与周日的休息日形成呼应，另一方面能确保警力。课堂教育日"三课"课时安排适宜在8个课时，具体可安排为：上午文化教育3个课时，下午技术教育3个课时，晚上思想教育2个课时。在罪犯每周学习1天的基础上，每月还应安排适当的专题教育。

3. 1天休息。休闲对生活质量的意义与健康和教育同等重要。在监狱的指导下，开设培训班、俱乐部、工作坊、兴趣小组等，组织罪犯参加体育活动、游戏、业余爱好、文学、艺术活动、表演艺术等不同类型的休闲活动。休闲活动以罪犯自愿为主，监狱积极引导，保证效果，让罪犯真正放松，心灵得到慰藉。在

休息日通过广播、电视等有效媒介使罪犯了解外面的世界，进一步巩固课堂教育和劳动改造的成果。通过丰富多彩的文体和亲情帮教活动，加强监狱对罪犯的人文关怀和心理疏导，促进罪犯形成积极向上的人生态度。

（二）"5+1+1"教育改造模式提出的现实意义

"5+1+1"教育工作模式有利于集中监狱主要精力，整合监狱主要资源，凸显监狱主要职能，有利于推进监狱以人为本，建设执法、管理、教育、劳动等各种手段相结合的大教育格局，更加科学地统筹罪犯的劳动、学习和休息，使三者充分发挥各自的改造特色和功能，同时相互促进、相互补充，提高罪犯教育改造质量。

1. "5+1+1"教育改造模式是对传统"6+1"教育改造模式的根本变革与匡正。这是新形势下我国罪犯改造工作的一大进步，是我国监狱刑罚执行模式的创新与发展。传统的"6+1"教育改造模式，以罪犯劳动生产为本位的教育改造模式，罪犯每周劳动6天，休息1天。罪犯教育只能安排在周一至周六的晚上的7：30至9：30进行。由于罪犯白天劳动任务繁重，身体和精神比较疲倦，每晚的罪犯教育也就难以达到理想效果，甚至出现"走过场"现象。而目前实施的"5+1+1"教育改造模式则同"6+1"教育改造模式大为不同，它不再是要求教育改造服从劳动改造（实则是监狱生产），不再是在生产劳动为本位的基础上再来考虑罪犯"三课教育"，而是从劳动改造和教育改造自身的规律性出发，合理协调和处理二者的矛盾关系，把劳动改造和教育改造看成互相合作、互相支持、互相配合的互动互惠关系。"5+1+1"教育改造模式的科学实施，不仅解决了教育改造工作多年来由于教育时间不足而导致的淡化和弱化问题，也使劳动改造摆脱了过分追求经济效益的异化倾向，走上了一条健康和可持续发展的坦途。

2. "5+1+1"教育改造模式适应了维护社会治安秩序持续稳定的新要求和新期盼。进入21世纪以来，随着社会犯罪的增长，刑释人员重新犯罪率也在不断攀升。据司法部预防犯罪研究所披露：20世纪80年代，中国重新犯罪率大概维持在7%~8%；2014年，全国监狱中被判刑2次以上的罪犯达到近14%。据我国公安机关的有关调查显示：2014年，重大特大恶性暴力犯罪、重大盗窃犯罪和团伙犯罪，尤其是黑恶势力犯罪案件，多是刑释解教人员所为，一些地方刑释人员重新违法犯罪比例上升，已成为影响社会治安最危险的群体。"二进宫、三进宫、多进宫"罪犯增加，这是以往历史上所不多见的。"5+1+1"教育改造模式恰逢其时，任重道远。实践证明，教育改造工作对有效遏制罪犯刑释后重新犯罪率上升的势头发挥了重大作用。

3. "5+1+1" 教育改造模式构建了一种新型的罪犯教育改造制度形态和矫正模式，表明了中国监狱制度是一种真正的 "改造刑" 或 "矫正刑"，它把 "挽救人、改造人、造就人" 放在监狱工作的首位，倡导 "人是可以改造的" 理念，在行刑实践中注重突出教育改造的核心地位，实现 "攻心治本"。"5+1+1" 教育改造模式并不只是劳动任务减少 1 天，课堂教育增加 1 天这样简单的变动，而是全面涉及整个刑罚执行理念和行刑模式创新的大变革。它的实行意味着监狱行刑资源的重新配置，劳动、教育、管理三大改造手段行刑格局的变更；意味着监狱工作走向专业化或职业化之路；意味着全面提升民警的教育矫治水平，尤其是要学会运用心理矫治手段，要具备现代教育教学的能力，否则就难以适应以改造为本位的监狱模式的新挑战、新要求。

单元七

罪犯教育的发展趋向

20 世纪 50 年代以来，世界各国在监狱行刑教育思想理论上不断地出现新的观点主张，导致监狱教育制度也发生了一些重大变化。概括地说，主要突出地表现在四个方面，即罪犯教育的法制化、科学化、社会化和个别化发展趋向。

一、罪犯教育的法制化发展趋向

罪犯教育工作法制化是指罪犯教育工作依照国家法律、法规和部门规章，进行依法教育的动态过程。罪犯教育工作的法制化是监狱工作法制化的一个重要内容，也是不断提高罪犯改造质量的重要保障。罪犯教育在性质上是一种执行刑罚的活动，但从其具体操作层面看，其实它还要受教育规律的支配，本质上仍是一种教育教学活动。作为刑罚执行活动，它归属于刑事法律体系，受刑事法律规范、支配；而作为教育教学活动，它则要受行政法律的规范。正因为如此，罪犯教育的情况复杂，应当说，这是目前罪犯教育工作不理想的根本的深层次原因所在。《监狱法》有关罪犯教育的规定，原则空泛，语焉不详；2007 年司法部印发的《教育改造罪犯纲要》已经不能与时俱进，而且法律地位也比较低，无法起到很强的约束作用。

罪犯教育法制化的主要内容有：①建立完备的监狱罪犯教育法制体系，包括宪法、刑法、监狱法、教育法、警察法以及法规部门规章等。②建立科学的依法教育运行机制，包括依法教育的理念、法律制度、执法规范等。③建立完善的依法教育监督机制，包括教育内容公开、教育程序公开、监督公开等。④建立有力的依法教育的保障机制，包括人力、财力、物力保障，特别是教育警察的队伍保障。罪犯教育工作法制化是依法施教的重要条件，也是罪犯接受教育的权利的重要保障，体现了我国依法行刑的现代化理念。

二、罪犯教育的科学化发展趋向

罪犯教育的科学化就是使教育改造工作符合教育改造规律，其贯穿于罪犯教育的各项工作中，其本质内涵在于按照教育管理规律开展罪犯教育管理，通过用科学理念指导教育管理、用科学方法实施教育管理，提高教育管理的科学技术含量，促使对罪犯的教育管理更加符合科学的性质或状态，进而达到提高教育管理工作效果的目的。罪犯教育的科学化是监狱工作科学化的一个重要方面，也是不断提高罪犯改造质量的重要措施。

罪犯教育的科学化的主要内容有：①教育理念的科学化。要与时俱进，不断更新观念，使罪犯教育工作适应时代发展的新要求。努力学习、研究、掌握国内外有关罪犯教育工作的先进理念，引导科学的教育罪犯的模式。②教育手段的科学化。要把社会上一些先进的教育手段运用到监狱的罪犯教育工作中。自19世纪以来，幻灯、电影、电视机、计算机等相继发明，并不断在教育领域推广使用。这些现代化的科学技术直接为教育手段的科学化提供了技术基础。监狱干警要把这些先进的教育手段融入罪犯教育工作中，切实提高罪犯教育的质量。③教育的方法科学化。罪犯教育工作实现由强制教育向自我教育的转化，需要注重科学的教育方法。在教育改造中，监狱民警应实事求是地分析监狱的现状和罪犯的个体情况，因人施教，运用心理矫治、个别矫正等灵活多变的教育方法。④教育评估科学化。目前的罪犯教育工作在考核上注重形式，忽视教育过程的量化考核，轻视内容和效果。从堆积如山的教育台账看，似乎教育工作成绩显著，其实"数字教育、形势教育"的成分较重，教育效果并不理想。

三、罪犯教育的个别化发展趋向

当代行刑实践中，教育刑思想已经成为刑罚执行的主导思想，推行罪犯教育个别化，是新时期教育刑发展的主要趋势。罪犯教育个别化，又称罪犯教育个性化，"是一种以教育个体而非教育群体为基础的教育形式。即针对群体对象中的各个体差异，通过需求各种不同的变体和途径，籍以按照各种不同的内容和方法，去实现其一般的教育目标"。也就是在坚持党的监狱工作方针和监狱法规定的工作目标和共性要求的基础上，创设使罪犯有更多的自我教育、自我发展空间的改造条件，再塑出既适应社会、监狱机关统一要求又具有独特个体素质的新人。

罪犯教育个体化的理论思路：由于罪犯的年龄、性别、职业、精力、犯罪类型、恶习程度、文化、能力等方面的差异，罪犯个体本来就具有相对独立的个性，个性是他们存在的现实方式。"仅依据一般性理论或单纯的依靠所实施的处遇，对于个体的再社会化包括再教育和感化并没有真正的作用"，因而必须从罪犯的个体情况出发。罪犯教育既要遵循共性的要求，对罪犯实施统一的教育，也应根据罪犯具有的个性特征，制定与之相适应的措施与帮助，区别对待，因人施教，更好地促进罪犯改造。

四、罪犯教育的社会化发展趋向

有学者言："将一个人数年之久地关押在高度警戒的监狱里，告诉他每天睡觉、起床的时间和每日每分钟应做的事，然后将其抛向街头，指望他成为一名模范公民，这是不可思议的。"例如，《悲惨世界》中的主人公冉·阿让在囚船上被管理19年获得释放后，他发现自己无法生存，没人向他提供食物和栖身之地，冉·阿让的困境是当时刑满释放的罪犯所遇到的普遍不幸。

信息网络技术的飞速发展使人与人的交往冲破了时空的限制，把世界连接成一个地球村。传统监狱的封闭状态与当代社会的开放状态显得格格不入，服刑人员长期与世隔绝的服刑生活造成服刑人员与社会的脱离，服刑过程中形成的监狱化人格成为回归社会后适应生活环境的障碍。同时，知识经济的到来使人们的生活发生了日新月异的变化，对社会成员的综合要求也不断提高。因此，增加监狱的开放程度，加强教育改造社会化发展，实现监狱与社会的无缝对接和服刑人员刑满释放后的平稳过渡，在现代社会背景下显得尤为迫切。

我国始终把监狱工作置于社会治理的整体架构中，推进罪犯教育社会化。一是向前延伸。对接侦查、起诉、审判等司法机关，科学开展改造罪犯评估。二是向外延伸。使罪犯服刑期间的社会帮扶有机融入监狱教育改造工作。运用社会资源，紧紧依靠家庭、基层组织、社会力量，聘请法律专家、心理治疗师、教师、社会志愿者等专业力量，共同做好罪犯教育工作。利用互联网信息资源，适应不同层次罪犯接受教育改造的需要。三是向后延伸。为罪犯刑满释放顺利过渡、回归、融入社会创造良好社会环境。深化社会帮教制度，重点定位于解决服刑罪犯的思想教育、技能培训和刑满释放人员的帮扶、接纳工作。政府建立社会帮教中心，统一指挥协调该项工作；监狱部门和有关部门、人士相联系，建立经常化、制度化的社会帮教模式；建立社会关怀帮扶体系，搞好政策扶持和社会帮扶，解决好生活困难的刑满释放人员最低生活保障等实际问题。

单 元 八

监狱民警在罪犯教育中的地位和作用

监狱民警是代表国家的利益，对罪犯执行刑罚、实施教育改造的专门人员。从教育角度看，监狱民警是罪犯教育活动的教育者；从管理的角度看，监狱民警是罪犯生产、生活、学习活动的管理者。监狱民警是罪犯教育活动的计划者、执行者，在罪犯教育过程中处于主体地位，具有主导作用。

一、监狱民警在罪犯教育中的地位

罪犯教育是一项系统、复杂而艰巨的工作，监狱民警在罪犯教育过程中处于主体地位。从哲学中矛盾发展的不平衡性看，罪犯教育工作中矛盾无处不在，监狱民警与罪犯之间的矛盾是罪犯教育诸多矛盾中的主要矛盾，在这个矛盾中，监狱民警是矛盾的主要方面。

（一）主要矛盾

哲学中的主、次矛盾及其关系：在事物的许多矛盾中，居于支配地位的矛盾是主要矛盾，其他处于从属地位的矛盾是次要矛盾。主要矛盾规定次要矛盾，次要矛盾影响主要矛盾。在罪犯教育工作中，既有监狱民警与罪犯的矛盾，又有监狱民警与罪犯教育影响的矛盾，还有罪犯与罪犯教育影响的矛盾。在这么多矛盾中必然有主要矛盾，主要矛盾决定着罪犯教育活动的性质，规定或影响着罪犯教育过程中的其他矛盾的存在和发展。其中，监狱民警与罪犯之间的矛盾就是监狱民警代表国家所提出的罪犯教育要求与罪犯所具有的身心发展水平之间的矛盾。

（二）矛盾的主要方面

矛盾的主次方面及其关系：在一个矛盾中，居于支配地位的方面是矛盾的主要方面，处于被支配地位的方面是次要方面。矛盾的主要方面规定次要方面，次要方面影响主要方面，两者在一定条件下相互转化。事物的性质是由矛盾的主要方面所规定的。在监狱民警代表国家所提出的罪犯教育要求与罪犯所具有的身心发展水平之间的矛盾中，监狱干警是矛盾的主要方面，在罪犯教育中占主体地位。只有坚持监狱民警是罪犯教育活动的主导者这一观念，才能保证罪犯教育活动沿着正确的道路发展，才能在实践中积极主动地实践罪犯教育行为。

二、监狱民警在罪犯教育中的作用

罪犯教育是一种特殊的教育，它既具有一般教育的共性，也有其特殊性。监狱民警在罪犯教育中要发挥主导作用。

（一）监狱民警是罪犯教育活动的主导者

在监狱中服刑的绝大多数罪犯已经形成了错误的世界观、人生观、价值观，他们在人生的道路上迷失方向，需要监狱民警充当其导师，这就决定了监狱民警在罪犯教育中的主导作用。一方面，监狱民警依法把社会要求的政治观点、思想体系、道德规范传递给罪犯，通过内化外化的过程，引导罪犯形成良好的行为习惯和道德观念；另一方面，监狱民警根据罪犯反馈的信息，了解教育中存在的问题，矫正自己的教育方法，使整个教育过程向着有利于罪犯回归社会的方向发展。

（二）监狱民警是罪犯教育活动的设计者

监狱民警负责执行法律规定的改造任务，把握着教育改造的运行方向，决定着教育对象的学习内容、进程和方法。监狱民警组织罪犯开展思想道德、科学文化、行为养成、法治宣传教育，引导罪犯树立正确的价值观念。监狱民警对罪犯进行职业技能指导，教导罪犯改掉好逸恶劳的恶习、培养一技之长，最终向社会输送合格的“社会人”。监狱民警在组织教育活动之前，必须了解罪犯，理解教育目标，精选教育内容，选择教育方法，制定教育计划。

（三）监狱民警是罪犯教育活动的组织者

在罪犯教育的过程中，处处体现着监狱民警直接管理的原则。从罪犯教育活动的开始到罪犯教育活动的结束，监狱民警总是要充分组织各种教育资源，充分发挥罪犯积极、能动的主体性因素，保证教育任务的完成和教育目标的实现。

值得注意的是，我们在正确看待监狱民警在罪犯教育中的作用时，不可忽视罪犯在教育改造中的主观能动性。在罪犯教育的过程中，要充分发挥教育者与被教育者之间的相互作用，实现罪犯教育成果的最大化。

单 元 九

罪犯教育工作民警的岗位要求

罪犯教育岗位的民警是我国监狱人民警察的重要组成部分，自然具有监狱警察队伍的共同属性与整体要求。由于担负着对狱内罪犯实施教育的重要任务，该岗位民警对于提高监狱罪犯改造质量，提升监狱的安全稳定有着不可替代的作用。结合监狱人民警察和罪犯教育工作的特点，对于罪犯教育工作民警提出了基本要求和与其教育改造工作岗位相匹配的特殊要求。

一、基本要求

基本要求是指罪犯教育工作的监狱民警要达到监狱人民警察的基本要求。罪犯教育工作的监狱民警首先要满足监狱人民警察的岗位基本要求，他们的行为、知识、技能和素质都必须达到监狱人民警察的基本要求。作为一名合格的负责罪犯教育工作的监狱民警，要达到《中华人民共和国公务员法》、《中华人民共和国人民警察法》和《监狱法》等的相关要求。

二、特殊要求

特殊要求是指罪犯教育工作的监狱民警除了要满足监狱人民警察的基本要求之外，还要满足罪犯教育工作的具体的岗位要求。罪犯教育工作是一项复杂的系统工程，它具有普通教育的基本特征，又具有特殊性。所以，罪犯教育对于从事这一活动的教育者和管理者有着特殊的要求。

（一）行为要求

罪犯教育工作监狱民警是代表国家依法对罪犯实施教育的，对他们的行为方面的相关要求具体表现在：

1. 在罪犯的教育的过程中自觉维护法律权威和尊严。
2. 严格按照法律法规，依法实施教育。
3. 严格教育管理，做到严格、公正、科学、文明管理，坚持直接管理。
4. 坚持以人为本，实行因人施教、分类教育、以理服人，将罪犯改造成守法公民。

5. 尊重罪犯人格，依法保障和维护罪犯的人身安全，合法财产和辩护、申诉、控告、检举以及其他未被依法剥夺或者限制的权利。

6. 自觉接受监督，提高执法透明度。

7. 语言文明规范，提倡说普通话，杜绝有损罪犯人格和尊严的用语。

8. 行为举止得体，体现良好精神风貌等。

基本要求是：严格遵守人民警察的政治纪律和工作纪律，旗帜鲜明，不卑不亢，学会"冷处理"，耐心细致地做好罪犯的思想改造工作。

（二）知识要求

罪犯教育工作监狱民警对罪犯实施教育的，对他们的知识方面的相关要求具体表现在：

1. 了解有关人文社会的科学知识、形势政策的最新动态，掌握刑法学、犯罪学、监狱学、教育学、心理学、管理学等专业知识。

2. 掌握与监狱工作相关的法律法规及教育管理工作的各项规章制度等。

基本要求：了解我国当前国内外形势，掌握相关法律法规知识，了解教育的一般规律，掌握罪犯教育的原则、方法和内容，掌握罪犯教育工作的流程。

（三）能力要求

对业务工作的内容、程序及细节要求做到清晰明了、精准无误，主要指观察、认识、分析和处理问题的能力以及语言表达能力。

观察能力即观察、调查、发现问题的能力，指对罪犯行为举止、神情姿态等细微之处的注意力和觉察力，特别应注意从细微之处觉察出变化和问题，从而及时予以了解、核实，并予以解决。

认识能力即透过某些现象认识其本质或规律的能力，主要是能够透过罪犯某些貌似悔改的假象认识其背后所隐藏的消极改造的欺骗性的真实意图。

分析能力即对某一现象进行有理有据、逻辑严密地剖析的能力，主要表现为一种对罪犯说服教育的能力。

处理问题的能力，即要求对罪犯在改造中的消极表现和突发问题能够严格执法、予以应急处置或拿出较妥善的解决方案。

语言表达能力包括言语表达能力和书面表达能力。言语表达能力是从言语上予以应对，主要指面对罪犯的谈话能力、讲话能力、授课能力；书面表达能力是某些公文、应用文书如计划、总结、报告和执法文书的写作能力。在罪犯教育实践中，民警的个别教育能力，课堂讲授能力，队前讲话能力，执法文书制作能力，信息化应用能力等都是专业能力的具体体现。

基本要求：能够实施对罪犯的思想、文化、技术教育，把握罪犯的表情、情绪的变化；通过语气、声调和手势增强教育的感染力；不断创新罪犯教育的方式和方法，教育中能够做到晓之以理，动之以情，善于处理和解决罪犯教育中出现的各种矛盾。

（四）素质要求

罪犯教育工作的监狱民警要对罪犯实施教育，所以对他们的素质方面有相关要求。具体表现在：政治上、道德上、业务上、心理上和身体上。

1. 政治素质是监狱民警从事罪犯教育活动所必需的基本条件和基本品质，是个人的政治觉悟、理想信念、道德品质和革命人生观的综合体现。它是监狱民警的综合素质的核心。对从事罪犯教育工作民警的政治素质的基本要求有：

（1）具有坚定的政治信仰和正确的政治方向。比如对罪犯进行政治改造的目标就是促使罪犯在政治思想和情感上做到"五认同五树立"，即认同中国共产党的领导、认同伟大祖国、认同中华民族、认同中华文化、认同中国特色社会主义道路，树立正确的历史观、民族观、国家观、文化观、宗教观。这就要求从事罪犯教育工作的民警首先要真正做到"五认同五树立"。

（2）具有较高的政治理论水平和政策水平。

（3）树立"教育为本，安全为先"思想。

（4）增强做好罪犯教育工作的责任感和使命感。

2. 道德素质指保证从事罪犯教育工作的监狱民警良好履职所需要的道德品质方面的个人特征。对从事罪犯教育工作民警的道德素质的基本要求有：

（1）坚持党的罪犯教育改造方针。

（2）尊重罪犯人格。

（3）以社会主义核心价值观引领罪犯改造。

（4）为人师表，诲人不倦等。

3. 业务素质指符合专业化要求，就是罪犯教育工作民警对罪犯教育改造所必须具备的业务知识、业务实务和业务技能。扎实的业务理论有助于民警明晰工作现象的实质，增进民警的洞察力、预见性，指导民警在工作中少走或不走弯路。精通业务实务，就是要对业务工作的内容、程序及细节要求做到清晰明了、精确无误。高强的业务技能具体体现在观察能力、思考能力、表达能力、宣传能力、组织协调能力等，包括民警的执法能力、教育改造能力、维护监所安全稳定能力、应急处置能力、信息化应用能力和开拓创新能力等。

4. 心理素质指保证从事罪犯教育工作的监狱民警顺利从事罪犯教育工作应当具备的个人心理特征。罪犯教育工作的监狱民警所具有的心理素质，不仅可以使其工作效率和质量大大提高，其自身的榜样示范作用，也会对罪犯的改造起到有益的推动作用。心理素质的基本要求有：

（1）能够胜任罪犯教育工作。

（2）能够承受罪犯教育工作带来的心理压力。

（3）能够适当缓解罪犯教育工作带来的紧张情绪。

（4）适当的自我控制能力等。

5. 身体素质是指罪犯教育民警扮演着执法者、教育者、管理者等多种角色，承担的工作任务重、压力大，强健的身体是工作的基本条件。同时，由于工作的特殊性，监狱人民警察还存在着很大的职业风险，而且面临的威胁往往是突发性和致命性的。因此，除了要有良好的身体素质外，监狱人民警察还应具备过硬的警务实战技能。

 学以致用

一、请给监区罪犯作"教育改造工作基本知识"专题教育

要点提示：

1. 教育罪犯认识教育改造的法定性，端正改造态度。让罪犯懂得，根据《监狱法》《教育改造工作规定》和《教育改造罪犯纲要》等法律规章，罪犯教育工作是监狱改造罪犯的一个关键手段，自觉接受教育改造，是罪犯服刑期间必须履行的一项法律义务，是其改造成为守法公民的主要途径。

2. 教育罪犯了解罪犯教育的指导思想，认清前途出路。让罪犯懂得，罪犯教育是深入贯彻落实习近平总书记关于政法工作的重要指示精神和监狱工作方针，按照全面依法治国的要求，创新教育改造方式方法，推进教育改造工作的法制化、科学化、个别化、社会化，把罪犯改造成为守法公民。

3. 教育罪犯了解罪犯教育的基本原则，积极投入改造。让罪犯懂得，以人为本、重在改造，标本兼治、注重实效，因人施教、突出重点，循序渐进、以理

服人是罪犯教育的基本原则。监狱按这些原则办事，才能确保罪犯教育活动在正确轨道上运行；服刑人员在这些原则指导下改造，才能获得新生。

4. 教育罪犯了解罪犯教育的任务，明确努力方向。让罪犯懂得，罪犯教育的任务是转化思想、矫正恶习；传授知识、培养技能；健康教育、指导回归。服刑人员只有彻底地改造思想行为，增进知识技能，坚决守法守规，才能改造成为守法公民。

二、案例分析

陈黎华，福建省女子监狱女警官。十多年来，她爱岗敬业，忠诚履职，连续4年被评为"教育改造能手"，被誉为"最美女警官"，荣获"全国第四届道德模范提名奖"。

她参加全省教育实践活动先进事迹报告会，先后作报告28场。真挚的演讲，让许多人流下热泪，心灵受到强烈震撼。她被评为"感动福建十大人物"。评委颁奖词这样写道：对于女性重刑犯，她不放弃，用细致和柔情，给这些特殊人群特别的关爱，细致到给服刑人员家属写信，都专门去买空白信封……

陈黎华所在的分监区主要关押暴力型罪犯。这些罪犯刑期长，性格暴躁，行为冲动。年纪最大的80多岁，最小的不满18周岁，这些令人谈之色变的罪犯，是她工作的重心。

有一次，陈黎华和女犯人谈话，女服刑人员练某无意间感慨："也不知女儿成绩怎么样了。"陈黎华记在心里，回去就给练某女儿写了封信。她特地去邮局买了信封，"怕印有监狱字样的信封会刺激孩子"。

半个月后，孩子回信了，开篇就亲切称她为"陈阿姨"。女孩说因为母亲，自己在家抬不起头。"但是，你们都不放弃，我更不能放弃我妈。"看到女儿的来信，练某失声哭了。自此原来经常惹事的她安心改造，减刑出狱。

女服刑人员张某是个卖淫女，因嫌嫖资太少，失手将嫖客推下楼摔死。妈妈上吊自杀，爸爸与她断绝关系。入狱后，张某失去亲人，伤心绝望，多次吞针和割腕自杀，都被发现救了回来。陈黎华多次上门做她爸爸工作。第一次去，被轰了出来；第二次去，还是被轰出来；第三次去，这位70多岁老人泪流满面，跪在陈黎华面前："我是快入土的人了，丢不起这个脸，求你不要再来了！"扶起痛哭流涕的老人，陈黎华百感交集："老伯，小张犯错是因为年轻不懂事，希望你能原谅女儿，用亲情配合我们一起来挽救她，用您的宽容与爱照亮她回家的路吧。"陈黎华的诚心打动了老人，一个多月后，老人来信说，女儿什么时候改好了，就什么时候原谅她，而且会来看她。两年后，张某因表现积极获得减刑，老人也兑现诺言，到监狱探望，一对父女重归于好。

"罪犯也是人，只要有爱心、耐心、恒心，再顽固的罪犯也可以改造好。"陈黎华始终坚持不嫌弃、不抛弃、不放弃的原则，为教育改造罪犯尽心竭力。她给女犯亲属写过两百多封信，她们都亲切地称陈黎华为"知心姐姐"。

陈黎华探索符合女性重刑犯教育改造工作的规律方法，她熟记每个人的基本情况、犯罪事实、家庭情况，掌握好几种方言，每天和罪犯在一起，观察她们从神态到行为的细小变化，动之以情、晓之以理，因人施教。她总结出"感恩教育法、母爱教育法、宣泄教育法"等20多种"大宝典"，教育改造600多名女犯和50多名顽固危险犯，让200多名女犯走向新生，并成功处置150多起监管安全隐患，没发生一起狱内案件。她办理的600多件减刑假释案件，无一差错、无一申诉、无一上访。

问题：请结合材料中陈黎华的事迹，谈谈如何当好一名罪犯教育工作民警？

要点提示：

1. 知识要求。监狱教育改造民警，应掌握语言学、文学、逻辑学等人文社会科学知识和犯罪学、监狱学、法学、教育学、心理学等专业知识。

2. 能力要求。教育改造民警，应具备观察、认识、分析和处理问题的能力以及语言表达能力。

3. 素质要求。教育改造民警，应具备"立警为公、执法为民"政治思想素质，"品德优良、诚实守信"的道德素质，"开口能讲、遇事能办"的业务素质，"体魄强健、心理健康"的身心素质。

思考题

1. 解释词语：罪犯教育、"5+1+1"罪犯教育工作模式。
2. 简答：罪犯教育的理念、指导思想、任务和原则是什么？
3. 简述：罪犯教育的发展趋势是什么？
4. 论述：监狱基层管教民警如何达到岗位要求？

第二部分　教育实务

项目一

入监教育

图 2-1-1　新生从这里起步〔1〕

　　对于初入监的罪犯来说，入监服刑是人生的重大挫折；是执迷不悟、不思悔改、混天度日、破罐破摔，走向自我毁灭之路；还是认罪服法、悔过自新、积极改造、重塑自我，走向新生光明之路，是摆在每一位罪犯面前的选择。由于绝大多数罪犯都是第一次被投入监狱服刑改造，迷茫惶惑者有之，痛苦失望者有之，消极抵触者有之。

　　面对这样一个特殊群体，入监教育，是罪犯服刑改造，重塑新生的"第一课"，也是监狱教育改造工作的奠基石，承载着为罪犯的服刑改造引路导航的作用，让每个迷途者重燃新生的希望。入监教育也是监狱民警熟悉罪犯基本情况，

---

　　〔1〕　图片来源于 https：//image.so.com/view，访问时间：2024 年 2 月 28 日。

掌握罪犯思想状况的"初始期"，是教育改造的"必需关口"，是促使罪犯明确身份意识，养成行为规范，尽快适应改造环境的"关键期"。提高他们的法律认知度、自我约束力和认罪悔罪率，是入监教育的重中之重，也是罪犯选择未来、走向新生的基础。

 知识储备

入监教育是指监狱对新收押的罪犯集中进行的以监狱常识、服刑指导和适应性训练为中心的专项教育活动，目的是使罪犯完成从社会人到罪犯角色的转变，以适应监狱环境和服刑改造生活。通过入监教育，使新收犯达到行动军事化、行为规范化、生活制度化、学习正规化、劳动集体化和语言文明化要求，再分配到各个监狱或监区进行劳动改造。

入监教育是监狱改造罪犯的一项基础性工作，是罪犯了解监狱、认识监狱、促进行为养成、树立正确改造态度和改造目标的关键环节；罪犯要在这里经过思想转换的第一关，上好净化心灵的第一课。入监教育作为罪犯走向新生的前提和基础，基础打得好，则容易顺利进入和适应日常教育阶段，罪犯走向新生的步伐就坚实；基础打不牢，就会成为罪犯改造的绊脚石。入监教育同时也是监狱警察全面了解罪犯、评估罪犯心理状况和改造难易程度等诸多指标的必要条件。

一、入监教育阶段罪犯的适应与转换

（一）入监教育阶段罪犯适应难点

对于新收罪犯而言，入监教育首先具有一种仪式上的意义。罪犯按照法律规定的程序被收监，标志着监狱对罪犯刑罚执行的开始。这一阶段也是罪犯适应较困难的时期，主要表现为：

1. 角色转换困难。在经历了拘留、逮捕、审讯、判决等程序后，从看守所到监狱，成了一名彻底失去人身自由的罪犯，许多人都会有较大的心理落差，有些罪犯虽然嘴上不承认，但往往心里很难接受这个事实，这就难免带来思想情绪上的变化，存在失落悲观、恐惧孤独、憎恨焦虑以及自卑绝望等心理。尤其是原来在社会上有些社会地位、文化修养较高以及心理素质较差的人，当看到每天在一起的人素质参差不齐，回想起原有的社会地位或者亲人的关爱，容易出现心理波动和不稳定。还有的罪犯不服法院判决、不认罪，以自己没有罪、不应服刑作为所谓的理由，不能投入正常的改造中去。

2. 环境适应困难。罪犯到监狱服刑后，环境的变化也是较大的考验。首先，面对监狱民警的"上与下"的区分，心理上一时难以适应；其次，监狱纪律严格且到处可能有条条框框，那些在社会上习惯了自由散漫的罪犯一时难以适应集体群居生活，行为上感到受拘束；最后，入监后与亲人朋友的联系必然较少或中断，这也导致了其负罪感与自卑感加重的心理状况。

3. 需要满足困难。著名的心理学家马斯洛把人的需要分为五个层次：生理的需要、安全的需要、尊重的需要、归属和爱的需要、自我实现的需要。在这五种需要中，罪犯对归属和爱的需要应该是最为强烈的，刚入监的罪犯会有被社会抛弃的感觉。由于服刑，需要得不到满足，久而久之，部分罪犯对待感情比较冷漠，仇视社会，报复心理严重。

（二）入监教育阶段罪犯转换要点

《监狱法》第 3 条规定："监狱对罪犯实行惩罚和改造相结合、教育和劳动相结合的原则，将罪犯改造成为守法公民。"入监教育的主要目的就是为罪犯改造引路，通俗地说是依法给罪犯"做规矩"，让罪犯像个罪犯的样子，新收犯首先面临的就是监狱观、罪犯观和改造观的回答与确立，与之相适应，树立起三种意识：守法意识、悔罪意识和改造意识。

1. 认罪服法。增强罪犯对监狱性质的认同感，确立"监狱观"。因为认罪是内心忏悔、痛定思痛、接受改造的前提，服法是洗掉心灵污垢、弃旧图新、走向新生的开端。在罪犯中存在着多种情况，有认罪的，也有不认罪的，有部分认罪的，也有部分不认罪的，有认为轻罪重判、罚不当罪的，也有无理缠诉的，有认罪而不服判的，也有认为吃了"风头官司"的，如此等等。若抓住了认罪服法的环节，使罪犯认清犯罪的危害性和严重性，心服口服，安心改造，确有悔改表现或者积极争取立功受奖，入监教育的难题就迎刃而解了。

2. 角色定位。尽快让罪犯转变角色，增强其对自我角色的认同感，确立"罪犯观"。为此，新收犯监狱在实践中逐步形成了对罪犯入监初期的集训模式。例如，新收犯入监两日内，主管干警必须向其宣布《罪犯改造行为规范》《新收犯监规纪律》《新收犯一日行为规范》并组织学习；3 日内必须背出"十不准"和"罪犯报告词"；5 日内必须发出《罪犯入监通知书》；7 日内必须进行摸底谈话并发出《外省籍罪犯核查表》；10 日内必须给新收罪犯安排两次大课教育和进行必要的项目训练。

3．新生起步。主要是进行法律法规教育、行为规范教育、内务卫生教育、队列训练教育等，使罪犯逐步适应服刑改造生活，养成行为规范。

二、入监教育阶段监狱民警的任务与职责

（一）主要任务

入监教育一般为监狱分管领导牵头，教育科、侦查科、狱政科等业务部门参与、入监监区具体实施的组织形式。监狱民警在这期间的工作重点就是对新收犯进行以认罪服法、监规纪律、服刑指导、新生起步为主要内容的过渡性专项教育和强化训练。通过入监后的启蒙教育，使罪犯完成自身角色的定位转化，明确身份，从而萌发认罪服法的意识，逐步增强忏悔感、赎罪感和接受改造的紧迫感。

1．监狱民警通过观察法、调查法、个别谈话法、心理测验法、查阅档案法以及耳目分析等方法，结合新入监罪犯的认罪悔罪书和个人自传等材料，全面了解罪犯的个人简历、家庭情况、社会经历、社会关系、兴趣特长、文化水平、行为特征、心理特点、对犯罪和改造的态度等情况，并以此为基础对每一名新收罪犯进行评估，为教育、改造罪犯提供科学依据。

2．监狱民警帮助罪犯克服入监初期的适应不良和错误认识，了解自己享有的权利和应尽的义务，以便尽快适应监狱生活和顺利投入服刑改造。

3．监狱民警要对新收罪犯进行一系列带有强制性的适应性训练，以使他们尽快适应监狱的集体生活节奏。

（二）主要职责

1．负责对新收监的罪犯集中进行入监教育，要及时做好新收监罪犯的教育安置安排工作，把罪犯合理地编到各教育单位，确定教育地点，准备好教育的教材、设施、设备，做好统筹安排工作。

2．熟悉入监教育计划，结合罪犯的实际按计划开展教育活动，认真总结开展入监教育的经验教训，研究入监教育的规律，不断提高自己的政治、业务水平。

3．组织罪犯学习监规纪律、罪犯守则和进行认罪服法教育。

4．组织开展罪犯行为规范应知应会训练和进行服刑指导。

5．发动罪犯开展交待漏罪和检举揭发活动。

6．组织入监教育考核。建立和充实包括入监教育鉴定表、罪犯改造分类册、

罪犯基本情况登记册、考试考核成绩和罪犯入监教育总结等在内的罪犯服刑改造专档，并做好新收监罪犯的分流关押移交工作。

三、入监教育的组织

（一）入监教育形式

1. "统一集中式"。省（市、自治区）监狱管理局建立罪犯入监教育中心（或基地），将全省的新入监罪犯统一集中到中心实施入监教育，教育结束后再移送到各监狱。

2. "局部集中式"。即针对全省的新入监罪犯分区、划片设立几个入监教育点，每个入监教育点将入监教育结束的罪犯移送到附近的几个监狱服刑改造。

3. "分散式"。即每个监狱都设立入监教育监区（或分监区），入监教育结束后再分到其他监区。

（二）入监教育的时间安排

新犯入监教育时间一般为 2 个月。入监教育结束后，监狱将对新收罪犯进行考核验收，考核合格的被送到相应的监区服刑改造；对考核不合格的，将延长入监教育时间，时限为 1 个月。

四、入监教育内容

对新入监的罪犯，应当建立服刑改造专档，重点是开展法律常识教育和认罪悔罪教育，使罪犯了解在服刑期间享有的权利和应当履行的义务，了解和掌握罪犯的行为规范。要教育引导罪犯认罪悔罪，明确改造目标，适应服刑生活。

（一）认罪服法教育

促使罪犯承认犯罪事实，认清犯罪危害，剖析犯罪原因，服从法院判决，消除错误认知，主动坦白检举。认罪服法教育一般分为三个阶段。第一阶段是正面灌输教育，指出认罪服法对改造思想的重要性，让罪犯了解与自己有关的刑事法律知识，针对新收罪犯中存在的不认罪观点进行分析批驳。第二阶段是清算危害阶段，通过组织罪犯算危害账，开展"假如我是受害者"系列活动，使罪犯看到犯罪造成的严重后果和恶劣影响。在组织清算犯罪危害时，可以采取自查自报、小组帮助、监狱民警指点等方法。第三阶段是"交揭查"阶段，即交待自己的余罪、检举揭发他人的违法犯罪线索、查找自己的犯罪原因。

（二）法律法规教育

通过组织监狱法、刑法、刑事诉讼法和罪犯考核、奖惩办法等有关法律法规的学习，使罪犯掌握一定的法律法规知识。入监教育的目的之一就是要使罪犯能消除思想疑虑和恐惧心理，对监狱和监狱警察以及即将开始的服刑改造生活有一个正确的认识。通过对我国《监狱法》等法律法规的讲解，让其了解监狱"惩罚与改造相结合，以改造人为宗旨"的工作方针，了解监狱和监狱刑罚执行的法律依据，改造罪犯的原则和方法、条件和程序，增强法制观念和遵规守纪的意识，自觉接受监狱的管理和教育，养成遵守监规纪律、服从警察管理、积极改造的良好习惯。同时，还要阐明监狱人民警察作为刑罚执行者的地位与职权、职责与纪律，明确罪犯在服刑期间的权利义务，强化履行义务的意识，依法维护自身合法权益。

（三）行为养成教育

根据《监狱服刑人员行为规范》（以下简称《行为规范》）的主要内容，结合罪犯改造生活实际，逐章宣讲基本规范、生活规范、学习规范、劳动规范、文明礼貌规范的具体含义。在讲解的基础上，要求每个罪犯达到"三会"。一是会背诵，要会背诵《行为规范》条文或者简化的顺口溜；二是会遵守，在改造生活中全方位地落实规范内容；三是会操练，能够根据监狱民警的口令熟练地进行队列和内务训练。内务和队列以集体训练为主，由监狱警察组织实施，必要时进行个别指导。没有疾病和身体缺陷的罪犯都必须参加内务和队列训练，并按要求完成规定科目。通过对《行为规范》的学习，实践队列训练、内务整理训练，使罪犯掌握队列动作的基本要领和服刑期间的礼仪要求，达到队列动作规范整齐，礼仪符合监狱规定，培养良好的生活卫生习惯。

（四）监规纪律教育

监规纪律是监管法规在执行中的具体化，是监管改造法规对罪犯各项要求的直接体现，在改造场所中，与罪犯相关的生活、学习、劳动等大墙内的方方面面，都有监规纪律的规定和监督。罪犯应当掌握监规纪律的概念、性质及其特征。根据效力范围的不同，各地监狱机关所制定的监规纪律大体上可以分为两类：一般性监规纪律和专门性监规纪律。前者主要包括司法部规定的《行为规范》，各省监狱管理局制定的《罪犯计分考核规定》以及罪犯生活卫生管理办法、通讯会见和离监探亲规定等；后者主要包括适用于特定岗位和特定类型罪犯的监规纪律，如不同劳动岗位的操作流程、安全规章等。

（五）岗前技能培训

有些监狱结合自己的生产实际，把职业技能培训和生产岗前培训也纳入了入监教育。在入监教育过程中，监狱结合自身的生产劳动特点对罪犯进行生产知识、生产安全知识的培训，对考试合格者发放合格证和上岗证。使罪犯得以在入监教育结束后能较快地适应生产劳动岗位，顺利地接受劳动改造。主要包括：一是要让罪犯了解监狱生产的两重性，这种生产既要有利于劳动改造思想，又要讲究科学生产和劳动效率，遵循客观经济规律。二是要结合监狱具体生产项目，组织罪犯参加习艺劳动，讲授生产技术基本知识、生产安全注意事项。三是要教育罪犯服从劳动岗位分配，积极接受劳动改造。

（六）政策前途教育

教育罪犯放下思想包袱，正确处理与家庭亲友的关系，变刑期为学期，以积极的姿态投入改造；结合刑满释放人员安置帮教的法律、法规，讲清政策，消除顾虑；结合市场经济的特点和作出突出贡献的刑满释放人员实例，鼓励罪犯在希望中改造自己。

（七）思想道德教育

教育罪犯树立正确的三观，即世界观、人生观、价值观，引导罪犯思考人生价值、目的，从人生态度入手，总结和吸取犯罪教训，重新开辟正确的人生道路，开展公民道德修养教育、传统美德教育、感恩教育等，提高罪犯的思想道德修养。

（八）心理健康教育

心理健康教育主要包括心理健康保健和个别心理矫治，识别"紧张恐惧、焦虑不安、悲观情绪、抵触情绪以及认知偏差、自控力失调等"不良心理现象，通过罪犯入监谈话、心理测量、心理健康专题教育等，了解罪犯个性心理特征。实施有针对性的心理健康教育，可使罪犯初步了解心理健康的基本知识，学会自我调适心理的简便方法、缓解心理压力。

（九）反脱逃警示教育

通过组织收看反脱逃警示教育录像、现身说法、专题讲座等形式深入开展以反脱逃为主要内容的警示教育活动，使罪犯充分认识脱逃又犯罪的法律后果与严重危害，自觉协助监狱遏制脱逃、行凶、自杀、打架斗殴等违法违纪行为的发生。

（十）辅助教育

辅助教育主要是根据罪犯的文化程度、兴趣、爱好、特长等开辟系列选修课或者专题教育，引导他们自觉接受教育，培养学习兴趣、陶冶情操，提高自身素质，包括树立积极、健康、正确的生命观的生命教育，以传统教育经典《弟子规》为主，以《孝经》《论语》《了凡四训》《朱子治家格言》等经典著作的内容为辅的中国传统文化教育等，从根本上培养起道德情感和正确的改造态度。

由于罪犯的入监是不定时的，随时有进来开始接受入监教育的，也有即将结束入监教育的，因此，入监教育采取循环式教育内容流程，以便让后来的罪犯及时跟上学习进度，保证罪犯教育的及时性与完整性。

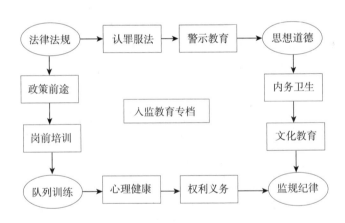

图 2-1-2 循环式教育内容流程图

五、入监教育的方法

1. 课堂化教学：课堂化教学是入监教育的主要方法之一，是集中教育的主要形式，包括课堂讲授、电化教学以及网络教育。

2. 个别教育：个别教育常用的方法是个别谈话，一般情况下，警察对罪犯进行个别谈话，每名罪犯每月不少于 1 次，遇有特殊情况时要及时谈话。

3. 行为养成教育：主要包括行为举止、内务卫生、队列训练和习艺劳动等。

4. 辅助教育：主要包括罪犯撰写个人成长经历、认罪悔罪材料，组织罪犯座谈讨论，开展心理咨询，组织形式多样、内容丰富的文体活动等。

5. 自助教育：引导罪犯进行自助教育，挖掘罪犯自我教育潜能，培养罪犯自我学习、自我管理和自我教育的能力。

六、入监教育流程

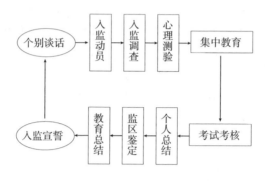

图 2-1-3　入监教育流程示意图

1. 个别谈话。在阅档基础上进行个别谈话，了解罪犯基本情况，初步掌握罪犯的思想状况，对其提出希望和要求。针对其存在的问题进行思想教育，并做好谈话记录。

2. 入监动员。监狱分管领导或入监监区主要领导作入监动员。

3. 入监调查。对罪犯的文化程度进行测试，指导罪犯填写自述表格，自述表格应尽可能客观、全面反映罪犯的真实情况。

4. 心理测验。选择使用 COPA 系列量表和 SCL-90、16PF、EPQ、MMPI 等量表，对罪犯进行心理测验，并根据测验结果开展有针对性的心理咨询，必要时进行心理危机干预。

5. 集中教育。集中教育的时间为罪犯入监后到考试考核前。按照教育内容制定教学计划、落实授课人员、精心组织实施教学。

6. 考试考核。集中教育结束后，应按规定对罪犯进行考试考核，以检验教育效果，为下一步教育改造罪犯提供依据。

7. 个人总结。考试考核结束后，监区包教警官指导罪犯撰写入监教育与总结材料及改造规划，填写《入监教育总结表》，对入监教育总结进行小组评议。

8. 监区鉴定。在罪犯个人总结及小组评议的基础上，监区包教警官根据罪犯的表现情况及入监教育考试考核成绩，对其作出鉴定，提出下一步改造的指导性意见，经监区审核确定。

9. 教育总结。监区作出鉴定后，应及时召开总结大会，肯定入监教育成绩，指出存在的问题，提出要求和希望。

10. 入监宣誓。在入监教育总结大会上可以组织罪犯宣誓，誓词如：认罪服法、遵守监规、服从管理、积极改造、告别过去、早获新生等。

七、入监教育要求

1. 坚持认罪服法教育与服刑指导相结合。围绕认罪悔罪这条主线，开展法制、道德教育，将《罪犯改造必读》《罪犯行为规范》等列入必修课程。

2. 坚持思想教育与行为训练相结合。行为养成教育是入监教育的重要内容，也是促进罪犯养成遵守监规纪律习惯的基础性工作，有助于强化规范养成和监狱纪律思想意识。

3. 坚持常规教育与多元教育相结合。面对罪犯入监初期不适应等情况，监狱民警应从解决他们的实际问题和困难入手，做好服刑指导、思想教育，使他们尽快适应服刑生活。

4. 坚持集体教育与个别教育相结合。针对罪犯的不同情况，因人施教，将集体教育与个别关怀教育相结合，灵活开展入监教育管理。

任务 1　入监评估

学习目标

熟悉新入监罪犯的入监评估内容和基本操作流程，能够针对个案开展入监评估工作，并根据评估结果进行分流。

案例导入

盖某，男，36 岁，离异，辽宁沈阳人，初中文化，因犯抢劫罪被人民法院判处有期徒刑 15 年，剥夺政治权利 4 年，后被移至监狱服刑改造。

盖某出生在东北一个贫困家庭，从小得不到良好的家庭教育，使盖某产生了对家庭的厌恶，读书期间经常与同学打架，几乎所有功课都不及格，总以为靠自己的拳头能闯出一番天下，渐渐养成了流氓习气并整日在社会上寻衅滋事，曾被劳动教养两次。离婚后更是增添了对社会的仇恨，脾气暴躁、感情用事，在犯罪的道路上越走越远。新入监时,盖某就因为监狱民警安排其参加公益劳动心存不满,公开顶撞监狱民警,殴打他犯,每逢参加入监教育课程就提出肚子疼要去蹲厕所,故意表现出不适应监狱的改造生活。

　　问题:请思考如何对该犯进行入监评估?

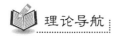 **理论导航**

一、入监评估因素

　　入监评估因素即入监评估内容,为准确反映被评估罪犯的心理、行为和认知特征,入监评估涉及每个罪犯的犯罪史、个人成长史、心理健康史、社交情况、教育、家庭以及其他决定和鉴别犯罪危险性的因素。入监评估是罪犯在服刑期间所有评估工作的起点,评估质量直接关系到新收罪犯正式开始服刑改造生活后的关押等级、处遇水平、改造目标,关系到其具体教育改造目标的制定实施。通过入监评估,了解掌握入监罪犯的基本情况、认罪态度和各项心理指标,对其危险程度、恶性程度、改造难度进行评估,提出关押和改造建议,从而明确罪犯个别化改造方案和分阶段的具体教育改造目标。

　　入监评估应包含如下内容并建立《罪犯个体改造质量评估手册》专档:

　　(一)犯罪前:生存环境与个体认识状况评估

　　这是对罪犯基本情况的调查,包括对其生活经历、工作经历、家庭状况、亲子关系、社会关系、犯罪状况等生活状况的评估,了解一个人犯罪之前的生活状况,对了解其犯罪的原因以及实现教育的针对性有重要意义,生活历程也是了解其人格特征的基础。

　　1. 个人生活史评估:教育成长过程、家庭与近邻的历史情况、经济情况、人际关系情况、恋爱婚姻情况、学业职业情况、兴趣娱乐爱好、违纪违法犯罪及各种处分记录等。

　　2. 家庭评估:家庭关系、家庭氛围、家庭教养方式以及家庭经济状况等情况评估,可以采用问卷调查与半结构化访谈的方式。

　　3. 经济状况评估:评估罪犯犯罪前的生活水平与经济状况,目的在于区分是由于生活所迫(过度贫穷)还是由于贪图享乐导致犯罪,抑或是职业犯罪。同时要关注罪犯对于经济状况的主观心理感受。

　　4. 人际交往评估:有些罪犯的犯罪是受各种外部环境因素的影响,有必要了解罪犯入监前曾经交往的同辈群体行为、习气、学业状况，该罪犯以前在群体中充当的角色等，分析罪犯的人际交往的范围和接受外界影响的特点，评估生活中重要事件或人物的影响。

5. 认知能力与认知偏差评估：常见的认知偏差有对社会不公正现象的放大，对社会比较结果的过度体验，对自尊与面子的过度敏感，对自我的极端认识（自卑或自大），对人生发展的悲观态度，对朋友的理解偏差等。

（二）入监后：生存环境、人格与心理评估

1. 监狱环境评估：监狱尤其是入监教育的文化环境、劳动环境、监狱管理者塑造的监狱氛围，如执法是否公正，是否谋求监狱的良性发展等，都对罪犯的心态调整与适应有重要意义。

2. 罪犯人际环境评估：罪犯之间、罪犯与监狱民警之间，以及初入监罪犯与家属关系等都属于罪犯人际环境评估的内容，评估罪犯的人际环境，对罪犯适应入监改造生活，预防重新犯罪都有重要作用。

3. 心理健康状况及人格发展评估：这是从心理学和精神病学的专业角度，通过心理量表、心理诊断、精神诊断、心理辅导、心理咨询等手段对新收罪犯进行的综合评估。以此对新收罪犯的个性特征、行为方式、心理现状、精神状况等进行综合分析评价，诊断出罪犯的心理特征、类型及存在的心理问题。根据心理测试和调查的结果，对罪犯的心理状况进行综合评定。在入监教育过程中，对新收罪犯的心理健康状况评估工作一般由专职的有心理学专业背景的监狱警察承担。作为具体承担入监教育的监狱警察，应在入监教育过程中注意观察，一旦发现有精神或者行为异常的罪犯，应立即汇报。

评估主要内容包括：

（1）心理困扰评估。对罪犯心理困扰要及时给予评估和疏导，并有专人记录和管理。

（2）行为异常评估，对行为上出现反常的罪犯，应综合评定，排除为躲避劳动、寻求保外就医、逃避惩罚等原因后，请医生和心理治疗师甚至是精神治疗专业人士共同诊断。

（3）精神异常评估，对精神失常罪犯的心理评估，包括诊断精神疾病诈病和真正的精神病，并及时采取控制措施，能有效避免这些失常者带来的监狱秩序混乱。

（4）人格发展评估。通过人格评估，分析罪犯人格的缺陷和不完善方面。鼓励罪犯寻求人格发展，追求人生价值的真正实现，是人格发展评估的终极目标。

（三）危险性、改造难度可能性评估

在入监教育结束之前，要对新收罪犯进行改造难度评估，这项评估也是通过心理测验的方式进行。此外，有的监狱还对新收罪犯开展个体人身危险性的评估，主要评估维度是新收罪犯的暴力危险性和自杀危险性。

1. 罪犯危险性评估。

（1）暴力危险性评估。一般采用《中国罪犯心理分析测试量表》测评，分析人格因素得分剖面图，着重从内外向、情绪稳定性、同众性、冲动性、攻击性、报复性、信任感、同情心、自信心、焦虑感、聪慧性、心理变态、犯罪思维模式共13项内容开展分析，确定罪犯是否具有暴力危险性人格。

（2）自杀危险性评估。包括对罪犯自杀危险因素的评估、自杀意念和采取自杀行为的可能性大小评估，以及对准自杀和自杀态度的评估等。

（3）动态刺激因素危险性评估。动态刺激因素是指能引起罪犯情绪波动的刺激因素，如家庭来信中的有关刺激、犯罪之前的朋友的各种信息、同案犯信息、监狱民警对罪犯的态度、违反监狱纪律后的处理、罪犯之间的人际冲突等。评估这些信息，必要时能采取控制措施，避免监狱事故的发生。

2. 改造难度评估。在入监教育即将结束之前，要对罪犯进行改造难度评估，主要通过心理测验的方式进行。包括罪犯个体改造难度评估内容，对罪犯改造难度预测评估并进行等级划分、结果分析，提出下一步的管理教育建议，制作预测情况汇总，制定教育改造方案。

（1）改造难度评估的内容。主要有10项：身体健康状况、家庭关系、犯罪情况、对定罪量刑的认识、悔罪程度、心理健康状况、对监狱的认识、服刑态度及身份意识、对人生目的及前途的认识、入监教育期间的表现。

（2）改造难度评估的结果。要对每一名罪犯进行个体改造难度评估。评估分值一般为：易改造级（20~30分）、较易改造级（31~50分）、一般改造级（51~70分）、较难改造级（71~90分）、难改造级（91~100分）。

（3）改造难度评估的实施。由监区个体改造难度评估工作小组对罪犯进行个体改造难度评估，包括个体改造难度评估等级评估、个体改造难度评估结果分析和个体改造管理教育建议。罪犯个体改造难度评估结果分析表应由监区领导、分监区领导和制表人签字。罪犯入监教育结束后分流到各个监区，还要对罪犯进行改造难度预测评估的随访，检验评估的正确性，及时调整教育改造方案。

（四）劳动能力评估

依据《罪犯劳动能力评价和分级表》，对每名新入监罪犯进行劳动能力评价和分级，以此制定科学合理的劳动改造计划。

二、入监评估渠道

入监评估主要从查阅档案资料、发函调查、问卷调查、谈话鉴别、改造表现观察和心理量表测试六个方面，多角度、多层面获取被评估罪犯原始资料，确保评估资料的全面、准确、翔实，为科学制定个别化教育矫正方案提供依据。

三、入监评估流程

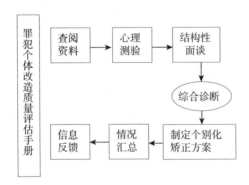

图 2-1-4 入监评估流程图

🖐 工作流程

1. 查阅资料。通过查阅盖某的卷宗、档案及有关材料，收集其自然状况、社会关系、家庭情况、教育情况、犯罪类型、前科劣迹等基本信息，填写《罪犯入监登记表》。

2. 入监谈话。通过结构性面谈，进一步确认盖某的基本情况、基本素质、生活史、婚姻史、犯罪史、认罪悔罪态度、身体状况、心理状况、劳动技能及态度、稳定程度、警戒提示、犯罪与判刑等情况，填写《面谈记录表》。

3. 行为观察。在实施会谈或者测验的过程中，要注意观察盖某的行为表现，其参与评估的注意程度、测验中的停顿以及不寻常的反应，对观察到的行为要有详细的记录。

4. 心理测量。针对盖某人格特征情况，选用罪犯个性分测验问卷（COPA）、艾森克人格问卷（EPQ）、90项症状清单（SCL-90）等测试量表、卡特尔16项人格因素问卷（16PF）、明尼苏达多项人格问卷（MMPI）、气质问卷以及其他的专用量表，对测验结果进行科学分析，建立盖某的心理档案。

5. 个体分析。根据收集掌握的资料，初步分析盖某的犯罪原因、性格特征、行为特点，运用《罪犯个体改造难度评估结果分析表》，对盖某进行改造难易程度和人身危险性评估。从盖某的成长经历和服刑改造情况看，盖某的人格特征存在明显的缺陷：脾气暴躁、精力过剩、好斗、情绪波动大、易感情用事、自控力差，有较强的反社会倾向，易产生攻击和自杀自残行为。

6. 综合诊断。根据调查、测量、面谈、观察等，综合盖某的犯罪类型、刑期长短、认罪态度、有无申诉、犯罪原因、家庭关系等全部信息因素，评估其危险程度、恶性程度和改造难度，填写《罪犯入监评估表》。

7. 提出建议。入监监区根据盖某考核、评估的综合情况，提出分流建议。根据危险程度、恶性程度、改造难度，提出相应的教育、包夹措施。根据身体状况、捕前职业能力，提出劳动工种分配意见。

8. 制定个别化矫正方案。根据评估诊断结果，为盖某制定《罪犯个别化矫正方案》，矫正方案要在充分沟通交流的基础上，警察引导，盖某认同，由监管警察与盖某共同制定。

针对盖某东北籍罪犯的特点，爱面子、耍性子、讲义气的脾气，多通过鼓励的方式使其树立自信心，从而遵守监规纪律，引导其完成对社会观、人生观、价值观的重新认识；注重亲情帮教，盖某自幼家庭贫困，亲情教育缺失，注重亲情感化教育；注重人际关系的认知教育；运用情感陶冶的方法使其逐步完善自我心理；在入监阶段的劳动根据其学习情况可以让其逐步完成，从而建立自信；针对盖某暴力犯罪情况，加强日常考核管理，组织其学习气功、练习书画、学习唱歌等，培养其控制和调节自己心理和行为的能力。

9. 建立档案。建立盖某的《罪犯个体改造质量评估手册》专档。分流时，入监监区将有关盖某的《罪犯个体改造质量评估手册》《个别谈话记录簿》《罪犯副档》等有关材料转给接收监区。

10. 信息反馈。入监监区在分流时及时将盖某评估情况反馈给接受单位，入监监区定期到接收监区对盖某的教育、评估情况进行回访，根据回访的要求和建议，适时调整、改进入监教育阶段的评估工作。

 学以致用

王某，27岁，山东省德州市乐陵人，汉族，高中文化，因犯盗窃罪被判有期徒刑7年，在山东省某监狱服刑。王某在家中排行老二，还有一个哥哥，也因犯罪在监狱服刑。王某被捕前无职业，父母均务农，家庭教育方式比较简单，其父亲也有小偷小摸的习惯，受过治安处罚。由于刚到监狱，对改造环境还不了解，加之自由散漫的性格，在入监监区屡次违反监规，考核成绩较差，该犯出现了焦虑、烦躁情况，睡眠和饮食受到一定影响。

问题：请结合案例思考如何对该犯进行入监评估。

要点提示：从收集王某基本情况和改造表现入手，建立《入监登记表》《面谈记录单》《入监评估表》《罪犯个体改造质量评估手册》等专档，进行综合分析与诊断，提出建议，制定个别化矫正方案并有所侧重。

⭐ 拓展学习

海南省新成监狱加强新入监罪犯"四表评估"

近年来，海南省新成监狱立足于"新犯入监教育培训基地"的职能定位，坚持把提高入监教育质量作为中心任务，逐步构建了以"四表评估"为主的入监评估体系。

一、人身危险性检测表：掌握心理状态的明细账

为掌握新入监罪犯的心理状况，监狱坚持"客观性和主观性相结合、定性分析与定量分析相结合"的原则，将心理学的有关理论运用到罪犯的心理测试中。一是使用《人身危险性检测表》对新入监罪犯进行测试，探求新入监罪犯真实的心理状态。二是规范入监心理评估工作程序，对新入监罪犯的心理测试率达到应参加人数的100%，充分发挥心理矫治工作在了解罪犯心理状况、维护监管安全、提高教育改造质量等方面的积极作用。

二、"三度"检测评估报告：反映心理倾向的晴雨表

监狱将防控关口前置，将影响监狱管理安全的隐患消灭在萌芽状态。一是在对罪犯进行入监阅档、个别谈话、心理测试的基础之上，汇总形成《罪犯基本信息表》《面谈问题清单》、心理测试结果等综合材料，为下一步的评估工作提供

翔实的材料。二是专职人员根据综合材料，针对罪犯提出"危险等级、恶性程度、改造难度"等意见，形成《"三度"检测评估报告》，及时鉴别出具有危险倾向的罪犯，为针对性制定教育改造方案提供科学依据，有利于维护监狱安全稳定。

三、罪犯健康检查表：防范狱内疫情的安全阀

为加强入监罪犯疾病防控工作，监狱组织每名罪犯进行体检，做到重大疾病及时发现、及时隔离、及时治疗。一是进行既往病史采集，将个别谈话和查阅档案相结合，收集罪犯入监前的各类门诊病历、检查报告、诊断书等资料，对新入监罪犯身体健康情况进行初步了解。二是开展新入监罪犯体检工作，通过常规检查和抽血化验两种方式，重点筛查艾滋病、丙肝、肺结核等重大疾病，将罪犯健康检查表、门诊病历等资料进行归档，建立罪犯健康档案。

四、劳动能力评级表：加强技能培训的催化剂

依据《罪犯劳动能力评价和分级表》，对每名新入监罪犯进行劳动能力评价和分级，以此制定科学合理的劳动改造计划。一是主观与客观相结合，根据刑期长短、身心情况、改造表现等指标，衡量罪犯劳动改造的实际能力和主观愿望，提高评估的科学性。二是评价和分级相结合，按评价的分值划分为四个等次，改变了以往模糊界定、无法量化的弊端，为充分发挥劳动改造的矫正、稳定、培训功能提供科学依据，帮助罪犯端正劳动态度、增强劳动意识。

新成监狱构建起科学的"四表评估"立体交叉体系，全方位摸清新入监罪犯的基本情况，提前预防监管改造风险，科学运用评估结果，针对性制定教育改造计划，达到了"一把钥匙开一把锁"的实际效果，为提高教育改造质量发挥了积极作用。

（来源：海南省新成监狱）

任务2　入监课程

学习目标

掌握入监教育课程的内容选取、授课形式与教材的编选原则，能够根据新收犯个案及综合情况，编制入监教育课程。

案例导入

陈某，男，汉族，47岁，已婚，研究生文化程度，因受贿罪被人民法院判处有期徒刑12年，剥夺政治权利3年，2013年10月入监改造。陈某是从安徽北部农村走进军营的，从一名小战士，到通过自己的努力考上军校，转业后分配到了某航空公司任总经理，仕途一帆风顺，然而在鲜花和赞美的萦绕中，陈某放松了警惕，先后多次收受他人钱财共计人民币210万元，港币30万元。

陈某在入监教育阶段，虽然表面上服从管理和教育，能够遵守监规纪律和各项规定，但对于自己所犯的罪行认识比较浅薄，认为这是一种普遍现象，连很多高官也会违法犯罪，自己仅是沧海一粟，虽然不算冤枉但是很可惜，并且认为量刑太重。其价值观存在一定偏执成分，而且人生阅历丰富，久经官场，为人世故老练，善于伪装。

陈某从高官沦为阶下囚，巨大的心理落差让其心里难以接受，经常在凌晨三四点惊醒，几乎夜夜失眠，暗自叹息。陈某还对自己曾经的秘书吴某的背叛耿耿于怀，并因此对他人产生不信任感，在入监教育阶段对监狱民警的指导和教育极其排斥。陈某对于和盗窃犯、故意伤害犯等一起刑期改造难以释怀，以前很看不起他们，现在却沦落到一起服刑，所以刻意避开他们。

问题：请思考在一般入监教育课程基础上，如何拟定适合该犯的教育课程？

理论导航

一、课程内容选取

入监教育课程主要包括：认罪服法教育、服刑意识教育、遵规守纪教育、罪犯权利与义务教育、交揭查教育、劳动改造教育、前途教育、岗前培训及安全教育、队列训练等。概括而言，主要包括八大课堂：

1. 认罪服法课程：包括认罪服法、刑法知识、减刑假释、反脱逃、反邪教、法律法规常识、权利义务、服刑意识、坦白与检举等课程；

2. 监规纪律及行为养成课程：包括计分考核、监规讲解及考试辅导、行为养成教育、纪律规范细则学习等课程；

3. 思想道德课程：包括爱国主义教育、公民道德修养、传统美德教育、感恩教育、罪犯礼仪等课程；

4. 心理健康课程：包括心理健康课、心理游戏、心理测试、和谐人际关系等课程；

5. 技能培训课程：包括岗前技能培训理论实操课、安全教育、生产纪律等课程；

6. 队列训练课程：包括稍息立正、整齐报数、整理服装、四面转法、齐步走、正步走等课程；

7. 内务卫生课程：包括生活卫生课、内务标准讲解及考核；

8. 文化教育课程：包括扫盲课程、自我教育课程、初中文化课程等。

二、授课形式与课时安排

入监教育采取课堂授课与训练相结合，专项教育与辅助教育相结合，集体教育与个别教育相结合，狱内教育与社会教育相结合，培养劳动意识与教授生产技能相结合的方式。当前监狱入监教育多以课堂授课为主体，大幅度增加视频教育、现场劳动培训、改造方案论证等符合监狱实际需要的教育实践活动。按照罪犯的罪种、刑期、心理特征等实际情况，编制和设置相应的入监教育计划、教育课程，切实做到因人施教，增强入监教育的针对性和实效性。

罪犯入监教育授课、训练一般不得少于300课时。须做到每一期设置详细的教育训练计划，每周、每日有具体的课程安排，授课监狱民警每天填写教学日志。每项课程任务完成后要进行考试（文盲、半文盲要进行口试），将罪犯成绩填入《罪犯入监教育鉴定表》。

三、教材选编

入监教育的教材一般由司法部或省级监狱管理局提供，监狱也可根据本监狱的实际情况，组织编写一些必要的辅助教材或辅助教育资料。如包含《监狱法》《监狱罪犯行为规范》《入监教育须知》等入监教育视频教材，狱内自制的劳动培训、狱政管理以及心理健康等录像带等，此类辅助教材可以激发罪犯的兴趣，便于其尽快了解监狱、熟悉监狱生活。教材的选取应注意照顾罪犯的文化程度，以通俗易懂、强化罪犯角色意识、服从意识，促使罪犯尽快适应服刑改造生活为目标。

🖐 工作流程

1. 针对陈某因心理失衡和价值观失衡造成的观念偏执及改造动力不足的情况，入监监区监狱民警应在一般入监教育课程与课时安排的基础上，通过入监教育专项课程与课时安排，采取幻灯片、视频等方式，合理安排陈某的入监教育课程，帮助其度过入监初期的心理适应期。

2. 针对陈某法制观念淡薄、罪恶感差的现实情况加大法制教育的力度，剖析犯罪原因，要求他认真算好"违法犯罪对社会、对家庭、对自己的三笔危害账"，引导他逐步认识并产生罪恶感。同时针对他自恃身份特殊的侥幸心理，明确"法律面前人人平等"，监狱不允许存在特殊罪犯，彻底破除他的各种不合理幻想，使他真正认识到踏实改造才是自己唯一的出路和前途。

3. 针对陈某价值观念失衡造成的情况，监区监狱民警应设置政策前途教育课程，帮助其强化自我意识、端正服刑意识，进一步树立改造的信心，唤醒对生活前景的渴望，鼓励其通过自己的努力，再次赢得他人的尊重，获得早日回归的希望。

4. 设置"帮助重新认识自我，加强改造自信心的培养"课程。陈某入监阶段的种种表现，实际上是不能面对现实生活的巨大反差，以逃帮助其避现实的做法处理个人生活中的压力和挑战，要使陈某积极面对现实，恢复心理健康，必须帮助其从思想包袱中解脱出来。监区民警利用其自尊心强的性格特点，积极鼓励和帮助他由环境支持转向自我支持，挖掘个人改造潜能。

5. 针对陈某心理失衡以及入监阶段适应情况，增加心理健康教育的课程，通过心理咨询、心理健康课程以及团体心理训练等形式，帮助陈某恢复心理健康。

6. 设置"端正服刑意识，学会换位思考"课程，让其懂得理解他人、帮助他人，能够保持积极的心态，鼓励其多与监狱民警、他犯以及家人交流。组织开展受挫教育课程，提升陈某的受挫折和抗击打能力，引导其逐步去除内心思想中存在的自暴自弃心态和失落感。

表 2-1-1　入监教育课程及课时参考

入监教育课程	课时	入监教育课程	课时
入监教育动员	6	道德教育	10
明确身份　端正态度	26	服刑指导　人生态度教育	8
监狱概述	20	人际关系辅导	18
法制教育	12	监规纪律	20
监狱对罪犯的管理	12	接受并注重心理矫治	10
行为规范养成教育	18	接受劳动改造	8
狱务公开　考核与奖惩	30	适应环境　树立改造信心	6
脱逃无出路	12	习艺教育	72
罪犯的教育改造	18	队列训练	40
认罪服判坦白与检举	22	合计	368

表 2-1-2　入监教育授课记录（参考范本）

授课时间	2015.06.12	授课地点	十监区二楼多功能教室	授课人	万某某
课时	2	应到人数	123	实到人数	121
授课内容	明确身份　端正态度 什么是身份，什么是身份意识，应怎样认同自己的身份意识。 什么是心态，服刑人员有哪些心态，应具有怎样的心态。 ……				
讨论作业题	每位服刑人员提交一份不少于3000字的学习感悟，不具备书写能力的则作口头陈述。				
课堂纪律	良好				
备注	2犯请假：1人病，1人看护。				
监狱民警签名：万某某					

学以致用

赵某,男,22 岁,山东省某市人,因毕业工作原因,女友提出分手,赵某不同意并多次跟女友沟通。某日,在赵某租住的房子里,双方再次谈不拢,女友收拾东西欲离开,赵某不肯,争执中,赵某怒火中烧,将女友掐死在床上。赵某被判处死刑缓期二年执行,被投入某监狱服刑改造。

赵某 13 岁时父亲去世,后跟随母亲生活,母亲一直未再婚,因家庭变故,母亲觉得孩子可怜,对其比较娇惯。家庭条件一般,母亲靠补鞋修鞋维持家庭生计。赵某性格急躁,人际关系一般,自述从小到大没什么好朋友,平常很少跟同学出去玩,即使大学期间也是很少参加活动。

入监以来,赵某情绪低落,同监室友反映该犯经常失眠,多次发现有手淫行为,该犯自述入监以来感觉很焦虑、恐惧,自述为缓解心理情绪,多次手淫,在父亲去世后,开始有手淫史。在监狱手淫被发现后,出现了与他人一起上厕所时,心慌、脸红、出汗,无法正常排便,甚至有几次尿在裤子里。

问题:请思考如何拟定适合赵某的入监教育课程,应侧重哪些方面?

要点提示:应针对该犯出现的心理问题的情况,注重入监教育阶段的集体教育与个别教育相结合,开展人际关系辅导、性健康教育、心理健康与心理矫治等课程,要结合入监监区罪犯教育的实际合理安排课程。

拓展学习

谨记"一二三四"四字诀 上好入监教育"第一课"

入监教育是监狱教育改造罪犯的第一步,是引导罪犯认罪服法、转变身份意识、明确新生方向的重要基础。近期,鲁南监狱紧密结合实际,不断调整、改进、创新罪犯入监教育方法,提炼形成"一二三四"四字诀,上好入监教育"第一课",有效提高入监教育工作科学化、规范化水平。

"一站式"评估摸排,掌握源头信息。坚持对新收监罪犯开展源头甄别、源头分类,通过多种方法收集评估资料,开展危险性评估工作,确定危险类型及程度,为罪犯入监教育内容提供参考;组织心理测试,掌握罪犯心理状况,对情绪波动大的罪犯开展针对性心理辅导;组织新收犯逐一谈话,深入掌握罪犯思想动态,并将谈话内容建档,提高改造质效。

"两步走"丰富内容,确保教育成效。根据入监培训要求,制定集中教育和特色教育两类课程表。集中教育包括罪犯思想政治教育、法律法规教育、反脱逃警示教育和行为养成教育等内容；特色教育包括忏悔感恩活动、心理辅导及心理拓展训练等内容。同时，及时对学习成效进行考核验收，确保入监教育取得实效。

"三段式"循序渐进，促进行为规范。将新入监罪犯教育管理分为适应期、规范期、练习期三个时期，有针对性地循序渐进开展"三段式"教育管理。适应期阶段，利用广播系统开展认罪服法教育，引导罪犯背诵行为规范、学习掌握内务整理标准；规范期阶段，组织罪犯开展感恩忏悔教育、内务评比、学唱狱园歌曲、队列训练等集体活动，引导罪犯上好行为规范养成"必修课"；练习期阶段，在新入监罪犯具备综合性规范意识养成基础上，常态化开展教育改造课堂教育。

"四维度"丰富体系，打造教育品牌。提炼打造"静""动""松""紧"四维度入监教育品牌。"静"即抓好课堂教育，组建入监教育讲师团，将入监教育必学课程系统融入课堂，用通俗易懂的方式做好课堂教育；"动"即积极组织活动，开展运动会等集体活动，增强新入监罪犯集体荣誉感和团队协作意识；"松"即深度净化心灵，组织新入监罪犯集体收看时事新闻、励志教育片和爱国教育片，并以此为契机引导其畅谈心得感悟、深挖犯罪根源；"紧"即强化纪律意识，组织开展队列评比、消防演练、急救演练等活动，增强罪犯的纪律意识和安全意识。

（来源：山东监狱公众号）

任务 3　认罪悔罪

学习目标

掌握入监教育阶段认罪悔罪教育的标准，了解不认罪服法的思想和行为，能够开展认罪悔罪专题教育。

案例导入

李某，男，汉族，33 岁，曾被劳动教养 1 次，因诈骗罪被人民法院判处无期徒刑，剥夺政治权利终身。

李某自入监以来，在入监教育阶段拒不认罪，改造中行为涣散，态度消极，对监狱民警的教育采取得过且过的态度，该犯在监舍中一直宣扬自己是无罪之人，悔罪感较差，否认犯罪动机的客观存在，用一些政策、法律上的界限问题对自己的犯罪行为进行合理归因，认为自己是政策、法律不完善的牺牲品，甚至认为自己是因被人背叛和陷害而陷入牢狱之灾。该犯在习艺劳动中，随意走动、交头接耳；在观看新闻节目时，得知中国司法制度正在改革，寄希望于会出现对其有利的司法制度改革。在为期两个月的入监教育过程中，其思想一味集中在自己的申诉上，对自己改造表现的好坏根本不在乎，因考核不达标，已经被延长了1个月的入监教育。

问题：请思考如何对该犯进行认罪悔罪教育？

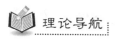 理论导航

一、认罪悔罪的标准

罪犯进入监狱后，面临的第一关就是认罪悔罪问题，这是接受刑罚和改造的重要前提，是安心改造、积极改造的基础，也是尽快矫正恶习，成为守法公民的必要条件。

认罪是承认自己所犯的罪行，深刻认识到犯罪的危害性和严重性，以及承担法律制裁的责任；服法是在承认犯罪事实的基础上，服从法院的判决，接受刑罚，服从监狱人监狱民警察的管理，遵守监规纪律，积极改造。认罪是前提，悔罪是具体表现。

衡量一名罪犯是否认罪悔罪，可以参考以下几点：

（一）承认自己的犯罪事实

对法院判决中认定的犯罪事实、犯罪性质必须接受和认同，不抵赖、不抵触，相信法律的公正性和严肃性，不纠缠与案件或量刑无关的细枝末节。如果认为事实不符或者量刑过重，可以在服从管理的前提下，一边安心改造一边通过正常的法律程序提出申诉，不能因为正在申诉或者不认罪而影响或抗拒改造。

（二）承认自己的犯罪危害

犯罪的危害是多方面的，包括认清犯罪的物质性危害和非物质性危害，犯罪的直接危害和间接危害，犯罪的即时危害和遗留危害，犯罪对社会的危害和对家庭与自己的危害。认清犯罪的危害才能产生悔罪心理和救赎的改造动力。

（三）服从法院判决

服从法院的判决，即无条件服从法院判决书认定的犯罪事实、定性和量刑等。法院判决具有权威性、强制性和公正性。法院判决既是法院审理案件执行国家法律的具体结果，也是罪犯投入改造的法律依据。入监教育伊始就要明确罪犯要无条件接受法院的判决、接受刑罚的惩处。但是需要注意的是，无条件接受不等于剥夺罪犯的申诉权，而是要区分对待，对于无理缠诉的要明确其服从法院判决的必要性。

（四）服从刑罚制裁

《监狱法》第5条规定："监狱的人民警察依法管理监狱、执行刑罚、对罪犯进行教育改造等活动，受法律保护。"监狱人民警察是法律的执行者，代表国家执行法律，罪犯服从监狱人民警察的管理教育是认罪服法的具体表现。

二、不认罪悔罪的思想

（一）生活所迫论

一部分罪犯把自己的犯罪归咎于生活和经济困难，认为自己犯罪是不得已而为之，这在捕前无职业的罪犯中表现尤为突出。这种错误认识实际上是在为自己的犯罪行为开脱。人要生存，没有物质财富不行，但物质财富的获得应通过劳动和辛勤的付出。而罪犯好逸恶劳、不劳而获的思想才是真正的犯罪根源。

（二）环境影响论

有些罪犯认为自己犯罪是受一些社会不良风气的影响，是受外在环境的影响和刺激导致的，否认主观因素的决定作用。虽然外因对人的犯罪有不同程度的诱发作用，但毕竟是次要的，同一环境下有的人却能守法遵纪、安分守己，外因终究是通过内因起作用。

（三）违法无罪论

有些赌博犯、涉毒犯，甚至有些强奸犯，并不认为自己是犯了多大的罪，只是违法而已；也有些罪犯因讨还债务或者忍受不了家暴而犯罪判刑，他们认为欠债还钱、大义灭亲是天经地义的，甚至是伸张正义的，如此种种，避重就轻，回避犯罪的实质问题。

（四）违法无害论

有的经济犯，贪污了大量赃款但没有挥霍，案发后如数退还，或虽然挥霍了但是全额赔偿了，便认为无害于国家和受害人；有的甚至认为自己对国家、对企业作了巨大的贡献，吃点拿点算不了什么，看不到自己行为的危害性。

（五）对比吃亏论

有些罪犯相互比较，比案情、比数额、比危害结果、比刑期，认为自己判重了，吃亏了；也有的罪犯认为自己只是小鱼，大鱼未抓未判，为什么判我而心生不满，不安心服刑改造，忽视了刑罚的罪责刑相适应原则。

（六）轻罪重判论

有的罪犯对自己犯罪的性质、情节等歪曲辩解，认为定量刑不当，在刑事政策或者不影响定罪量刑的细枝末节上做文章，屡屡申诉，不安心改造。

三、不认罪悔罪的现象

（一）不思悔改，进行无理申诉

该情况主要表现为针对不影响定罪量刑的细枝末节反复申诉，还有的通过亲属说情、赔偿等请求被害人改变证词、企图改变罪证。

（二）破坏监规，扰乱改造秩序

在罪犯中散布不认罪言论或不满情绪，混淆视听、蛊惑人心，挖苦讽刺、打击先进，拉拢落后分子，怂恿他犯申诉、不服从管理、不遵守监规纪律。

（三）抗拒改造，狱内违法犯罪

有的罪犯把不满发泄到监狱民警和其他罪犯身上，认为入监教育阶段严格管理是跟自己过不去，监狱民警的批评教育是对自己有成见而抗拒改造。

工作流程

针对不认罪悔罪的罪犯，认罪悔罪教育是一个漫长的过程，必须将其作为一项长期性、经常性的工作，入监教育阶段的认罪服法教育主要侧重于引导罪犯能初步认识犯罪及其危害、剖析犯罪原因，在集中教育过程中促使罪犯坦白余罪、检举揭发。

1. 用算罪恶账的方法端正李某对犯罪危害性的认识，犯罪危害涉及程度问题，对于物质性危害可以量化和计算。如果把几十个人的犯罪危害集中起来，其犯罪危害的严重后果会得到比较充分的展示。引导李某从个人角度算一算这次犯罪对自己、对家庭、对社会造成的危害，比如可以让他听一听该监狱所有经济类犯罪给社会带来的严重危害；分析李某此次的诈骗行为致使某工厂无法正常开工，停产半年，拖欠农民工巨额工资，有的打工者辛苦了一年一无所获，甚至家人重病却无钱医治等。

2. 用角色换位的方法加深李某对犯罪危害的认识。可以开展相关活动让李某扮演某一受害者角色，从而体验不同的心理。犯罪者与受害者所处的位置不同，其心理体验也截然不同，角色换位，从被害者所处的地位、环境及所遇到的变故进行心理体验，设身处地，将心比心，对于罪犯增强悔罪感、赎罪感，增强思想改造大有裨益。

3. 政策攻心，加大认罪服法的课程教育。为李某制定详细的教育计划表，加大对其认罪服法的教育频率。引导李某在承认犯罪事实的基础上，深入剖析是什么原因导致犯下了错误，哪些是自己很难改正的错误，深挖根源，才能从根本上悔悟与改过。

4. 监狱民警对申诉要表明态度，增强透明度。在李某申诉的问题上要表明监狱民警的态度，让李某心中有底。在对李某的初步教育中，监狱民警明确指出对其申诉的态度是既不支持也不反对，在法律允许的范围内，李某可以行使自己的申诉权利，但必须按照程序进行，同时要求遵守监规纪律，如此可能对李某起到唤起自知之明的意外效果。

5. 主动关心、一人承包、多人参与。入监教育只有短短的两个月时间，流动式和样板式教育内容有时候不利于对李某产生触动心灵的教育效果。因此，在入监教育阶段除了要告知李某相应的政策之外，也要多增加一些个别教育，主动关心李某入监改造中的困难和困惑，对其管理可采取外松内紧的方式，增强李某对监狱民警的信任感。及时掌握李某的思想和改造变化，也可以利用其他罪犯在平时与其接触中，对其加以劝导，以求促其认罪悔罪，回心转意。

 学以致用

周某，36岁，小学文化程度，山东蓬莱人，因协助他人运送毒品，被人民法院判处有期徒刑3年。

在入监教育阶段，该犯改造表现一般，无违纪违规行为，性格内向，不喜欢与监狱民警、他犯聊天，监狱民警找其谈话，即使说得再多，周某也是以简单的点头或"是"来回答。经过不断深入了解，监狱民警找到了症结，周某从家里出来就是想打工挣点钱改善下孩子的生活，让他们能上学，没有想过做什么违法乱纪的事，帮别人"拿点东西"，怎么就稀里糊涂进来了，他心里不服，觉得自己的事根本不是事，所以不愿意和监狱民警多说话。周某判刑后也不敢告诉家里人，怕家里人责怪，怕乡亲们看不起。

问题：根据入监阶段周某的情况，对其制定认罪悔罪教育方案并提交。

要点提示：周某文化程度较浅，不认罪悔罪主要是法律意识淡薄造成的，主观恶性不大，应该属于比较容易教育矫治的一类。要根据其特点制定切实可行的认罪悔罪教育方案，注意入监教育阶段的时间安排和主要任务。

 拓展学习

福建省建阳监狱深入推进罪犯认罪悔罪教育

福建省建阳监狱紧紧围绕关押重刑犯的最大实际，将工作的思路定位在"四个突破""五个结合"的合理范畴，积极构建思想教育工作的长效机制，对罪犯深入开展认罪悔罪教育活动。

"四个突破"是指：一是坚持在强化罪犯身份意识上有所突破。组织罪犯围绕"犯罪入狱应当负什么责任？作为罪犯应承担什么样的角色？"等主题展开讨论，引导罪犯认真履行好法律责任、服刑责任和家庭社会责任；二是坚持在凸显罪犯真诚忏悔上有所突破。主要以算罪恶账、写忏悔书、坦白余罪、现身说法等方式，强化认罪悔罪赎罪意识，同时精心筛选部分罪犯认罪悔罪演讲的典型材料，制作成教育光盘在监狱教育台播放，以此发挥磁场辐射效应；三是坚持在激发罪犯用心改造上有所突破。如指导服刑人员参与编制"脱逃无出路""自杀可耻"动漫宣传画，举办"脱逃模拟审判会""反逃跑法律讲堂"等实训课程，以实践训练课程让服刑人员再次切身感受到以身试法的法律后果；四是坚持在促进罪犯行为养成上有所突破。强化学练相结合，有针对性地组织罪犯学习《服刑人员改造行为规范》，举办"规范在心中，改造见行动"主题五项达标竞赛和狱园歌曲、心理保健操等演练，让罪犯将服刑感知和行动有机融为一体。

"五个结合"则是指：一是将认罪悔罪教育与传统文化教育相结合。在监狱《春芽报》上刊载"二十四孝"传统经典故事和"弟子规"等经典格言，对罪犯进行潜移默化教育，同时要求罪犯在中秋节等传统佳节写一篇感恩家书。二是将认罪悔罪教育与"中华魂"读书教育活动相结合。指导各押犯单位成立"书友协会""音乐书吧"等读书沟通介质，大力传播"真、善、美"。三是将认罪悔罪教育与法律常识教育相结合。以省局编写的《法律常识》等为蓝本，系统组织罪犯学习《中华人民共和国刑事诉讼法》《中华人民共和国宪法》等法律课程，学习结束后还进行法律常识和认罪悔罪教育科目考试，以检验学习教育成效。四是将认罪悔罪教育与社会帮教活动相结合。主动邀请家属来监开展帮教，让罪犯接受亲人的教诲；举办"对不起，我错了，我向你真诚悔罪"大型忏悔恳谈会等互动活动，让受害者亲耳听取罪犯的忏悔，亲手接纳《忏悔信》。五是将认罪悔罪教育与监区文化活动相结合。通过每年举办迎春晚会和监区文化周活动，适时举办服刑人员运动会等，充分发挥文体活动特殊的矫治功能，精心塑造罪犯健康的人格。

（来源：福建省建阳监狱）

任务4　行为养成

📠 学习目标

掌握入监教育阶段行为养成的主要内容与养成方法，能够根据个案，按照"严格、细致、扎实、认真、规范"要求识别不良行为和开展行为养成教育。

🔍 案例导入

成某，男，汉族，31岁，文盲，江苏北部人，因协助他人运送毒品，被人民法院判处有期徒刑3年。

成某自幼丧父，因家庭困难随母亲多次改嫁，后与继父关系不和，13岁便独自到外地打工，在多年的社会闯荡中，他所受到的社会处境和待遇使他对社会、对警察都有一种逆反心理。

监狱民警告知成某入监教育小册子里的《罪犯改造须知》《新入监罪犯一日行为规范》《记分考核奖惩办法》等内容都要学、都要背。成某好动不好静，尤其不喜欢背诵。有一天晚上，成某与小组长在监舍相对而坐，小组长一条一条地慢慢读着，学习过程中，成某东张西望，心不在焉，最后直接要求抽烟休息，小组长批评成某说："刚来监狱就耍态度。"成某认定小组长骂他，随即两人吵了起来。成某自入监以来，多次违纪，公开顶撞监狱民警。

问题：请思考入监教育阶段如何对该犯开展行为养成教育？

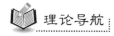 理论导航

罪犯行为养成主要是以《行为规范》为基础的行为养成教育。《行为规范》是由司法部制定并颁布实施的，是用命令性规范和禁止性规范来规定罪犯的权利和义务的，具有法律性质，是对罪犯改造的标准化、全方位的要求，是有效改造罪犯的重要标杆，入监教育阶段罪犯必须背诵并掌握《行为规范》，这是罪犯在监狱这一特定环境条件下进行行为养成应该遵守的准则和应该达到的标准。

监狱内密集的人群、复杂的联系、各异的性情，使罪犯在劳动、学习、生活中必然会产生一定的矛盾和冲突，这就会影响和妨碍监管改造工作的顺利进行，所以强制罪犯学习并遵守行为规范，促使其养成良好的行为习惯，能缓和化解矛盾，同时也能减少和预防罪犯错误行为的发生，增强遵规守纪的自觉性，矫正恶习。

一、行为养成教育内容

入监教育阶段通过对罪犯开展队列训练、内务卫生及生活常规训练，强化罪犯的纪律意识、服从意识、集体观念。通过行为训练养成良好行为规范，具体要求达到：行动军事化、行为规范化、生活制度化、学习正规化、劳动集体化和语言文明化。

《行为规范》具体包括基本规范、生活规范、学习规范、劳动规范、文明礼貌规范。

1. 基本规范：规定罪犯在服刑改造期间的基本行为标准，是对罪犯改造行为要求的高度概括，是行为规范的核心，是最基本、最主要的规范，包括十条禁止性规范。

2. 生活规范：要求罪犯在日常的衣食住行、医疗、卫生等方面必须严格遵守的言行准则，是考核罪犯在生活、卫生等方面改造表现的基本内容。

3. 学习规范：罪犯接受思想、文化、技术教育"三课"学习的目的、要求、方法、内容和纪律等标准。

4. 劳动规范：内容主要有劳动纪律、技术质量和文明生产三个方面。

5. 文明礼貌规范：是根据社会主义道德规范的要求，对罪犯在言行举止方面制定的一系列强制性要求。

二、行为养成教育阶段与方法

（一）强制灌输阶段

刚入监的罪犯仍然保留着社会上的许多恶习，对监狱严格全面的纪律约束很不适应，甚至会产生抵触情绪，自觉或不自觉地违纪违规行为时有发生。在这一阶段，监狱警察要对罪犯进行监规纪律和规范教育，并对故意违反《行为规范》的行为及时给予一定的惩罚和教育，迫使其按照要求去做出行为。

（二）半强制、半自觉阶段

罪犯初步了解了《行为规范》内容和要求，在吸取自己或他人违反规范受到惩罚的教训基础上，约束自我不符合规范的行为。这一阶段是罪犯由不适应规范要求向逐渐适应转变的关键阶段。监狱警察除了及时纠正其违规行为外，还要努力帮助罪犯树立规范意识，养成行为习惯。

（三）行为养成阶段

罪犯由于在一定较长时间内接受行为规范教育和约束，加之自我的学习与努力，思想基本稳定下来，规范意识基本形成，可以说是跨入了自觉和积极改造的行列中。

附：某监狱《新入监罪犯一日生活作息管理规范》

第 1 条　罪犯入监教育共培训 2 个月，每周接受入监教育或习艺劳动 5~6 天，每天 8 课时，一般不低于 320 课时。

第 2 条　起床。起床时间为 6：30，听到起床哨声要立即起床，动作迅速，按要求穿着囚服，佩戴统一标识。

第 3 条　卫生和洗漱。整理宿舍卫生时应秩序井然，分工明确，做到窗明几净、地面整洁。值班员在警察带领下检查各监舍的内务卫生。洗漱时，按照值班员的通知和安排有秩序、分批次进行，不得拥挤、抢位，不得打闹嬉戏，不得浪费水源，不得较长时间滞留于洗漱室。

第 4 条　就餐。早餐时间 7：20，午餐时间 11：20，晚餐时间 17：20（根据季节变动会有所调整），听到集合打饭口号后，各监舍负责打饭罪犯在走廊列队，集体到监舍楼门口打饭。按规定在监舍餐桌前统一就餐，联号相邻而坐，爱惜粮食。不得擅自不参加就餐，如遇特殊情况需要经过当班警官批准。饭后有秩序排队到盥洗室洗刷餐杯。

第 5 条　上课。上午正课时间 9：00~11：00，下午正课时间 13：30~16：30，晚上统一看新闻时间 18：30~19：30，上正课时，要保持坐姿端正，精力集中，尊重警官、教员，因故离开教室必须报告，经允许后方可离开。

第 6 条　午休。午休时，除值班员外，罪犯均须卧床休息，保持安静不得进行其他活动，值班员负责检查各监舍午休情况。起床后立即整理好内务卫生。

第 7 条　点名、清点人数。点名、清点人数应每小时 1 次。休息日和节假日必须点名、清点人数；离开本监区参加集体活动前后，必须点名、清点人数。

听到点名号令后，所有罪犯迅速在本监舍床前（或按规定的集合地点）列队立正站好，声音洪亮地依次报数。当点到自己名字时，应立即答"到"，接受完指令后，立即答"是"。

第 8 条　监区活动。每晚 19：30~21：00，参加监区组织的读书、读报、文化娱乐等活动（未背过监规的统一组织规范学习），罪犯必须听从值班员的统一安排，做到穿着整齐、遵守纪律、讲究文明礼貌、爱护环境卫生。

第 9 条　就寝。就寝时间 21：00。罪犯按要求在床前列队站好，等待值班警察床前点名。值班警察点名后，全体罪犯在听到值班员发出"就寝"号令后，立即就寝，保持安静。就寝时，不得蒙头睡觉，不得串换铺位。

工作流程

1. 要促"知"。以《行为规范》的背诵与养成为活动重点，根据成某是文盲以及喜动不喜静的特点，可以采取视频、幻灯片、狱歌、话剧等形式让其理解，知其然并知其所以然。

2. 要促"行"。从严格落实监狱罪犯行为规范，从早到晚的"一日行为准则"，从上下班队列到"三大现场"，从一言一行到一举一动，从规范意识到行为养成，都要以"严"字当头，让其在监规纪律的严格约束下，增强规范意识，养成良好的行为习惯。对于成某屡犯监规、屡教不改的情况，监狱民警要深入了解其基本情况、思想状况、改造表现等，以便及时发现问题和解决问题。入监监区要加强其规范化训练，加大对其严格管理的力度。

队列训练是行为训练的重要方式，队列训练以集体训练为主，达到动作熟练规范、整齐划一，对罪犯进行队列训练就是一种纪律训练，使罪犯养成令行禁止的纪律作风，树立严格的组织纪律观念。根据成某喜动不喜静的性格特点，在队列训练中培养其行为规范意识，树立其自信心，从而增强自觉性。

针对成某公开顶撞监狱民警、屡犯监规的情况，可以开展"你是什么人？这是什么地方？你来这里干什么？"等教育，强化类似罪犯认罪服法、服从管理的自觉性。

3. 要促"恒"。罪犯行为养成不是一朝一夕就能完成的事，尤其是对行为养成不好的罪犯更要有责任心和耐心。监狱民警在履职时要增强自己的工作责任心，对工作要肯下功夫、肯花心思。对待成某这样主观恶性不深，涉世较早，对监狱民警存有一定逆反和对抗心理的罪犯，在教育转化过程中要做到细心、诚心、热心和耐心，经得住其语言冲撞和态度蛮横的刺激，坚持以柔克刚、以静制动、以理服人、以情感人。

 学以致用

刘某，男，37岁，未婚，汉族，河南人，小学文化，因故意杀人罪被判处无期徒刑，投入监狱服刑改造。

刘某生活在农村，家庭条件不好，其母再婚以致他的亲属成员较多，但刘某不受家人重视，没有文化，没有谋生技能，因纠纷将其叔叔杀害并导致继父受轻伤。因亲情犯罪，家属对其有较深的怨恨，不愿与其往来。刘某入监后，虽然改造态度较好，但是行为比较消极，情绪低落，规范养成较差，入监近两月，始终不会背行为规范，队列训练总是左右不分，内务卫生也总是拖监舍后腿，导致同监舍人意见很大。

问题：结合案例思考在入监教育阶段如何对刘某开展行为养成教育？

要点提示：建议先对刘某进行智力测试，如一切正常，可采取集体教育与个别教育相结合，从加强个别关怀与帮教的力度入手，促进其行为养成。

 拓展学习

唱响规范之歌　重塑行为养成

近期，陕西省宝鸡监狱在教学楼多媒体教室组织开展了服刑人员改造歌曲集中培训活动，各监区服刑人员积极报名参与，进一步深化了"多想说声对不起"主题教育活动成效，充分调动了服刑人员改造积极性，促进了服刑人员规范改造意识及行为养成。

培训过程学习认真、考核严格。作为行为养成教育活动的一项重要内容，各单位对这次的培训高度重视，组织得力。参加培训的服刑人员由各监区推荐，组

成监区改造歌曲教唱、领唱骨干。培训过程方法给力，坚决不走过场、搞形式。对培训过程和结果加强考核、务求实效。培训采取了签到、点名制度，并对当天培训服刑人员的表现、行为养成、学习成绩进行了打分考核，培训中歌声高扬、精神振奋，达到了预期效果。

改造歌曲内容广泛、主题突出。培训挑选了 20 首改造歌曲开展集中学习，其中有大家耳熟能详的《劝解歌》《文明监狱阳光照耀》《从头再来》《既然来到了特殊学校》《弃恶从善奔明天》《亲情电话》《奔向明天光明的路》；还有以遵规守纪、规范改造为主题的《监狱法之歌》《入监教育歌》《出工行进歌》《弃旧图新歌》《争取宽大早回家》《回头歌》《规劝歌》；以感恩为主题的《待儿回家报答歌》《今生父母来世儿女歌》；以励志为主题的《把头抬起歌》《从零起步歌》《托起新生的梦想》《让我们满怀信心奔向新岸》；等等。最具特色的是这些歌曲大部分都是由该监狱警察赵宝刚作词作曲，还有部分服刑人员也积极参与到创作之中，歌曲内容接地气、联实际、有意义。

推广练唱普及成果、常态落实。"唱好改造歌曲和讲好文明用语"活动是强化服刑人员行为养成教育专项活动的内容，更是加强监区文化建设的重要内容之一，对于活跃服刑人员文化生活，调动服刑人员改造积极性，稳定改造秩序，营造狱内良好改造氛围有着重要作用。在歌曲练唱、文明用语使用中进一步增强认罪悔罪意识，自觉改造意识，遵纪守法意识，矫正不良习气，养成健康向上、文明礼貌的良好习惯。不断丰富教育改造内容，活跃服刑人员文化生活，营造健康向上、文明良好、可持续改造的监狱改造环境。

（来源：陕西法制网）

任务 5　考核分流

学习目标

掌握入监教育考核的内容、方式、流程以及验收分流的程序，能根据个案开展入监考核、验收与分流。

案例导入

洪某，男，49 岁，汉族，未婚，江苏苏州人，小学文化，曾因盗窃被判处有期徒刑 2 年，6 年后因诈骗被判有期徒刑 7 年，现再次因诈骗罪被人民法院判处有期徒刑 12 年。

洪某有多次服刑改造经历，犯罪劣根性较深，自入监以来，很快适应了监狱的改造生活，虽无大的违法违纪行为，但行为散漫，经常在犯群中讲粗话、脏话。在入监教育日常管理过程中，监狱民警坚持严格管理与以理服人相结合，一方面加大对其不良改造言行的考核和处罚，让该犯充分认识到"改造要靠自觉遵守纪律，不良言行不利于改造"，另一方面善于捕捉其改造的每一点滴进步，利用其身上的闪光点做文章，教育过程以鼓励和肯定为主。

监狱民警在管理教育过程中并没有因他的种种劣迹而歧视他，相反在日常管理中还处处体现着对其人格上的尊重，在生活、学习、劳动、队列等各方面给了他足够的关心和帮助，为其安排适合的习艺岗位。在近两个月的时间里，洪某解开了心中的疙瘩，改造开始变得主动起来，自信心明显增强，在队列考核中表现优秀。

问题：请思考入监教育结束后如何对该犯进行考核验收分流？

 理论导航

入监教育考核主要考核罪犯在入监教育期间，通过各种教育改造手段和方法，是否达到认罪悔罪，认真学习并积极参加劳动，及时掌握并遵守《行为规范》的情况。加强对罪犯接受入监教育的考核和管理，既可以促使罪犯认清改造的方向，不断提高自我改造的自觉性和积极性，也是实施奖惩与下一步分流的依据。

入监教育结束后，监狱应当对新收罪犯进行考核验收。

一、入监教育考核

（一）考核内容

1. 认罪悔罪与明确身份。认识犯罪危害，承认犯罪事实，服从法院判决，坦白交待余罪，服从管教。无不认罪言行和无理申诉、缠诉现象，按要求如实书写个人情况和认罪服法保证书。

2. 法律法规与形势政策。掌握监狱的性质、任务和工作方针，熟悉罪犯改造的基本原则和基本手段，懂得罪犯的权利和义务，了解社会政治经济等方面时事。增强法律意识，遵守学习规律。

3. 安全生产与劳动改造。能积极参加适应性劳动，服从分配，不怕苦、不怕脏，保质保量，安全低耗完成生产任务；参加安全知识和相关理论考试。

4. 队列训练与内务卫生。熟练掌握各种队列要领，做到动作准确，整齐划一，报告规范。内务卫生统一、整洁，个人卫生好。

5. 遵规守纪与行为养成。能遵守《行为规范》等监规纪律，规范改造言行，逐步养成良好生活习惯，积极维护监管秩序。掌握《罪犯百分考核实施细则》《罪犯分级处遇管理规定》等规章制度，能背诵《行为规范》等。

（二）考核方式

入监教育考核应成立考核验收小组，考核验收工作由监狱分管领导组织，多个职能部门共同参与，监狱教育科（处）牵头负责实施。考核一般实行百分制量化考核，要遵循严肃认真、实事求是的原则，准确、及时、客观地反映新犯改造的表现和本质。考核方式主要采取日常考核与集中考核相结合、集体考核与单独考核相结合、单项考核与综合考核相结合的方法进行，并结合罪犯实际灵活选择考核方式。

对因文化程度较低或其他原因不能进行笔试的罪犯，可按照其实际情况，酌情进行简单的开卷考试或口试，对因年龄较大、身体较差或其他方面原因不能坚持正常训练的罪犯，在队列考核时可以灵活掌握。

（三）考核流程

采取观察、谈话、笔试、现场演练等方式，定期和不定期相结合，进行综合考核。建立考核台账，最后量化计分。考核的流程是：

1. 日常考核。通过观察罪犯的日常行为表现、审阅书信、思想汇报材料及个别谈话等手段，及时掌握罪犯的思想变化情况，并根据变化情况及时修改教育的内容和方法。这类考核主要由入监监区组织进行。

2. 集中考核。通过检查罪犯入监教育档案、口试、观看罪犯操练等方法，了解教育时间安排与内容实施情况、罪犯行为养成与认罪服法表现，以及罪犯在接受入监教育过程中违规的情况等，来评定罪犯是否达到接受入监教育所应达到的要求。对于达不到要求的罪犯，应找出原因，及时进行补课教育并限期达标。此类考核一般由监狱组织实施。

3. 跟踪反馈。通过运用问卷、直接谈话等手段，与监区或分监区、罪犯本人接触，对分流到各监区改造半年内的罪犯进行认真考察，了解他们的思想表现、劳动表现，以及对日常教育阶段的适应情况，以便检验入监教育的质量，改进入监教育工作。此类考核一般由监狱组织实施。

二、验收分流程序

对验收达标的罪犯向各监区分配，刑罚执行委员会签署分配意见，狱政管理科开具调犯令，向接受监区移交达标罪犯。对验收未达标罪犯，安排其重新进行入监教育，可以延长1个月。分流罪犯因入监教育质量问题，在1个月内发生脱逃、监内重大事故的，要追究入监教育监区主要领导和管理监狱民警的责任。

入监教育部门向接受监区移交罪犯时，需要将罪犯的思想状态、改造表现向接受监区介绍清楚。同时向分流监区介绍罪犯在入监教育期间的表现情况以及入监评估情况，与接收监区做好档案交接，将罪犯副档转交分流监区，副档包括：生效的法律文书，包括刑事判决书，执行通知书，结案登记表，起诉书副本；新入监罪犯建档材料，包括入监登记表，罪犯情况综合分析建议表，罪犯入监教育鉴定表，罪犯认罪悔罪书，罪犯自传，罪犯改造规划，罪犯个体改造难度预测结果表，交、揭、查登记表；其他需要归档的配套材料，包括罪犯被服表，罪犯计分考核表，个别教育谈话记录等。

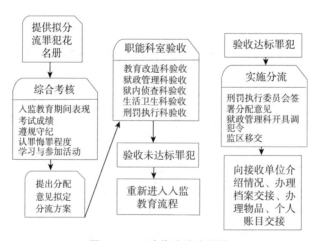

图 2-1-5　验收分流流程图

📑 工作流程

1. 对洪某进行综合考核。包括洪某在入监教育期间的综合表现、考试成绩、认罪悔罪程度、遵规守纪情况、参加学习和参加活动情况等，根据洪某在入监教育阶段的综合表现，将日常考核与集中考核成绩相结合。

2. 根据《罪犯改造难度评估表》得分情况以及最后的综合情况，填写《罪犯分配意见表》，就洪某的分配提出意见。

3. 分流验收会操。参加验收的人员一般包括主管教育的监狱领导、教育改造科、生活卫生科、狱内侦查科、刑罚执行科、狱政管理科。验收内容包括队列会操、内务卫生、习艺等。洪某在最后验收会操中表现十分优秀，应计入考核成绩，并根据其年龄、劳动能力以及在入监阶段习艺情况，将其分配到适合的岗位。

4. 根据验收结果，由职能科室领导及监狱领导签字，若确定洪某验收合格，应针对其拟定分流监区及岗位，并报刑罚执行委员会。

5. 刑罚执行委员会确定分配意见，狱政管理科开具调犯令，向接受监区移交洪某及其个人物品和副档并办理交接手续。

6. 如洪某验收不达标，应延长 1 个月的入监教育，继续留在入监监区接受教育。

 学以致用

牛某，男，31 岁，汉族，离异。因喝酒后郁闷，经不起酒友的怂恿便一同盗窃，牛某放风，事后分得 2000 元人民币。牛某因盗窃罪被人民法院判处有期徒刑 10 年。在入监教育阶段，牛某心理极其失落，怨恨自己，更怨恨酒友，不明白为什么 2000 元要用 10 年作为代价来偿还，认为判得太重了。在看守所时，妻子就提出了离婚，牛某一气之下同意了。在入监教育阶段，牛某基本能遵守监规纪律，内务卫生尚可，但基本不与人交流，考虑到其有文艺特长，擅长大提琴、弹电贝司，监狱民警曾推荐其进入文艺队，但是被其拒绝。

问题：如何对该犯进行入监教育考核验收分流？

要点提示：要符合考核的基本内容，综合考虑其表现和个人分配意愿，也要考虑其能力与特长，符合验收分流基本程序。

 拓展学习

入监教育考核验收

新入监的罪犯（后简称"新犯"）在完成两个月的入监教育后，就要参加由教育改造部门组织的入监教育考核验收，只有验收合格，才能分流到各监区，开启下一阶段的改造。

"请背诵《行为规范》第10条内容""请回答，如果行进中路遇警官，你要怎样向警官打报告词"……考核验收现场，由教育改造、刑罚执行、狱政管理等职能科室组成的考官团，通过现场问答的形式，对新犯发起"灵魂拷问"。考官通过随机考核新犯对《行为规范》、《罪犯二十条严禁行为》、报告词等服刑改造应知应会内容的熟练程度，检验其对身份意识、监狱环境、正确改造观的认同程度。熟练记背服刑改造应知应会内容，是新犯顺利完成入监教育的"基本功"，也是入监教育考核验收现场需要过的第一关！

如果说应知应会是"基本功"，那么将基本功内化于心、外化于行就显得非常重要，因此"新生第一考"第二关考的便是新犯的行为调整！考核现场，新犯需在指挥员的口令下完成停止间转法、队列行进等一整套规范的队列动作，做到令行禁止。队列训练是入监教育的重要课程之一，它看似枯燥，却对助推罪犯纪律意识的养成和强化有关键作用。从端正言行开始，让自己的一言一行、一举一动都自觉接受监规纪律的约束，反思犯罪教训，痛下决心矫治恶习，才能实现自我重塑。

新生起步，从"叠标被"开始！压、搓、切、按、修……在叠标被考核中，新犯听到口令后，需动作迅速，在规定时间内完成棱角分明、大小一致的标被整理。被子"事小"，审视的是其背后的健康服刑改造意识。

除了上述现场考核验收三大科目以外，入监教育考核验收其实还有其他严格周密的验收程序和标准，如，以文化教育、安全常识、岗位技能、心理健康等为内容的平时考核验收，也是完成新犯入监教育考核验收的重要参考之一。

（来源：四川省女子监狱公众号）

项目二

日常教育

图 2-2-1　教育改造的基本形式[1]

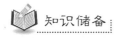知识储备

一、日常教育的任务和作用

日常教育是指罪犯入监教育之后至出监教育之前的常规教育，是罪犯教育的主要阶段。日常教育主要包括思想教育、文化教育、劳动和职业技术教育和心理健康教育四方面内容。

通过开展日常教育，消除罪犯的消极思想，促进罪犯认罪悔罪，帮助罪犯树立正确的人生观、价值观和世界观；提高罪犯接受思想教育的能力，提高罪犯掌握职业技术的能力，提高罪犯的文化程度；认识劳动的意义、端正劳动态度、遵守劳动纪律，提高回归社会的适应能力；培养罪犯健全的人格和良好的心理品质，努力提高罪犯的整体心理素质和心理健康水平，使罪犯不断深化自我认识，增强自我调控、承受挫折、适应狱内外环境的能力。

（一）思想教育

依据《监狱法》第 62 条，监狱应当对罪犯进行法制、道德、形势、政策、

---

〔1〕　图片来源于 https//image. baidu. com/，访问时间：2024 年 2 月 28 日。

前途等内容的思想教育。思想教育是我国精神文明建设的重要途径，对罪犯进行思想教育，是罪犯教育的重要内容，是教育改造罪犯的一个重要方法，也是教育改造罪犯的重要手段。

根据司法部《监狱教育改造工作规定》第 25 条，罪犯必须接受监狱组织的思想教育。思想教育包括以下内容：认罪悔罪教育、法律常识教育、公民道德教育、劳动常识教育、时事政治教育。

认罪悔罪教育是指让罪犯做到认罪服判，知道什么是犯罪、犯罪为什么受到刑罚处罚，同时懂得刑罚的一般常识。

法律常识教育是向罪犯普及法律知识，培养其法律意识和守法观念的教育活动。通过法律知识普及、案例分析、讨论和实践等多种形式，使罪犯明确自身法律责任和义务，树立正确的法律观念，为回归社会做好准备。

公民道德教育是引导罪犯认识道德规范、理解道德价值、提高道德素质的过程。内容涵盖道德理论、情感、实践和人格教育。方法多样，如讲座、小组讨论等。道德教育对促进罪犯改造和成长有重要意义，能帮助其树立正确道德观念，提高道德素质，为回归社会打下基础。

劳动常识教育是让罪犯了解劳动的意义、劳动的基本知识和技能，以及与劳动相关的法律法规，培养其正确的劳动观念和职业道德。通过劳动实践、技能培训、观摩学习等多种方式，使罪犯掌握一定的劳动技能，为回归社会后的就业做好准备。劳动常识教育是罪犯教育改造的重要内容之一，对于罪犯的改造和成长具有重要意义。

时事政治教育是指监狱对罪犯进行当前国内外形势、国家政策、法律法规等方面的教育，使罪犯了解国家大事，理解国家政策和法律法规的变化，增强其对社会的认知和责任感。通过时事政策教育，可以帮助罪犯树立正确的世界观、人生观和价值观，增强其改造的积极性和主动性，为回归社会做好准备。同时，时事政策教育也是监狱对罪犯进行思想教育的重要组成部分，是实现教育改造目标的重要手段之一。

（二）文化教育

文化教育主要是开设文化课程，对罪犯文化程度进行摸底排查，分不同层次开设扫盲教育、初等教育、初级中等教育。对罪犯的文化教育，以扫盲、小学教育和初中教育为主，有条件的还可开展高中阶段教育。对已经完成义务教育的罪犯，鼓励他们参加电大、函授、高等自学考试或者其他类型的学习。

文化教育的要求主要体现在三个方面：一是知识性，文化教育是发展受教育者智力、能力和技能的主要手段，文化教育教材的选编一般以理论性知识作为主体，准确反映经过反复实践经验验证过的事实和理论，体现现代科学中比较稳定的基本原理、基本观点和基本方法；二是系统性，在选编教材和教学过程中要根据需要有所取舍，但是不能随意打乱、割裂知识体系本身的系统结构，根据罪犯的刑期、年龄和已有文化程度，区别不同情况，编入不同层次的班级；三是普及性，罪犯教育实质上是国家普及义务教育的一部分，是特殊形式的义务教育，对实际文化程度没有达到义务教育要求的罪犯，需要通过扫盲班、小学班和中学班，提升他们的文化程度。

(三) 职业技术教育

结合罪犯的实际情况，监狱要教育罪犯认识劳动的意义，引导罪犯树立正确的劳动意识，并组织罪犯开展岗位技术培训和职业技能教育以满足刑满释放后的就业需要。

职业技术教育在罪犯改造中具有重要地位，其核心目标是提升罪犯的劳动技能，使其掌握实用技术和谋生手段。这种教育不仅满足罪犯改造的需要，还为其刑满释放后的就业做好准备。在实施过程中，要充分利用监狱的生产岗位和技术教育设施，实现理论学习和实践操作的有机结合。此外，教育内容的选择应根据市场和社会的需求变化进行调整，确保教育内容与市场需求相匹配，为罪犯刑满释放后的就业做好准备。

(四) 心理健康教育

罪犯心理健康教育是提高罪犯的心理健康水平，消除不良情绪，克服心理障碍，提高改造质量的一种教育活动。

"健康的一半是心理健康"，这是世界卫生组织所提出的一个著名的口号。研究发现，心理存在问题不仅会影响人的生理健康，在某些情况下还会成为一些人做出某些极端行为的诱发因素。因此，罪犯的心理健康问题在最近几年越来越受到监狱工作者的重视，许多监狱都配备了专职的心理工作人员，以便对罪犯存在的心理问题及时进行矫治、干预。

心理健康教育要从整体性和差异性着手，开展课堂集体教育，针对罪犯普遍存在的心理问题开展普及性的心理健康教育，同时建设心理健康中心，帮助有特殊需要的罪犯进行心理健康教育、咨询与治疗；心理健康教育强调罪犯的主体性与管教监狱民警的指导性相结合，负责心理健康教育的监狱民警指导罪犯进行相关的心理健康训练与治疗，同时让罪犯"自助"成长，最终达到罪犯自知、自觉、自助地心理健康成长的目标。

二、监狱民警的岗位要求

（一）"三课教育岗"监狱民警的岗位要求

1. 教育安排。主要包括配备文化、技术教员；配备教学用具和安排授课地点；安排上课时间、组织学员上课、课堂管理；布置、指导学员完成作业；将具体教学计划报教育科。

2. 教育实施。教员应当端正教学思想、严肃教学态度，认真按照教学计划实施教学。教学过程中的要求如下：①保证上课时间，不迟到、不早退、不无故旷课；②上课着装整齐、仪表端庄；③认真上课，做到教授内容准确、条理清楚、重点突出，没有知识性错误；④认真写好教案、填写教学日志、学员点名册；⑤认真批改作业、考试和考查，考试前组织认真复习、考中严格纪律、考后认真批改试卷，做好试卷分析工作，并把考试成绩填入成绩单；⑥加强专业修养，积极参加教研和教学观摩活动，交流教学经验，钻研教材、探索教学规律，不断改进和提高教学水平。

3. 教育管理。教育管理主要由担任班主任的监狱民警来负责，具体负责本班学员的管理教育、督促学员完成学习任务；掌握本班学员的出勤、学习纪律等情况，并及时给予教育、指导，解决具体问题；要经常与学员的包组监狱民警联系，互通情况，共同做好学员教育工作；认真健全本班各项规章制度，做好本班的财物保管和卫生等辅助工作。

（二）心理健康教育工作岗位要求

1. 心理健康教育监狱民警工作内容。

（1）通过课堂教育、专题讲座等形式，向罪犯讲述心理健康相关知识，矫正罪犯的不良心理问题，并针对罪犯群体中共性心理问题进行心理健康知识普及和宣传活动，消除罪犯群体中对心理健康知识的偏见和错误认知，让罪犯群体正确认识心理问题的可治疗性。

（2）开展多种形式的心理咨询活动。为了使罪犯群体在心理上感受到来自监狱的关爱，解决罪犯的心理困惑和改造过程中遇到的难题，打开心结、增强改造信心，负责心理咨询活动的监狱民警可通过面谈、书信、电话等形式开展各种心理咨询活动。

（3）组织开展罪犯心理测验活动，建立罪犯心理咨询档案。

（4）制定罪犯心理矫治规章制度，开设罪犯心理咨询门诊、治疗心理疾病。尤其对于重点罪犯、心理障碍严重的罪犯、顽固危险罪犯要及时介入心理矫治，形成有针对性的心理咨询报告和教育转化方案。

（5）开展多种形式的心理辅导工作。借助于网络、广播、报刊、电视、板报等载体播放心理电影、广播剧，开辟心理专栏，辅助进行心理健康教育。

（6）总结交流心理矫治典型案例。注意收集心理矫治典型案例，进行探讨交流、推广应用。

2. 心理健康教育监狱民警岗位要求。

（1）具有较高的心理咨询专业素养。接受系统的心理健康教育专业培训，持证上岗。要不断学习心理健康教育相关知识，提高自己的专业素养。

（2）热爱心理健康教育工作。愿意为罪犯心理健康教育和心理矫治工作奉献时间和精力，恪守心理咨询工作者的道德规范。

（3）遵循"尊重理解、真诚保密、助人自助"的辅导原则。对来访者有关资料、案例予以保密，单独保管。

（4）能够进行危机干预。在心理辅导和心理监看教育过程中，发现有罪犯危害其自身或者危及其他人员，能够采取必要的措施，防止意外事件的发生。

（5）能够保持自身情绪稳定和身心健康。当自身处于极度的情绪波动状态时，应该暂缓从事心理咨询或心理矫治活动。能够认识到自身的局限性，当发现个案超出自己的能力范围，应当主动及时转介。

任务6　思想教育

学习目标

掌握罪犯思想教育的特点和方法，能够针对不同罪犯的特点，开展有效的思想教育。

案例导入

罪犯胡某，曾因抗拒改造、严重违纪3次受到禁闭处罚，在犯群中造成恶劣影响，成为不思悔改的顽固分子。由于该犯改造具有较大的反复性，与包组警察对立情绪严重，在第二次禁闭期间，监区决定由宋警官负责他的包教工作，完成转化任务。接手包教任务后，宋警官仔细研究了胡犯档案，向一些与胡犯接触较多的罪犯了解他平时的表现情况。在与原包组警察交换意见时，他们多数人都劝宋警官："胡某是一块永远抹不上墙的泥巴，是个赖皮，我们都不愿再理他，不服管就关禁闭，看他还敢不敢嚣张。"宋警官却不这么认为，他组织监区干警对胡犯各方面因素进行了分析，研究改造对策。一天，宋警官走进了禁闭室找他谈话。他情绪激动："我宁愿在这里过两个八月十五，也不出工。"宋警官的话他似听非听，随着宋警官一句句的引导，他慢慢地低下头来，到后来他沉默不语。两个小时过去了，他终于向宋警官敞开了心扉。他谈到自己的家庭：父母离婚，他被判给父亲，跟着奶奶生活。他很淘气，常常与别的小朋友发生争执，奶奶总是护着他。后来父母都再婚，对他不管不问，他成了两个家庭多余的人，开始离开家庭，混迹社会。

宋警官确定了对他的思想教育改造基本思路，按照思路制定了教育他的方案，通过初步实施，减少了他与管教警察之间的对立情绪，初见成效。

解除第二次禁闭5个月后，因为打架，胡犯第三次被禁闭。在禁闭室里，宋警官指出他打架是错误的，他流下了悔恨的泪水："教导员，从记事起，亲生父母都没跟我说过这么多的话。本来我只有5年的刑期，我不招谁惹谁，谁惹我也不行，打算混过去就行了。您的话给了我信心，我明白了一些道理，是啊，父母生下我，给我一条命，我就应该感谢他们，他们有他们的生活，我不该再怨恨他们。我不比别人少胳膊少腿，不比别人差，为什么我不能好好干，争取早日减刑呢？"

最后，胡某提前11个月减刑释放。释放后的第4个月，他到监狱送给宋警官一面锦旗，内容是：感谢亲人。他说："宋警官，我衷心地感谢您，是您教我做人的道理，父母生了我的身，您给了我做人的情感，我会永记在心。我现在有了自己的烧饼店，生意刚刚起步，我能养活我奶奶了。等我条件好了，请你吃大餐。"

问题：如何对罪犯胡某实施思想教育？

📖 理论导航

教育是影响思想、心理和行为的活动，是改变人的主观意识，增加知识和技能的活动。19世纪前期法国作家，人道主义的代表人物雨果说："多建一所学校，就少建一座监狱。"19世纪后期美国现实主义文学代表人物马克·吐温也说："你每关闭一所学校，你就必须开设一座监狱。"这说明教育对于人类发展是非常重要的。思想教育是改造服刑人员的重要手段之一，是提高改造质量的重要保证，对服刑人员进行思想教育也是我国监狱改造工作的传统和特色。但随着社会的变迁和监狱体制变革的深入，思想教育改造暴露出不少问题，也面临着种种障碍。在新时期，必须不断加强和改进思想教育，探索新思路，寻求新载体，提高思想教育的渗透性和感染力，使其更好地发挥在刑罚执行中的积极作用。

一、思想教育在罪犯改造中的作用

对罪犯进行思想教育，是教育改造罪犯的一个重要方法，也是教育改造罪犯的重要手段，其目的就是破除原有的犯罪思想、恶习的同时，重塑新人。

(一) 改造罪犯错误认识和思想观念，树立正确的三观

教育改造是从灵魂和思想上真正改造一个人，使其能够从灵魂深处真正懂得什么是真善美，什么是假丑恶，使其真正能够担负起每个人都应承担的社会责任和道义责任，比如说什么是一个公民对国家的责任，什么是一个儿子对父母的责任，什么是一个丈夫对妻子的责任，什么是一个父亲对子女的责任。让罪犯成为一个懂得责任、感恩生活的人，成为一个有益于社会的人。这也是监狱民警的责任，也是监狱存在的价值。监狱对罪犯进行思想教育，着力纠正罪犯无视法律规范约束的错误认识，改造罪犯极端利己的错误价值观，转变罪犯消极享乐的人生观。

(二) 疏导罪犯不良情绪，树立服从改造的正确态度

思想教育在改造罪犯过程中是重要且必需的一部分，与改造罪犯的其他手段相比，它发挥着疏导和调节罪犯不良情绪的独特作用，有着狱政管理、劳动改造等其他改造手段不可替代的地位。

1. 疏导悲观绝望的情绪。初入监罪犯普遍的情绪状态是悲观绝望，对未来失去信心，看不到自己的价值和希望，对人对事都持一种消极态度。这种情绪不

仅对犯罪犯改造不利，而且对监管安全也是一种危害，需要给予化解和疏导。监狱民警耐心的沟通交流，细心的说服教育和真心的关心帮助，使得罪犯能以正确态度对待监管改造，迈好监狱服刑改造的第一步。

2. 化解破罐子破摔的情绪。重刑犯、多进宫罪犯往往表现出"破罐子破摔"的态度，心理活动不是指向如何悔过自新，而是如何混刑度日，常常表现出一些违规抗改行为。破罐子破摔的情绪对罪犯的改造是一大阻碍，监狱民警可以通过教育手段向罪犯传达理解、尊重、关注的态度，达到逐渐化解破罐子破摔情绪的目的。

3. 融化拒绝抵触的情绪。罪犯长期处于被监禁和被管制状态，难免会产生拒绝和抵触的情绪，表现为缺乏悔罪感、负罪感、人生观错位，还可能表现为阳奉阴违地敷衍，可能想方设法地规避，也可能是毫不隐讳地对抗，但目的都指向一个：拒绝监狱对自己的改造。面对罪犯顽固的态度和抵触拒绝的情绪，要坚持罪犯具有可转变性和可塑造性的信念。动之以情，晓之以理，激发罪犯的悔罪意识、身份意识和服刑意识，使罪犯理解监狱民警的良苦用心，使其自觉听从管教，使其抵触情绪得以消融。

（三）激励罪犯努力改造，树立回归社会的信心

采用动机激励理论，比如奖惩激励、目标激励、榜样激励等方法，激励努力劳动，积极记功减刑。同时，要让罪犯树立回归社会、改过自新的信心。思想教育具有激励作用，主要体现在以下三个方面：

1. 激励罪犯努力劳动改造。思想教育遵循罪犯的思想行为形成、发展的规律，从他们的现实表现入手，分析罪犯改造行动的思想动机，再从思想动机分析产生该思想的客观外界条件，然后根据思想教育的要求去创造和改变外界环境，使之具有接受劳动改造的基础。

2. 激励罪犯积极记功减刑。通过思想教育，让罪犯在希望中改造，从而对长远的改造充满信心，积极走上记功减刑的道路。

3. 激励罪犯树立回归信心。对罪犯进行思想教育，可以帮助他们打消各种疑虑和不切实际的想法，帮助他们正确认识自己，了解社会，跟上时代发展的步伐，对回归社会后应对复杂多变、竞争激烈的社会形势有充足的准备，有足够的信心。

二、罪犯思想教育的主要方法

在过去的罪犯思想教育中，我们过多地依赖高压和强制手段，试图通过被动灌输的方式让服刑人员接受教育理论。然而，这种方式往往导致罪犯产生抵触情绪，使教育效果大打折扣。在实践中，我们发现这种方法的内化于心、外化于行的程度较低。如今，我们需要转变观念，更加注重从人的角度出发，创新罪犯思想教育方法。我们需要打破传统的被动灌输模式，让罪犯在接受教育的过程中感受到关爱与理解，激发他们内心的积极力量。只有这样，我们才能真正实现罪犯的思想转变，帮助他们重新融入社会。

（一）情感感化法

人是感情动物。面对家庭成员之间的亲情、夫妻之间的爱情和社会朋友之间的友情，教育者要紧紧抓住情感的力量，运用情感感化的方法，唤起他们对监狱服刑改造的情感。培育他们对教育改造内容的兴趣，由拒绝到接纳，由兴趣到喜好，这是监狱思想教育开展的起步。在教育改造的过程中，教育者要以情育情，充分发挥感情投入的实际效应，使思想政治教育的内容在服刑人员内心深处引发共鸣。用情感诱导服刑人员投入积极改造中去，最终实现改造人、造就人的教育改造目的。

（二）激励教育法

为了促使罪犯由被动的强制改造向自觉的改造行为转变。监狱还应该采取相应的激励措施。激发罪犯教育改造热情，积极通过教育改造，重塑自我，回归社会。榜样激励作为监狱经常运用的方法，思想教育者要善于发现和树立日常教育改造中的典型。通过在罪犯身边树立模范和榜样，发挥"点亮一盏灯、照亮一大片"的巨大作用，点燃罪犯内心的荣誉感和渴求意识，促进罪犯积极努力改造进取，达到思想教育既定的目的。同时，不可忽视自我激励的作用。监狱思想教育者要引导罪犯学会在教育改造中自我激励的方法，通过自我激励增强对消极不思进取心态的抵制。通过与其他罪犯彼此之间的相互勉励，共同克服困难积极改造，这无形之中提高了思想教育改造的质量。

（三）心理引导法

在教育改造的过程中，身份和社会地位的改变，长久的封闭环境以及家庭的变故等因素极为容易造成罪犯心理波动，导致心理问题的产生。为了培育罪犯积极、良好、健康的心态，一方面，监狱要培育一批具有专业技能的监狱民警定期对罪犯开展心理健康测评，及时发现他们内心的问题并针对具体问题加以启发、劝导。对于发现问题的罪犯要做好心理健康档案并跟踪回访以便巩固教育成果。另一方面，社会要对罪犯抱宽容的态度，帮助罪犯接触社会，消除监狱的封闭感和他们内心对前途的消极担忧。

（四）习惯养成法

在罪犯的思想教育中，我们应追求知与行的统一。单纯强调思想认识的提高而忽视行为实践的转化，并不是完整、真正的思想教育。因此，培养罪犯良好的行为习惯成为思想教育的核心目标。为了实现这一目标，监狱思想教育需从多方面着手。如教育罪犯树立良好的劳动观念，首先，帮助罪犯树立正确的劳动观念，理解劳动的价值和意义。其次，通过严格的考评和奖励措施，以及劳动报酬制度，激励罪犯培养良好的行为习惯，摒弃好逸恶劳的心态。这些激励措施有助于罪犯自觉遵守国家法律和社会道德规范，从而实现思想教育的目标。最终，我们需要构建一个多维度、全方位的监狱思想教育新模式，确保知行合一，全面提升罪犯的思想觉悟和行为习惯。

（五）分类教育法

监狱思想教育要摒弃长久以来教育改造在方法上"一锅端"的模式，着力寻找共性中的个性，建立起分类教育、重点教育与个别教育相结合的多层次人性化的教育改造模式。首先，分类教育要根据罪犯的刑期长短、犯罪种类、性质主观恶性程度等方面从宏观角度科学地对服刑人员加以分类，为监狱开展有针对性的不同类型和内容的思想教育改造打好基础。其次，重点教育主要分为两个方面，一是依据分类的标准，对分类中所属重刑犯、危险犯、顽危犯要开展重点教育，集中力量矫治其人生价值观，重塑其人格；二是要对罪犯群体所关心疑惑的问题做重点教育，及时发现问题并加以解决。最后，个别教育要突出针对性，在开展分类教育和重点教育的同时要辅之以必要的个别教育，开展有针对性的个别接触和谈话，以平等的对话方法及时准确地了解罪犯内心的真实想法，并根据这些信息制定出相应的教育对策，从而实现对罪犯的包管、包教、包转化、包安全稳定。

三、罪犯思想教育的主要策略

（一）舆论引导营造氛围

在教育改造罪犯的过程中，始终注重运用多种宣传载体进行活动造势，营造出浓厚的教育改造氛围。如监内制作、粘贴警言警句，悬挂横幅，广播滚动播音，印发改造小报等。全方位多层次地宣传引导，做到墙上有字、牌上有训、报上有文、广播有声，始终保持对罪犯改造正确的舆论导向，弘扬改造正气，打击反改歪风，促进罪犯积极改造。

（二）因人施教科学教育

在对罪犯思想动态进行具体分析、甄别、整理、归类的基础上，针对不同的问题分别开展集中教育。在教育的形式上，坚持正面引导教育与反面打击教育相结合，主题教育与辅助教育相结合，课堂化教育与个别矫治相结合，每年根据改造实际，适时开展专项教育整治、奖惩大会、知识讲座、知识抢答、学习心得评比及读书看报等多种形式的教育活动，强化教育效果。对罪犯个体中存在的思想问题则坚持"一把钥匙开一把锁"，具体问题具体分析，区别对待，注重法学、社会学、心理学等知识的综合运用，始终把个别教育、心理健康教育有机地结合起来，不断地把心理测试、心理咨询、心理矫治的办法运用到个别教育工作中，实行因人施教。

（三）实事求是解决困难

在监狱服刑改造的罪犯，有相当部分因家庭变故或遇到特殊困难，自身又无法解决，改造情绪会出现异常波动，甚至悲观绝望。针对此情况，通过及时帮扶，以关爱唤起罪犯良知，达到促进罪犯思想改造的目的。如召开特困罪犯帮教座谈会，拿出专项资金为特困犯解决实际困难。定期组织召开苦难罪犯座谈会，认真听取他们的发言，及时帮助解决实际困难，有效地稳定罪犯的思想情绪。

四、罪犯思想教育工作流程

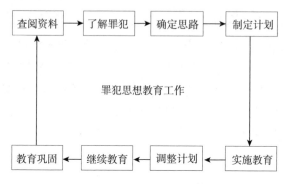

图 2-2-2　罪犯思想教育工作流程图

📝 工作流程

1. 认真查阅资料。通过查阅胡某档案及有关材料，收集其家庭状况、成长经历、犯罪过程等基本信息，做到心中有数。

2. 充分了解罪犯。通过查阅资料了解罪犯，掌握罪犯的思想动向。本案中胡某因不断违反监狱纪律，言行中充满对警察执法的抗拒。

3. 确定教育思路。胡某以前不服从管理往往受到关禁闭的惩罚，但是收效甚微。宋警官组织监区干警对胡犯开展了"二级会审""短兵相接"等形式的"以案析理"活动，分析罪犯胡某的违反监规的顽固行为，确定了教育感化的思想教育思路，采用独特的教育手段，为胡某量体裁衣地制定教育计划。

4. 制定教育方案。对即将实施的教育进行初步的效果评估，看能否达到预先设计的教育目的，本案中胡某违反监规，必将受到惩罚，但是仅仅惩罚是不够的，应围绕着教育感化的思路，制定科学的教育方案。

5. 开展思想教育。根据掌握的资料和制定的教育计划，对胡某进行教育，对教育转化工作进行记录，并进行有效性分析。

6. 调整教育计划。对已经进行的教育工作进行分析，恰当调整教育计划。调查事实发现，胡某的犯罪原因和在监狱里表现不佳，与他对家庭亲情的认识不够有很大原因。

7. 继续思想教育。结合对罪犯胡某的教育情况，消除胡某对于惩罚的抵触和对干警的不满，引导他正确地看待自己的行为。

8. 巩固教育成果。本案中，由于罪犯胡某在监狱中屡教屡犯，加之对警察的抵触，可以从执法公正、家庭亲情等方面对胡某进行思想教育，以巩固前期教育成果。

 学以致用

女犯余某因丈夫出轨心理失衡，雇人将其杀害，被判死缓。那时，余某女儿刚出生不久。巨大的悔恨与内疚令余某对生活充满了绝望，在将女儿托付给其姐姐后，余某尝试了无数种自杀方式，以寻求解脱。监狱安排你负责余某的思想教育工作。

问题：写出对余某的思想教育方案。

要点提示：结合罪犯余某的基本情况，可以参考罪犯思想教育的工作流程撰写思想教育方案。值得注意的有三个方面：第一个方面，余某的刑期很长，心理压力很大，有轻生的危险，所以思想教育一定要及时进行，并且要做好对余某的思想动态监管；第二个方面，母女亲情是余某积极改造的动力，可以从母女亲情上寻找思想教育的突破口；第三个方面，对罪犯余某进行思想教育的过程中，可以适当地进行心理健康教育。

 拓展学习

"他们是犯人同时也是病人"
——北京新康监狱干警身兼两职上演人间大爱

治病救人，是医生的职责，我们也常用它描述监狱民警的工作，医生医治身体，干警救治心灵，当然也有人身兼这两职，是医生，也是监狱民警。北京市监狱局新康监狱是一所专门收治病犯的监狱，这所监狱里面的监狱民警，每天面对的就是一群犯了罪的病人。

徐红（化名）今年34岁，11年前，她因一时冲动杀害男友，随后跳楼自杀但获救，致高位截瘫。入监后一心求死的徐红，最终能够珍惜生命、积极改造，这巨大的转变背后，是两名监狱民警真情付出的感人故事。

刘家铎既是一名监狱民警，同时也是一名医生，他从医学院毕业后从警，徐红是他这些年收治的身体条件最差的病犯。从第一次给徐红看病到今天，刘家铎已经为她治疗了7年。7年间，刘家铎无数次开导徐红，7次将她从生死线上拉回。在干警们的开导下，徐红慢慢消除了心中的阴影。她开始自学法律，并报名参加成人自考，考一门过一门。可就在此时，她被发现身患癌症，这又一次让她对生命丧失了信心。新康监狱女病犯监区的分监区长冯雪梅，成了她的又一位"医生"，给了徐红一个她迫切需要的答案——"未来是什么"。

为了能让徐红战胜自己，冯雪梅不知道费了多少心思。冯雪梅接着对徐红说，"我们有很多的不同，我有家庭，有孩子，有热爱的职业。可我们也有相同的地方，我患有多发性纤维瘤，已经做了好几次手术……"

听到乐观豁达的冯警官说起她自己的病情，徐红惊呆了。为了让徐红战胜绝望，冯雪梅第一次和一名病犯分享了自己面对疾病的体会。冯雪梅开导徐红说："我们活着不是只为自己，还要为他人。你这个样子，想到你的家人了吗？想到那些帮助教育你的监狱警官了吗？"

一次，徐红因病住院，却什么都不带，包括自己平时采购的食品。冯雪梅知道，这是徐红放弃自己，不打算活着出去的表现。冯雪梅马上将情况上报了监狱领导，后经与女子监狱领导协商，破例将徐红的食品送到了新康监狱。看到那些食品，徐红知道冯警官这样做不是为了不糟蹋东西，而是为了让她有活着出院的信念。徐红被感动了。

"我是个罪犯，可冯警官总是站在女人的角度为我想问题。她让我知道了我犯下的罪有多严重，我今天积极配合治病，就是我忏悔的一部分。她是警官，我是罪犯，可我真想叫她一声'姐'。"徐红含着泪说。

其实不止刘家铎和冯雪梅，鼓励帮助过徐红的干警还有很多。徐红打心眼里感谢这些干警，她说："我的病我清楚，扛不住的。警官们总对我说，身体残疾了，心理不能也残疾了。他们怕我心里放弃自己，我不能让他们失望……"

对新康监狱的干警来说，徐红他们先是病人，然后才是犯人，是犯人也要救治，而且要更加细心地救治。

（来源：司法部官网）

任务7　文化教育

学习目标

理解文化教育的内容和要求，能够针对不同罪犯群体开展文化教育工作，并根据需要进行学籍管理。

 案例导入

某监区关押的暴力犯文化水平较低，脾气暴躁、易激惹，平时经常因为琐事而打架斗殴；同时因为文化知识的匮乏，他们在生产过程中经常出现看不懂图纸，不了解机器构造，不清楚材料性能的情况，并因此导致浪费原料、废品率高等问题。

问题：请思考该如何对该监区罪犯进行分层次的文化教育？

理论导航

监狱进行教育的目的是把罪犯改造成遵纪守法、有文化、有知识、有一技之长的劳动者。因此，要求罪犯在服刑期间不断学习知识、发展智力的任务十分重要，并且还会影响罪犯回归社会后的整个人生。具体来说，通过文化教育要实现以下几个目标：

一、提高罪犯接受思想教育的能力

文化水平的低下与罪犯走上犯罪道路有着密不可分的联系。根据现阶段我国监狱在押犯的实际情况来看，文化水平在初中以下的占了大多数。因为文化知识的匮乏，罪犯中的很多人不了解基本的科学常识，不清楚我国的传统文化与历史渊源，不明白党和国家的大政方针。具体来说一般分为以下几种类型：第一种情况是由于文化的欠缺，一部分人不清楚国家的法律和法规，因为无知而误入歧途，从而沦为罪犯；第二种情况是由于文化的匮乏，认知水平的狭隘，从而使一些人丧失理性精神和面对挫折的承受力，完全受情绪的支配，行为失控，铤而走险，铸成大错；第三种情况是由于文化素养偏低，一部分人在物质财富极大丰富、生活水平大幅度提高的情况下，不具有理性消费的意识和能力，处处表现出空虚心理，从而为了填补空虚、寻求刺激而导致犯罪。所以只有提高罪犯的文化水平，才能使他们的认知能力相应地得以提高，才能真正理解并接受思想教育的内容，继而使其发挥出最佳成效。

二、提高罪犯掌握职业技术的能力

很大一部分罪犯之所以走上犯罪道路，与他们缺乏一技之长和谋生手段有关。这种困境导致他们产生了不劳而获的心态，进而走上了犯罪道路。为了提高罪犯改造的质量，监狱必须实施职业技术教育。而文化水平的提高，不仅直接加

深罪犯对知识的理解和掌握程度，还能增强他们掌握职业技术的能力。具体来说，当罪犯具备了一定的文化基础后，他们更容易理解并掌握所学的职业技能，从而提高自身的谋生能力。这样，罪犯在刑满释放后，就能更好地融入社会，找到适合自己的工作，从而减少重新犯罪的可能性。因此，监狱在开展文化教育时，应该注重提高罪犯的文化水平，增强他们掌握职业技术的能力。这不仅有助于提高罪犯改造的质量，还能为罪犯的未来发展打下坚实的基础，实现从"监狱人"到"社会人"的顺利转变。

三、提高罪犯的文化程度

罪犯文化素质偏低是普遍现象。尤其是暴力性犯罪的罪犯或性格暴躁的罪犯，自控力差、易被激惹。通过文化教育，提高他们的文化素质，易冲动、易暴躁的性情就会得到改善。文化教育是提高罪犯素质的重要途径，是监狱加强社会主义精神文明建设的有力措施，也是使罪犯更好地适应社会发展的客观要求。

工作流程

依据《监狱法》和《教育改造罪犯纲要》，以及根据罪犯不同的文化程度，监狱分别开展扫盲教育、小学教育及初中教育。对于已完成义务教育的罪犯，鼓励他们参加高中（中专）教育、高等教育等提高型教育。

一、扫盲教育

扫盲教育主要是培养罪犯对汉语言文字的初步认读、书写能力和掌握数学的四则基本运算方法，使他们经过扫盲学习之后，能达到全日制小学低年级学生的知识水平。并能将所学的文化知识运用到实际改造生活中去，掌握在改造生活中常用的应用文（如请假条、情况反映、思想汇报、认罪书和家信等）的写作方法。在教学中要结合进行政治思想、道德品质的教育，为把他们改造成为守法公民打下文化思想基础。

该阶段教学要严格要求，帮助罪犯认识学习文化的重要性，端正学习态度，提高学习的自觉性。要引导罪犯在听说读写上下功夫，扎扎实实地学习文化知识，努力达到脱盲标准。要注意教育罪犯字迹工整，经常复习课文，认真完成作业，养成良好的学习习惯。在课堂教学中，应提高教学质量，安排适当的课时，组织多种形式的认字识字及提高口头表达能力的活动，调动罪犯的学习积极性。

同时要求扫盲工作覆盖每个文盲对象，还应该跟踪、调查完成扫盲课程的罪犯，每年对其文化水平进行测试，督促其巩固所学知识，如发现"复盲"现象，应及时采取补救措施，使其重新脱盲。对文盲罪犯来说扫盲工作是对其进行思想教育和职业技术教育的基础。

二、小学教育

小学教育的主要内容有语文、数学、计算机文化基础、品德等，通过两年时间的学习，要使脱盲后的罪犯具有识字、听说、阅读和作文的能力，培养热爱祖国语言的感情和良好的学习习惯，达到全日制小学毕业生的同等文化水平。在语文教学中，要结合思想品德改造教育，提高学员遵纪守规和接受教育改造的能力，促进学员更好地改造。

同时，要求罪犯能够掌握适应融入社会生活、从事社会主义现代化建设和进一步学习现代科学技术所需要的数学基础知识和基本技能；使罪犯具有正确且迅速的运算能力、初步的逻辑思维能力和解决简单实际问题的能力，达到与全日制小学毕业生的同等文化水平；通过教学，向罪犯传授科学文化知识，提高科学文化素养，为罪犯能够正常学习正当的谋生技能，顺利回归社会打好基础。

三、初中教育

初中教育的主要内容有语文、数学、计算机文化基础、历史与社会实践等。要求罪犯能够掌握从事生产劳动、学习技术和进一步学习数学及其他学科所必须具备的基础知识；具有正确且迅速的运算能力、一定的逻辑思维能力和解决问题的能力。使罪犯能够正确理解和运用语言文字，具有现代语文的阅读能力、听说能力和写作能力，以及阅读浅易文言文的能力。通过教学，为罪犯学习专业技能、掌握一技之长打好基础。

四、提高型教育

根据罪犯的文化情况和监狱的文化教学能力，开设的提高班主要分为高中班和成人自学函授班，主要吸收的是初中以上文化水平的罪犯，一般以补课教学即需要什么补什么的教育要求来进行重点补习或是专业提高；并且要与技术教育和生产中的一些关键难题等相结合进行。同时，鼓励具有高中以上文化程度的罪犯参加高等自学考试。

五、毕业与发证

罪犯学完教学计划规定的课程后，组织进行毕业考试，毕业考试必须在当地教育部门的指导下进行，既可采用社会学校的结业测试卷，也可由省监狱管理局统一拟定试卷并经教育部门认可。罪犯经考试且成绩合格的，发给教育部门统一核准的毕业证书。对于考试成绩不合格者，可以补考 1 次；经补考，仍有两门以上不及格者，发给结业证书，并允许在 1 年内申请补考，及格者可补发毕业证书。

 学以致用

金某的女儿与外村青年苏某偶然相识，后建立恋爱关系，并商定于当年年底结婚。金某听说后，向苏某提出要 3 万元彩礼，遭其女儿反对。某日，金某的女儿去给苏某送衣服，途中被金某追上，将她拖回家中拳打脚踢，用绳索将其捆起来并锁在房中，不给饭吃。苏某闻讯赶来求情，金某不但不听，还把苏某关进另一间房间，令妻子手持扁担守在门口，把苏某关了 38 个小时后才放出。苏某感觉受到了侮辱，服毒自杀身亡。金某因非法拘禁罪被判有期徒刑 5 年。金某入狱后十分后悔，想给女儿和苏某的家人写一封忏悔信，然而金某写出的忏悔信文不达意且错别字满篇，让检查信件的监狱民警不知所云。

问题：请教金某写一封表达清晰、言辞诚恳的忏悔信。

要点提示：要做到书写格式正确，句子通顺，能表达自己的思想感情，对写信人和收信人的关系要正确领会和处理，能正确运用称呼。

拓展学习

安徽有一座监狱图书馆

在安徽，有一座监狱图书馆，该馆对外称为"安徽省图书馆白湖分馆"，内部为独立监区，工作人员均为在职民警职工，隶属安徽省白湖监狱管理分局。

特色一：1 万册专有监狱图书

近年来，白湖监狱管理分局坚持特色发展创新建馆，专门组织力量，在全国范围内订购已上架的监狱类图书；安徽省图书馆对流动畅销书和专业图书进行优化编排，充实电子阅览设备，定期提供技术支撑。截至 2020 年 8 月，该馆馆藏图书 22 300 余册、内刊 600 份、光碟 500 盘、大小 Beta 录像带 300 余盒、监狱小

报 3000 张，专题片 60 部，设备 150 台（套），已公开出版的监狱类图书可全部上架，图书馆本部设有书库、借阅部、期刊报阅读部、电子阅览室，分部同步实现借阅馆藏一体化。形成监狱类纸质图书、期刊、学报，有声读物、电子音像等分类，内部资料定点借阅的一体化开放格局。可同时满足区域内万余名读者网上办理借阅手续，并与省图书馆通借通还。

来自全国各地的热衷于监狱文化建设的学者、专家、教授和领导，纷纷主动响应，有的将自己多年珍藏的图书无偿捐赠出来；有的把自己出版的原著、多年的学术成果签名赠阅，有的提供各类专业信息协助。他们用特有的方式，一直关心和帮助着监狱图书馆的创办与发展。

特色二：省图书馆优秀分馆

秉承"共建共享、共同发展；上下联动、分工协作；优化服务、争创效能"理念，该馆先后举办了"4·23"全民阅读推介，送书进监区、进军营、进校园、省图服务宣传周等系列活动，受邀参加中国全民阅读年会和公共图书馆经典诵读之夜庆典，响应并接受省图援建项目，编辑发行《白湖书讯》，致力引领全民阅读；开设馆藏新书推荐，在业内组织力和社会影响力进一步提升，赢得了多方认可，打造出监狱特色图书馆。先后获得中国图书馆学会"全民阅读优秀组织"称号，中国全民阅读年会特邀单位，中华全国总工会职工书屋、安徽省总工会职工书屋示范点、安徽省图书馆学会理事单位，省图书馆优秀分馆。中央电视台央视网文化频道、人民网客户端、腾讯、搜狐、网易、今日头条等各大媒体先后展播或转载。

厚植根基，早在 1958 年，白湖监狱管理分局便设立图书室，利用食堂餐厅开展阅览借阅，这就是安徽省图书馆白湖分馆的前身。历经 60 多年发展，作为监狱图书馆，安徽省图书馆白湖分馆与其他公共图书馆一样，在社会化阅读服务和普及化、特质化发展上，坚守精神底色。

特色三：充电备战的智力库

2020 年疫情防控期间，监狱图书馆发挥了其他文化传媒无法替代的作用，6个隔离点，轮流换防的千名隔离备勤民警，都收到了一份特殊时期特别的精神食粮。按人均 1.5 册配送，针对心理健康、卫生保健、业务知识和科技人文的 2 万多部图书，全程流动备选，成为隔离备勤民警充电备战的智力库。"特别的日子，有一本书陪着我，哪怕就是睡觉，也踏实""这时候的精神食粮，弥补的不仅仅是短板，更有内力"。隔离备勤民警的句句心语，让人暖意融融。

　　凡是有监狱字样的所有公开出版的图书，借助搜索引擎，多方比较核对，最终列出目录统一采购，第一批纯正的行业文字得以集中。同步最大化联系中国监狱协会各专业委员会，历年的理论文集能收尽收，敞开大门，吸引各类内部出版物来监狱图书馆汇聚。1万册专有监狱图书，从四面八方赶来，进馆上架、"认祖归宗"；每年对新出版的各类监狱题材图文，不间断累积收藏；利用现有的条件，进行电子化储存……

　　创办监狱图书馆，是责任，更是使命。相信在不久的将来，监狱人共同努力，拥有专供的万册以上监狱图书可看，专属的50年职业影像可追溯，大数据监狱文化电子档案可查，终将一一实现；逐步构建的全国监狱系统可共享的"监狱文化国图馆"，终将见证。

（来源：司法部官网）

任务8　职业技术教育

📖 学习目标

　　了解职业技术教育的内容和实施要求，能够熟练地组织开展职业技术教育工作。

🔍 案例导入

　　方某，山西人，31岁，因抢劫罪被判处有期徒刑5年6个月。方某生长在一个普通工人家庭，父母文化程度不高，父亲为某城镇企业职工，母亲在家务农，方某父母对聪明乖巧的方某寄予了很大的希望。方某曾就读于某商业中专院校，期间其父亲就向他传授过木匠手艺，并告诉他有了手艺才能解决自己今后的生存问题，方某没有拒绝，也认为学点本事对自己有好处。中专毕业后方某进入到某大学机械大专班学习，大学时入伍。退伍还乡后方某开了一家五金加工企业，由于诚信经营，善于交际，生意一直不错，但是在经营过程中，有一批产品交付客户后，客户未按合同规定付款，多次催要仍无结果。某次方某喝醉了酒，拦在客户回家的路上，看到客户回来后，方某殴打了对方并抢走5000元钱。

　　入监后，方某情绪十分低落，对今后的生活失去信心和勇气。监狱民警多次找其谈心，并根据其掌握电焊技术的特长优势，让其担任车间班组长，方某慢慢地适应了监狱生活。近期，监狱与某技工学校开办水电工中级培训班，方某也积极报名参加。

问题：请结合该犯情况思考如何开展职业劳动技术教育？

 理论导航

职业技术教育是罪犯教育中的一项重要内容，是使罪犯适应监狱生产需要，适应刑满就业技能需要的专项教育活动。

一、职业技术教育的任务与要求

（一）职业技术教育的任务

1. 培养罪犯掌握一技之长，提高其回归社会后的适应能力。要根据罪犯再社会化的实际需要，使罪犯掌握一定的技能，具备谋生的手段，既能适应监狱的生产改造的需要，又能满足罪犯刑满释放后的就业需要。要引导罪犯刻苦学习，勤于钻研，使罪犯在得到改造的同时也获得职业技能。

2. 教育罪犯认识劳动的意义，端正劳动态度，遵守劳动纪律，促进思想改造。很多罪犯，尤其是盗窃犯、诈骗犯、贪污犯等物欲型罪犯，有一个共同特征，就是好逸恶劳、贪图享受。而生产劳动能够帮助罪犯认识劳动对创造财富及改造人类的重大意义，消除不劳而获、贪婪懒惰的腐朽思想，促进罪犯的改造与转化。

（二）职业技术教育的要求

1. 立足改造和培养技能相结合。一方面，改造是前提，劳动和职业技术教育是建立在改造基础之上并为改造服务的，必须以促进罪犯的改造为出发点。课程设置、教学实施、考核、发证等各个环节要充分体现改造的要求。另一方面，技能是归宿，改造的终极目的是让罪犯健康地回归社会，所以技能培训也必须放在突出位置。

2. 面向生产与着眼就业相结合。《监狱法》第 64 条规定，监狱应当根据监狱生产和罪犯释放后就业的需要，对罪犯进行职业技术教育，经考核合格的，由劳动部门发给相应的技术等级证书。职业技术教育应着眼于满足监狱生产和促进罪犯刑满释放后的就业两个方面来开展，两者不能偏废。这也是衡量罪犯改造和职业技术教育工作成功与否的标准。同时考虑罪犯刑满释放后的不同去向和社会需要，开设各种周期短、投资少、实用性强、见效快的综合职业技能培训班，组

织罪犯参加岗位技术培训。

3. 依托实践和讲求实用相结合。职业技术理论知识要与岗位技术操作实践相结合，以岗位实践为主，正确处理技术理论讲授与实践操作训练的关系，充分利用监狱生产岗位和技术教育实验场地设施，最大限度地让罪犯参加技术操作实践，边学边操作。

二、职业技术教育的对象、形式、内容与考核

（一）职业技术教育的对象

根据司法部《监狱教育改造工作规定》第 27 条第 2 款，罪犯年龄不满 50 周岁，没有一技之长，能够坚持正常学习的罪犯，应当参加技术教育；有一技之长的，可以按照监狱的安排，选择学习其他技能。

（二）职业技术教育的形式

1. 由具有专业技术职务的监狱警察或者取得职业资格证书的罪犯担任教员，采取岗位技术教育、车间生产现场指导和劳动竞赛等辅助性教育相结合的方式。

2. 由地方、职业学校或技工学校、职业培训中心、劳动和人力资源部门等单位的教师授课，具体教育方式根据科目确定。教材主要选用普通技工学校、职业学校的有关教材，也可自行编写部分补充教材。

（三）职业技术教育的内容

教育的内容强调实用和易于掌握，包括生产基础知识、生产安全知识、实用技术培训和就业技能教育，凡是参加监狱生产劳动的罪犯，在上岗前必须按照规定进行岗前培训。

职业技术教育着重考虑以下三个问题：一是结合监狱生产及实际需要进行培训；二是结合罪犯刑满释放后就业的实际和可能的需要进行培训；三是根据城乡经济发展需要，选择社会迫切需要的短线或紧缺专业进行培训。

对罪犯的岗位技术培训，要按照岗位要求进行以"应知""应会"为标准的技术培训和必需的安全教育培训；对罪犯的职业技能培训应当按照劳动和社会保障部门的标准进行。

（四）职业技术教育的考核

要根据罪犯在狱内劳动的岗位技能要求和刑满释放后就业的需要，按照劳动和社会保障部门的标准，组织罪犯开展职业技能教育。经过职业技术培训，监狱

应当积极与相关部门联系，对掌握了一技之长的罪犯组织考核。经考核鉴定合格的，由当地劳动和社会保障部门或主管产业部门颁发职业资格证书和技术等级证书；符合评定技术职称条件的，可以评定技术职称。劳动和社会保障部门颁发的职业资格证书，全国统一，社会通用，罪犯刑满释放后可凭上述资格证书和技术等级证书向劳动和社会保障部门或其他就业中介组织进行就业登记。罪犯刑满释放前，取得职业技能证书的比例应逐步达到参加培训人数的90%。

三、职业技术教育课程设置

1. 第一产业技术培训。针对来自农村的罪犯，职业培训应该集中在种植业和养殖业方面，如蔬菜、林木花卉种植，家禽、水产、特种养殖等。

2. 第二产业技术培训。主要包括机械制造、机械原理和价格、机械修理技术等职业训练。

3. 第三产业技术培训。主要以服务业为主，如汽车和摩托车修理、家电维修、厨师、家装服务维修、装饰装修、茶艺等。

四、职业指导教育

职业指导是指引导罪犯在面临就业时，根据自身的情况，对自己的就业方向、就业目标做出正确的定位。职业指导教育的主要内容包括以下三个方面：

1. 职业素质教育。让罪犯了解市场经济和社会发展对创业就业的要求，使其努力培养和提高自身的各种素质，为刑满释放后能够顺利创业、就业做好准备。

2. 职业道德教育。教育罪犯树立基本的职业道德意识，引导罪犯用正确的职业道德规范来指导自己的行为，爱岗敬业，乐于奉献，积极工作，从小事做起，养成良好的职业习惯。

3. 职业选择教育。教育罪犯树立职业选择的市场意识，根据创业就业形势，做出正确的职业选择；树立职业选择的法治意识，安全就业、顺利就业；树立职业选择的竞争意识，遵守竞争规范，提高自己在创业就业市场上的竞争力。

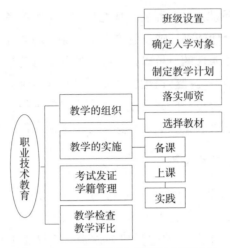

图 2-2-3　某监狱职业技能教育流程图

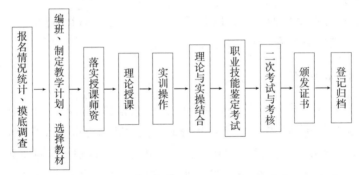

图 2-2-4　某监狱职业技能教育工作流程示意图

📝 工作流程

1. 开展水电工中级技术培训前,应首先在罪犯中进行摸底调查研究,包括个人专长、文化程度、捕前职业、刑满释放后计划就业地域和方向、希望参加培训的岗位等内容,了解社会对于水电工技术岗位的需求,并分析预测该岗位的就业前景。

本案中,方某所在监狱主要进行机电生产,包括电焊、冷轧等,水电工培训对文化程度要求不是很高,符合监狱生产实际;社会对水电工的需求比较广泛,罪犯报名踊跃,认为出去后也是一门技术。正是因为有了明确的择业意向,所以能直接影响罪犯的劳动态度。

2. 按照摸底情况确定水电工技能培训项目,将罪犯学习水电工技术的愿望与就业前景、监狱生产需要以及监狱培训能力结合起来。安排方某接受水电工中级培训，既符合监狱的劳动生产实际，也符合方某自身的情况，使其成为"多面手"，符合其未来的就业意向。

3. 制定水电工中级技术培训计划。培训计划应包括水电工技术培训的主要内容和任务，师资、场地、设备、安全和后勤保障，相关部门及人员的分工，参训人员的分班、教学日历、教学活动的实施，考核内容、方式、职业技术资格鉴定等。

将方某作为第一批参加技术培训的罪犯，既是劳动改造的意义所在，也是为了促使其多学习一门技能，利于出狱后回归社会。因此，监狱民警在按照水电工中级技术培训计划的内容实施教学、分班、组织、考核及职业技术鉴定的同时，也具体到方某个人，应让其撰写学习计划，制定学习目标。

4. 组织职业技术培训。根据水电工中级技术培训计划，培训包括岗前培训和岗位培训。具体分析水电工中级技术对工人的需求，对罪犯进行安全生产、基本生产工艺、设备使用、维护和保养等方面的生产常识教育，以及水电工中级技术岗位知识培训。具体到方某个人，应及时让方某撰写学习心得及反馈，对于其在职业技术培训中遇到的困难要帮助解决，对于取得的成绩给予肯定，鼓励其积极参加职业技能鉴定等。

5. 考核发证。监狱应及时与相关劳动部门联系，对参加水电工中级技术培训的罪犯进行考核，经考试合格的，由相应部门发给技术等级证书和职业资格证书。本案例中，方某经过近3个月的培训，已经娴熟地掌握了水电工中级技术，期间因发明创造还获得了减刑，并且通过了中级职业资格鉴定。

 学以致用

徐某，42岁，汉族，已婚，河南人，初中文化，因故意伤害罪被人民法院判处有期徒刑12年，剥夺政治权利3年。徐某入狱后对监狱存在恐惧感，改造信心明显不足，对前途悲观失望，在日常改造中，抱着无所谓的态度，劳动时心不在焉，学习则马马虎虎。针对徐某的情况，监狱民警多次为其调整劳动岗位，近期考虑到监狱比较靠近玉石产地，玉雕人才比较稀缺，意与某职业院校合作开办玉雕技术培训班。考虑到徐某有木艺雕刻的经历，监狱民警鼓励其积极报名参加，徐某也有所心动。

问题：请根据案例制定玉雕职业技术培训计划。

要点提示：要注意方案的可行性，注意结合徐某的个人情况，徐某有木雕经历，本人也愿意学习玉雕技术；同时"琢玉教人、以玉养性"的教育理念也可以磨练徐某性格，培养其人格涵养，将职业技术教育与艺术矫治结合。

★ 拓展学习

搭建社会桥梁 铺就回归坦途
——安徽监狱服刑人员职业技能培训工作侧记

近年来，安徽监狱扎实有效推进服刑人员职业技能培训工作，常态化组织园林绿化、中式烹饪、缝纫技术、电子商务、服装箱包、伞业等职业技能项目培训，在狱内掀起了一股浓厚的职业技能学习热潮。

"制度"为保障，完善工作机制

自2020年新冠肺炎疫情发生以来，安徽省监狱管理局着力完善服刑人员技能培训工作机制，为搭建服刑人员回归桥梁，充分利用社会化资源，积极引进社会力量，以监社合作为载体，通过统一招标采购，积极选择开设项目多、培训实效好、推介就业能力强的社会培训机构开展沟通交流，建立长效合作机制。双方秉持优势互补、互惠互利、长期合作原则，全面加强技能培训、创业和就业指导、回归教育等模块合作，推动全省监狱技能培训工作进入全新阶段。

11月8日，安徽省女子监狱2021年度第二期服刑人员职业技能培训工作正式拉开帷幕，培训内容为面点烘焙，来自各个押犯监区的100余名服刑人员在监管区内现场参加培训。此次培训女子监狱注重与社会学校密切合作，建立实时沟通机制，每天由监狱在培训现场全程录制视频，及时送达培训学校请予点评指导，切实做到同步沟通、不留问题，并将培训学校的技术指导意见反馈给参训服刑人员，帮助参训服刑人员切实学有所获、学有所成。

近年来，安徽各地监狱在职业技能培训过程中，分级成立工作领导小组，积极完善工作机制，提供全方位保障，在人员配备、硬件配置、社会对接等方面作出明确安排，逐步建立省监狱管理局负责培训组织协调、宣传发动、监督检查和质量管控，各监狱具体负责组织实施的全省一体化服刑人员职业技能培训工作机制。

"线上"为载体，创新培训模式

常态化防疫形势下，因封闭管理需要，监狱依然暂停服刑人员亲属会见、社会帮教活动，导致社会化教育渠道变窄，社会院校机构技能培训专家无法进入监区现场教学，一定程度上影响了全省职业技能培训工作的开展。

针对这一不利形势，安徽各地监狱改变传统单一的现场课堂教学方式，充分发挥网络资源优势，结合自身实际提前制定培训计划，利用互联网渠道，创新开启"线上"培训教学模式，并采取灵活的考核鉴定方式，有效确保了职业技能培训的质量。

2021年10月18日至11月15日，安徽省阜阳监狱根据自身实际，结合服刑人员回归社会后就业技能需要，开设了服装缝纫工、中式烹调师、互联网营销师3个工种的培训，共114名服刑人员参加。培训模式采取理论知识视频教学的方式进行；实际操作技能训练采取以工代训方式进行。

安徽省泾河监狱10月27日圆满完成2021年度职业技能线上鉴定考核工作，23名服刑人员顺利取得职业技能资格证书。同样，因防疫需要，本次服刑人员职业技能培训改变传统的课堂模式，监狱通过服刑人员教育改造多媒体系统发布教学视频，各内设监区组织参训服刑人员观看视频、做好笔记、完成作业和预习复习等。

同时，在考试现场，泾河监狱严格疫情防控要求，采用鉴定中心考官通过监控"云端"监考和执勤民警现场巡查同步进行的方式开展考核。考试分为理论笔试和实际操作两项内容，巡考民警全程拍照摄像，如实记录考场状况。

"需求"为导向，提高谋生本领

安徽监狱确立"社会有需求、监狱有能力、服刑人员有意愿"的原则，以有利于服刑人员回归社会后顺利就业为主要考量，充分考虑服刑人员需求、意愿、兴趣和差异化的个人条件，认真分析服刑人员刑满后的就业去向，研究就业市场劳动力需求情况，开设与社会需求紧密结合的技能培训项目，尽量做到应培尽培、应训尽训、保证质量。

2021年，安徽省青山监狱在开展技能培训需求调研时，本着"学以致用"，围绕"回归就业需要什么就学什么"，对就业市场、就业前景进行了调查，并结合监狱实际，开设了园林绿化、中式烹饪、缝纫技术、电子商务等四个专业的培训项目，360余名服刑人员报名参加培训。完成全部培训课程后，青山监狱邀请职业鉴定机构来监为参训服刑人员进行考核评定并发放合格证书，切实为服刑人员刑满释放后自谋职业创造了有利条件。

在服刑人员职业技能培训中，安徽省蚌埠监狱还根据社会就业形势和回归需要，结合习艺项目开展挖掘机培训，围绕操作技巧等进行专题讲解，不断激发学习兴趣和热情；安庆监狱以社会主流行业为基础，设置服装缝纫、羊毛衫制作等课程，为回归就业做好服务。

今年以来，安徽省监狱服刑人员职业技能培训坚持以回归为导向，破除阻力、破解难题，在降低刑释人员重新犯罪率上切实发挥了积极有效作用，努力形成可复制、可推广的培训模式，打造了安徽监狱工作新品牌、新亮点。

（来源：司法部官网）

任务9　心理健康教育

📑 **学习目标**

理解心理健康教育对罪犯的重要性，掌握心理健康教育的方法。能够根据罪犯心理状况，开展心理健康教育。

🔍 **案例导入**

杨某，男，1975年3月6日生，汉族，未婚，初中文化，无职业，2017年7月因盗窃罪被判处无期徒刑，2017年11月被收监执行。2019年被减为有期徒刑22年。

杨某入监时，监狱对罪犯开展了"明身份、学规范、习养成、吐余罪"的教育。接受教育后，一些罪犯交代了自己的余罪。杨某也有一起杀人余罪没有交代，当时心理十分矛盾。如果交代，可能自己会被枪毙；如果不交代，同犯早晚被抓，同犯一旦被抓，自己也是一死；如果逃跑，没有出路，在逃的滋味很难受；如果自杀，又没有勇气，也对不起养育自己这么多年的母亲。其在这矛盾重重的一个多月煎熬中形成了冲突心理，矛盾心理，强大的、持续的压力最终催化了心理疾病的产生。

问题：请思考该犯长期存在心理压力可能造成的后果，对该犯进行心理健康教育的措施有哪些，如何进行操作？

 **理论导航**

一、心理健康教育的任务与要求

（一）心理健康教育的任务

要通过心理健康教育，帮助罪犯找出导致其违法犯罪的心理根源，引导罪犯加强与他人的交流与沟通，培养建立和谐人际关系的能力。

1. 对罪犯开展预防性心理健康教育，使罪犯不断认识自我，增强自我调控、承受挫折、适应狱内狱外环境的能力；培养罪犯形成健全的人格和良好的心理品质，努力提高罪犯的心理健康水平。

2. 对有心理困扰甚至心理障碍的罪犯，开展补救性和矫治性的心理咨询和辅导，使他们尽快摆脱障碍，自我调节，恢复和提高心理健康水平，增强自我心理调控能力。

（二）心理健康教育的要求

1. 整体性与差异性相结合。一是在对罪犯进行心理健康教育时，要全面、整体地看待罪犯的心理问题，不能把罪犯的心理问题归结为某一点或某一方面。在分析罪犯的心理问题时，要用辩证的观点全面、系统地分析罪犯受到的所有影响。二是既要注重罪犯的共性心理问题，更要看到由于性别、年龄、刑期等因素所造成的罪犯个体的心理差异，教育要因人而异。三是要注重将心理健康教育和思想教育、文化技术教育等相结合，相互渗透、相互促进。重视发挥来自监狱、家庭、社会等方面的积极影响，多维度地解决罪犯的心理健康问题。

2. 主体性与指导性相结合。心理健康教育是一种助人与自助的活动，"助人"是手段，让罪犯"自助"才是目的。一方面，心理健康教育要充分尊重罪犯的主体地位，充分发挥罪犯的主体作用，从罪犯的实际状况和需要出发，以罪犯在现实改造、生活、学习中存在的问题为基础，以提高罪犯的心理健康水平为目的，促使罪犯自知、自觉、自助。另一方面，心理健康教育是施教者引导罪犯通过自我调控，消除不健康心理，维护心理健康的一种教育活动，具有指导性，强调施教者的指导作用。

3. 矫治性与发展性相结合。在了解罪犯心理障碍的原因，为其提供解决问题的建议的同时，还要开展有针对性的心理矫正治疗，体现出罪犯心理健康教育的矫治性。促进罪犯自我成长，增强适应能力，助力心理健康发展。

二、心理健康教育的内容

心理健康教育主要包括以下六个方面的内容：①心理健康基本知识教育；②认知模式教育、积极情感教育、意志力优化教育；③人格健全教育；④自我意识教育；⑤人际和谐教育；⑥有关心理测量、心理咨询与心理治疗的教育。

这六个方面是心理健康教育的一般内容，处于不同改造阶段的罪犯的心理存在一定程度的差异，而且不同类型的罪犯也各具特色。一般来讲，罪犯的改造过程大致分为三个阶段：改造初期、改造中期和改造后期。不同阶段的罪犯心理健康教育的具体内容如下：

（一）改造初期的心理健康教育

这一时期心理健康教育的主要任务是帮助罪犯调整心态，转变角色，适应监所环境，确立目标，为今后的改造奠定好基础。改造初期的心理健康教育可在入监教育时进行，旨在使罪犯了解和掌握心理学的一般知识，认识心理健康的意义，积极配合各项活动，自觉调节自己的不良心理，尽快适应监所生活。可安排以下内容：

1. 心理学及心理健康基本知识教育。
2. 调整自我，熟悉环境，适应环境。
3. 端正态度，面对现实，接受现实。
4. 重新确定目标，树立改造信心。
5. 调节情绪，改善心情。

（二）改造中期的心理健康教育

罪犯在改造中期处于外表平静的心理矛盾期，突出表现为监狱型人格，是心理健康教育的关键时期。既要巩固第一阶段教育的成果，又要不断解决一些新问题，并为下一阶段的心理健康教育打下好的基础。改造中期的心理健康教育主要包括以下内容：

1. 教育罪犯培养良好的自我意识。良好的自我意识是罪犯心理健康的基础，也是罪犯从强迫改造到自觉改造的关键。只有培养良好的自我意识，罪犯才能以积极主动的姿态投入到日常的劳动和学习中，并且在劳动和学习中不断完善自我，走向新生。因此，在罪犯初步了解自我意识知识的基础上，帮助他们认识到原有自我意识的缺陷，教育他们重构自我意识，以便能够具有清醒的自我理性认识，健康的自我情感体验和有力的自我意志控制能力。

2. 引导罪犯建立和谐的人际关系。罪犯生活在一个相对封闭而又特殊的环境中，其中的人际关系也相对特殊，可以说是既简单又复杂。除了监狱民警与罪犯之间构成了包含着惩罚、管理、教育等复杂的行为模式的人际关系之外，罪犯之间的人际关系也极为复杂。他们生活在封闭而狭窄的空间里，任何细小的人际关系矛盾都可能因此而成倍扩大，同时，罪犯作为道德文化水平相对低下的群体，更容易形成种种复杂的人际关系矛盾。这些矛盾，随着罪犯改造生涯的继续，对罪犯心理的不良影响也日益加大。因此，心理健康教育的重要内容之一就是引导罪犯彼此之间以及罪犯与监狱民警之间和谐相处，建立有益于身心健康的人际关系。

3. 培养罪犯面对挫折的心理承受能力。罪犯在改造过程中，可能会遇到很多的困难。如学习中力不从心；劳动中难以承受；非正式群体的刁难、报复和打击；因家庭遭遇、天灾人祸或婚姻危机而焦虑悲观、动摇决心；等等。种种挫折和困难常常影响罪犯的心理状态，因此，对罪犯进行挫折教育，培养他们对精神刺激的承受力和抵抗力，也是心理健康教育的重要内容。

（三）改造后期的心理健康教育

罪犯即将回归社会，其心理活动十分复杂，他们既有将重新获得自由的喜悦与兴奋，又有对回归社会后可能遇到的一些问题的忧虑与不安；既有重新做人的向善心理，又存在一些消极心理和认识上的偏差。因此，这时的心理健康教育的主要任务是巩固改造成果，帮助罪犯做好回归社会前的各项准备。具体内容包括：

1. 巩固心理健康教育的积极成果。处于改造后期的罪犯，经过前一阶段的改造，面对即将结束的改造生活，会产生积极的回归心理，如悔过自新心理、立功赎罪心理、发愤图强心理等。对于罪犯积极的回归社会的心理，矫治工作者应通过正强化机制和反馈机制，予以肯定、支持与鼓励。

2. 消除罪犯的消极回归心理。罪犯在改造后期，原本残存的不良心理与期盼回归心理并存，容易发展为消极的回归心理。具体表现为过于自信或自卑心理，强烈的需求心理，报复心理，补偿心理等。对于这些消极心理，矫治工作者应通过负强化机制，予以否定、矫正与批评。如引导罪犯调整好心态，减轻自卑心理，合理定位补偿心理，消除报复心理。另外，要引导罪犯设想离开监所后可能遇到的困难，提高耐挫能力与抵御犯罪诱因的能力。

3. 教给罪犯心理调适的方法。罪犯在监狱服刑过程中会形成监狱人格。因此，改造后期的心理健康教育要教给罪犯心理调适的方法，以减少乃至消除监禁生活带给他们的负面影响，同时，使他们在脱离严格的监管生活后，自觉地调整心态，避免重新犯罪。

三、心理健康教育的组织形式

(一) 心理健康教育宣传

心理健康教育宣传主要是在罪犯群体中，针对罪犯的心理健康问题展开的积极向上的教育宣传工作。心理健康教育宣传从以下几方面展开：

1. 通过课堂教育、电化教育、专题讲座等形式，向罪犯传授心理健康知识。

2. 发放心理健康教育知识材料，针对罪犯群体中的共性心理问题进行心理卫生普及宣传活动。

3. 组织罪犯小组进行专题讨论，讲述心理健康的经验、方法和体会。

4. 利用黑板报、广播、电视、网络等宣传媒体，开展灵活多样、内容丰富的心理健康教育。

5. 建立（分）监区心理健康辅导站，在罪犯中成立心理健康协会。动员罪犯中的心理健康教育骨干，加强对心理健康知识的宣传和对周围罪犯的帮助。

(二) 举办心理健康专题讲座

心理健康专题教育因事、因人、因地而宜，具有较强的针对性和实效性，是一种比较受欢迎的教育形式。

通常，为帮助某一类型罪犯加深对犯罪原因的认识和异常心理的矫治，需要进行专题教育，如对暴力型罪犯、盗窃犯、性欲型罪犯讲解犯罪原因及防治措施；对最初入监的罪犯讲应激与适应、挫折心理与调适的知识；对服刑中期的罪犯讲人格发展与犯罪的关系，以及有关人际关系、自我意识等方面的知识；对服刑后期的罪犯讲理想与现实、自我规划、如何适应社会生活等有关知识。

(三) 引导罪犯进行自我教育

引导罪犯进行自我教育，就是在罪犯接受一定心理健康知识的前提下，引导和鼓励罪犯充分发挥自己的主观能动性，依靠其群体自身的力量来进行自我教育。例如，为罪犯创设宣泄区、静思区和心理调整区，鼓励罪犯宣泄苦闷，积极调整心态，以减轻心理压力，恢复正常心理状态。在鼓励罪犯进行自我教育的过程中，矫治工作者可以针对不同的对象向罪犯传授心理调整的方法，如自我控制法、自我激励法、转移目标法、角色互换法等，并给以正确引导。

(四) 建立社会支持系统

利用社会支持系统开展心理健康教育，就是将心理健康教育融入对罪犯的社会帮教工作中，鼓励和支持社会力量参与对罪犯的心理健康教育，并与监狱内部的心理健康教育有机结合，以全面提高心理健康教育水平。例如，浙江省一监与省内外76个市县区司法局深度对接"远程视频会见中心"建设和其他服务协作，持续推进监狱办事服务大厅和便民服务会见预约平台建设，持续深化"走亲连心"工程，深入推进"法雨春风·一监在行动"项目，踊跃参加衢江区"全国文明城市"创建，积极参与社会心理咨询等公益活动。

（五）心理咨询治疗

心理咨询是指罪犯心理咨询工作人员运用心理学专门知识，帮助罪犯正确地了解自己，认识环境，克服矫正中的障碍，促进自我成长与发展的活动。心理咨询分为个别咨询与团体咨询。

1. 个别咨询是罪犯心理咨询人员通过与罪犯一对一的沟通互动来实现的专业助人活动，比较常用的方式有面谈咨询、电话咨询、书信咨询、网络咨询等。

（1）面谈咨询是咨询师在咨询室和罪犯以谈话方式进行的一种咨询，是心理咨询中最普遍的形式。面谈咨询往往是一对一地进行，利于咨询者和来访罪犯之间建立起理解互信的关系，罪犯在这样的场景中，更容易放松心情，消除戒备，道出心声。咨询者不光可以通过语言，还可以通过观察来访者谈话时的神情、举止，甚至每一个微小的眼神变化来了解罪犯，对罪犯做出正确的判断和治疗。

（2）电话咨询是指咨询人员通过监狱内特设的电话对罪犯进行心理咨询和心理辅导的一种咨询形式。电话咨询最大的好处是罪犯可以在不见其人的"帘幕"效应下，放心地敞开自己的心扉，让咨询者可以掌握更准确、更真实的信息，从而做出更有效的咨询治疗。

（3）书信咨询是利用文字进行远距离交流的重要形式，它既不受时间、空间限制，又经济便捷。但书信通信的时间较慢，不够及时，通过字里行间来表达意思，从理解上不如面谈咨询、电话咨询等其他方式来得形象、准确和直接，因此需要和其他的咨询方式结合起来运用，方可相得益彰。

（4）网络咨询是通过互联网使得咨询者可以同时对几个罪犯进行辅导，既方便，又快捷，和电话相比，成本也较低，在监狱有广阔的发展前景。

2. 团体咨询是一组罪犯在咨询人员的指导下讨论训练并有效地处理他们所面临的共同问题，团体咨询的适用条件是罪犯的心理问题与人际交往有关，且小组成员愿意在团体中探讨他们的问题。团体心理咨询的操作要点包括：

（1）确定团体心理辅导的目标及活动名称。团体名称要有吸引力，积极正向，并能够体现本团体的目的。团体名称不要使用容易出现理解歧义的词句，题目太小或太大都不切合实际。活动名称要符合对象的年龄特点，容易使人接受。团体目标要有针对性和可操作性。

（2）设计团体活动的方案及程序。需要注意几个要素：团体成员的特点、团体的规模、团体活动的时间和频率、团体活动的场地、团体活动所需的设备材料。具体方案过程如下：①方案名称；②团体名称；③团体性质：成长性、治疗性；④理论依据；⑤辅导对象；⑥筛选方式；⑦辅导次数；⑧辅导准备：工具以及必要的设备；⑨辅导方式：游戏活动、分享、总结。

（3）活动流程。活动流程包括：①活动导入。第一步，主持人自我介绍，介绍督导和观察员；第二步，团辅简单介绍；第三步，强调活动原则：尊重、保密、支持、信任、真诚、开放；第四步，订立契约，共同遵守，由团辅领导小组成员共同制定。②热身游戏。③体验活动，围绕主题设置的一系列活动。④发言分享活动体验。⑤结束。

（4）对团体咨询的总结评估。在团体咨询结束后的一定时间内要对参加成员保持跟踪观察，让成员填写"成员评量表"，交流个人的心理体验和成长经历。通过代班监狱民警、包组监狱民警侧面了解他们的学习、生活、情绪状况，特别是了解他们对团体咨询探讨中的收获在现实生活中的应用情况。

工作流程

1. 资料收集。通过查阅罪犯卷宗、罪犯自述、分管干警提供的资料、咨询师观察和了解的情况以及心理测试数据，整理收集罪犯杨某的个案资料。

2. 评估与诊断。通过杨某的生活史、犯罪史、认罪悔罪态度、身体状况、心理状况等情况，评估诊断杨某的心理问题等级。

3. 确立咨询目标，制定咨询方案。根据搜集的资料和评估诊断结果，确定近期目标和长期目标。杨犯心理咨询的近期目标是走出心结，打开心扉，为主动交代罪行做最充分的心理准备；最终目标和长期目标是培养正确的人生观、价值观和世界观，培养健康人格。选择心理疗法，即一般根据咨询师擅长的咨询方法并结合来访者特点，选择相应的心理咨询疗法。

4. 咨询过程。咨询过程大致分为建立咨询关系，心理诊断与评估，心理帮助，结束与巩固四个环节。

5. 咨询效果评估。根据完整的咨询环节和心理测量数据，评估咨询效果。

6. 档案管理。及时填写、完善《服刑人员个体心理矫治》专门档案。

学以致用

赵某，男，33岁，心情低落、焦虑，人际关系紧张，易被激惹。在日常生活中与同犯关系紧张，易怒、冲动、爱面子，容易对他人发生暴力行为，自身行为意识差，屡次违反监规队纪，严重干扰自身的改造和监狱的改造秩序。

问题：如何对赵某进行心理矫治？

要点提示：可以从心理健康教育、心理咨询、引导罪犯自我教育和建立健康心理社会支持系统等方面进行回答。

拓展学习

山东省监狱开展"四季心理健康"系列活动

山东省监狱注重发挥心理教育在改造中的攻心治本功能，依托狱内心理健康指导中心、监区心理辅导站及服刑人员心理健康协会，将人文教育、心理健康教育和节日心理疏导结合起来，开展丰富多彩的"四季心理健康"系列活动，增强了罪犯改造信心，提升了教育改造质量。

该监狱根据季节变化，结合传统节日特点，坚持"一月一主题，周周有活动"，实现活动常态化。一月"暖春计划"，开展"给你一个支点"心理互助和"心情指数回顾与畅想"活动，制定新一年的心理健康计划，加强自我认知。二月"迎春计划"，开展"春日寄语"和"和谐之声"活动，在春节期间巩固亲情纽带，调节个人情绪。三月"春雷计划"，开展"扬鞭催马"和"知心行动"，督促落实一年自我改造计划。四月"春雨计划"，借"清明节"到来之际，开展"沙漠甘泉"和"清明释怀"活动，用心理健康知识帮助罪犯克服春季焦躁心理，学会感恩。五月"立夏计划"，结合"劳动节""青年节"和"母亲节"，开展"劳有所得""青春岁月"和"母爱无边"等活动，培养热爱劳动的情感，实现自我价值。六月"凉夏计划"，根据"儿童节""端午节""父亲节"特点，开展"童心的呼唤""端午随想"和"父爱如山"活动，回忆童年生活，深入反思个人经历，明确人生方向，唤醒良知和社会责任感。七月"消夏计划"，开展"心动更要行动"等文体娱乐活动，稳定情绪，安心改造。八月"秋韵计划"，

结合"建军节"，开展"再回首""一个军礼"系列心理剧活动，回顾体验心理变化过程，增强社会责任感。九月"秋月计划"，结合"中秋节"和"教师节"，开展"中秋思语"和"我的恩师"活动，表达思念，启迪亲情，感悟教师教诲，唤起师生情感。十月"秋收计划"，结合"国庆节"和"重阳节"，开展"歌唱祖国"合唱比赛、"我和我的祖国"及"岁岁重阳"等活动，激发爱国热情，深入思考人生，完善自我。十一月"雪花计划"，开展"雪花请听我说"活动，回顾一年来的努力与收获，自我反思。十二月"赏雪计划"，开展"冰雪消融""冬至祈福"等活动，净化内心世界，唤起向善之心，完善健康人格。

（来源：山东省司法行政网）

项 目 三

讲评教育

图 2-3-1 集体教育的常用形式〔1〕

 知识储备

讲评教育是监狱民警的一项基础性工作，也是监狱民警必备的一项技能。讲评教育对帮助罪犯养成良好行为、树立正确的改造态度和改造目标具有重要的作用，它也是使罪犯走向新生的重要教育手段。

一、讲评教育的含义

讲评教育也称队前讲评，是监狱民警对罪犯在一定时间内各方面的改造情况作出总结评论的教育活动，是对罪犯进行集体教育的基本形式。通过讲评教育，可以帮助罪犯辨是非、明善恶，正身塑形，为罪犯改造引路导航。监狱民警要用最通俗、最朴实、最真诚的语言开展讲评，肯定成绩，指出缺点，提出要求，让罪犯愿意听、听得懂，进一步提升教育改造效果。

二、讲评教育的特点

(一) 灵活性

讲评教育要灵活地利用时机，例如，对个别罪犯的先进事迹进行宣传就可以

---

〔1〕 图片来源于 https://image.baidu.com，访问时间：2024 年 2 月 28 日。

灵活进行。讲评教育所用的语言尽量灵活，由于罪犯长期处于自由受限的环境中，本身精神压力就比较大，运用灵活的语言进行讲评教育不仅能调动罪犯的兴趣，还能够促进罪犯的改造。

（二）简洁性

讲评教育应当言简意赅，特别是出收工前后的讲评教育形式一定要简洁。要一针见血地指出存在的问题，掐灭风险苗头，提醒注意问题，提出改造要求。出工前的讲评内容涉及当天劳动改造的具体问题或事项，以布置工作和强调要求为主；收工后的讲评内容主要是对当天罪犯完成劳动任务、遵守劳动纪律、劳动质量和进度等情况作简要的小结和点评。

（三）针对性

讲评教育应当有针对性，特别是专题讲评教育在主题、内容和程序上应更细化、更严格。例如，其主要以某个重要改造事项作为讲评主题，讲评内容仅就监区或分监区罪犯改造存在的突出问题进行分析，提出整改措施，或传达监狱重要改造工作、专项教育整治活动等精神，在罪犯中做好宣传、动员和布置工作。讲评教育会场应悬挂横幅、会标，监区主要领导和分监区领导原则上均应到会，罪犯在此过程中做记录，会后分组进行专题讨论，强化教育效果。

（四）及时性

讲评教育一定要趁热打铁、及时进行，适时适当的讲评教育会使讲评教育的效果事半功倍；相反，讲评教育没有及时实施会使其流于形式，丝毫没有促进罪犯改造的效果。

三、讲评教育的类型

（一）日讲评、周讲评和月讲评

根据频率的不同，讲评分为日讲评、周讲评和月讲评。

日讲评主要由当天值班监狱民警针对本监区、分监区、小组的罪犯改造情况等进行通报、小结；同时布置次日的生产和学习任务以及强调应当注意的事项。

周讲评主要由分监区领导组织、参与，针对一周来分监区罪犯的思想、行为、生活、劳动和学习等各方面进行小结、通报。

月讲评主要由监区领导组织、参与，通报监区一个月来的罪犯改造情况，分析罪犯的思想、行为、生产劳动等情况；对罪犯改造中存在的问题提出意见和措施，并对改造过程中涌现的先进事迹、个人进行公开表扬。

（二）思想教育讲评、劳动讲评、学习讲评和活动讲评

根据专题的不同，讲评分为思想教育讲评、劳动讲评、学习讲评和活动讲评。

思想教育讲评是围绕罪犯在监区、分监区或罪犯小组开展的以罪犯在改造过程中的思想动态为主要专题进行的讲评。

劳动讲评是围绕罪犯在监区、分监区或罪犯小组开展的以罪犯劳动情况为主要专题进行的讲评。

学习讲评是围绕罪犯在监区、分监区开展的以罪犯文化技术学习等表现情况为主要专题进行的讲评。

活动讲评是围绕罪犯在监区、分监区开展的以罪犯生活卫生、文娱体育、遵守监规等为主要专题进行的讲评。

以上讲评内容应根据专题的不同情况给予适当评价，表扬和鼓励在专题活动中表现突出的罪犯，批评和教育在活动中出现的不良现象和行为，教育引导罪犯，促进罪犯改造。

（三）会议讲评、现场讲评

根据形式的不同，讲评分为会议讲评、现场讲评。

会议讲评主要是指把全体或部分罪犯集合在一起，就改造中的思想、劳动、学习以及活动情况，由专人进行讲解和评述。这类讲评教育一般事先制定计划，地点在专用场所，讲评内容涉及诸多方面，时间较长。

现场讲评是指为解决罪犯在改造现场中产生的问题，多运用列队形式，进行教导和告诫的一种讲评。这种讲评多为解决罪犯在改造现场中产生的突发性、临时性问题而进行，形式从简，时间从短。

四、讲评教育的要求

（一）主题选定正确

在对罪犯学习、劳动、生活等改造概况进行例行简单评述的基础上，对 1~2 个主题进行重点讲评。主讲人必须掌握罪犯改造基本情况，并事先与其他监区领导进行协商，有针对性地确定重点讲评教育的主题。一般可选择罪犯在行为养成、监规纪律、学习、劳动、生活卫生等方面存在的问题和不足为切入点确定主

题，或以监区开展的活动为主题，但不能过于分散。

（二）精心撰写提纲

提纲结构一般分导语、主体和结语三部分，导语部分提出讲评的主题，主体部分按"提出问题、分析问题、解决问题"的逻辑顺序展开，结语部分重申工作目标、提出期望等。

（三）程序安排周密

讲评前，要求罪犯着装规范，安静、有序、迅速地到达指定地点；主持警察带队并核点人数，在罪犯坐整齐后，组织罪犯集体唱歌，营造严肃的会场氛围；讲评结束后主持警察进行简要小结，命令列队带回。

五、讲评教育的方法技巧

（一）主题明确、精心准备

讲评的主题来源于罪犯教育改造具体表现及实际需要，队前讲评的主题应具备思想性、教育性、突出性和深刻性。民警必须结合本监区或分监区罪犯的思想改造实际，现实改造表现以及监狱的具体要求规定等做好讲评准备工作。具体来讲有三个方面：其一，熟悉与罪犯改造有关的各种法律法规以及监狱罪犯改造的奖惩规定等；其二，深入罪犯改造的生活、劳动、学习等现场，收集罪犯的各种信息，及时与其他监狱民警沟通交流罪犯在改造中出现的情况、问题；其三，根据集体讲评类型的不同，确定讲评主题，并撰写讲评教育提纲以及讲话稿。

（二）方法得当、讲究策略

讲评时，要严格执行党的路线、方针、政策，注意讲究策略。该说什么，不该说什么，以及怎么说，都必须事先做一番推敲，只讲大道理，罪犯一般不"买账"。但仅仅就事论事，容易使自己的讲评失去应有的教育效果。因此，讲评者必须紧紧抓住罪犯普遍关心的与他们切身利益有关的问题，以自己富有魅力的语言，去触动他们的心灵。讲评时应该不时地扫视在场的罪犯，通过自己的视觉感官，留心罪犯对讲评的反映，以便掌握讲评的效果。另外，要注意用通俗的语言，短小精炼的句式来表达自己的思想。既要晓之以理，又能动之以情，结合与内容相称的声调、手势，使讲评既生动活泼，又能感召罪犯。

（三）情理结合、以情感人

讲评教育不仅是为了及时总结生活、生产、教育等改造现场的情况，更是为了通过对罪犯在改造中的思想、行为的评价，使他们能够深入思考，提高认识，明确改造的方向，积极改造。因此，讲评者经常需要摆事实、讲道理，需要去说服罪犯，达到教育的目的。说理不是命令训斥，也不是一般地传播与交流信息，而是要以正确的道理，良好的意图和真挚的情谊来转变罪犯的思想认识。

（四）语言简练、声音洪亮

一般需要注意四个方面：一是讲评的语言一定要精炼、准确。语言绝不能含糊不清，似是而非。二是戒除口头禅，克服坏习惯。口头禅会削弱表达的效果，影响罪犯的情绪。三是语言一定要清晰、流畅。讲普通话，注意发音，同时口头语言应流利畅达。四是语言要生动、形象。采用多种语言形式，既富有口语的特点，又能一针见血地说明问题。

（五）自然放松、落落大方

除了口头表达外，身体语言形式的添加得当则更能增强讲评效果。讲评者在讲评时姿势应端庄大方，不论站着还是坐着。讲评者在讲评时表情应亲切、坦诚。表情应该是落落大方、自然得体，而不应是矫揉造作、生硬僵滞的。讲评者自身应放松自然，心理镇定。尤其对于新任监狱民警而言，紧张情绪在所难免，可以借助各种方法放松，缓解压力，将对讲评教育的不良影响降到最低。

另外，讲评者应目光调控自如，手势大方得体。目光接触在沟通中是一项重要的行为技巧，运用眼神的变化来影响和感染罪犯，加强教育效果。同时，手势的运用也很重要，它可以用来增强表情达意的情感色彩，使语言更富有感染力。

任务 10　确定主题

学习目标

准确理解讲评教育主题的核心地位，把握主题含义。能够根据讲评教育类型的不同确定讲评教育的主题。

案例导入

某监狱组织了一次罪犯队列比赛，每个监区派一组代表参加比赛。三监区认真准备、组织训练，准备迎接监狱组织的队列、规范考核，上下都决心要考出好成绩。但在考核时，某罪犯由于紧张，听错指挥员口令，跑错位置，影响了监区的考核成绩，考核结束时，其他罪犯都用抱怨的眼神看着这名罪犯。

问题：请结合案例确定讲评主题。

 理论导航

一、主题选取的特点

确定讲评教育的主题必须坚持从实际出发。监狱民警通过深入观察罪犯改造的客观事实，全面掌握罪犯改造的材料和有关情况，对材料进行分析，经过深入思考后拟定主题。

（一）针对性强

选题针对性强是指每一次队前讲评的主题要明确，要有针对性，给罪犯讲什么，要求罪犯做什么、怎样做、不做什么、为什么不这样做，必须清楚具体。除此之外，还要求讲评者必须结合本分监区或监区罪犯的思想改造实际、现实改造表现以及监狱的具体要求规定等。讲评做到了有针对性，才能改变罪犯的思想，才能提高他们对所犯罪行的认识程度，起到引路指途、教育改造罪犯的作用。

（二）时间性强

1. 时间性强也是队前讲评的一个突出特点。它一方面表现为讲话的时间要求短，这就是说，在比较短时间内，要求把自己单位或上级的有关指示精神及时传达给罪犯，同时结合分监区或监区的实际，提出明确的具体要求。另一方面表现为突发性强，准备的时间短。突发性强是指在改造活动中，一个分监区或监区往往出现这样或那样一些带有普遍性或倾向性的问题，因此要求监区值班长必须根据客观实际，及时发表自己的意见，或表扬，或批评，或说服，或扭转。这种不失时机的讲评活动，有助于分监区或监区改造秩序的稳定，有利于加快教育改造罪犯的步伐。

2. 准备时间短，这是队前讲评的一个突出特征。例如，某分监区召开劳动生产汇报会，罪犯以小组为单位汇报自己一周来完成劳动任务的情况以及在来料加工生产中遇到的困难、问题，汇报会一结束，要求分监区监狱民警立即进行讲评，可以说，几乎没有时间去做充分的准备。怎么办？是讲，还是不讲。如果不讲，可能影响这个会议的效果，甚至影响许多罪犯的改造情绪。要讲，就必须立即谈出自己对这个会议的看法，而且要求有理有据，既有针对性，又有说服力，

这对一个缺乏思想准备的监狱民警来说，确实是比较困难的。因此每遇到这种情况，要求监狱民警保持清醒的头脑，抓紧时间，理清头绪，打好腹稿，使讲评工作做到有条有理。

二、确定主题的具体要求

（一）主题正确

主题是否选取正确直接关系到讲评的最终效果。主题正确一般表现为正确的观点和主张。因为主题正确与否，直接关系到讲评教育的好坏成败。讲评只有主题正确，才会对罪犯的改造产生积极意义，反之，则会产生消极影响。

（二）主题鲜明

讲评教育主题一定要明确，其倾向性一定要鲜明确切，决不可含糊笼统，或模棱两可，前后矛盾。否则，就会使罪犯听得云里雾里，达不到讲评教育的目的。

（三）主题集中

讲评教育主题应当简明单一，突出讲评教育的中心，不宜同时存在两个或两个以上的主题，避免讲评者顾此失彼，同时亦会造成罪犯在听讲过程中注意力分散、成效不明显。

（四）主题深刻

讲评教育主题是整个活动的核心，整个讲评教育都围绕讲评主题进行。主题不能仅仅停留于对罪犯表现的罗列和叙述，而应通过对罪犯存在的问题进行反复思考，抓住关键点，力争确定的主题能够吸引罪犯眼球，发人深省。

工作流程

一、了解情况

（一）整体了解

为了更好地对罪犯进行讲评教育，监狱民警应当全面深入了解罪犯的基本情况。比如他们的犯罪情况，学习情况，知识基础，学习态度和方法，个性特点乃至家庭和健康状况等。除此之外，监狱民警还应该掌握罪犯的犯罪类型结构，刑期长短等重要信息，便于全面、细致、有效地进行讲评教育活动。所以，讲评前需要全面了解全监区的整体情况。

（二）个体了解

全面了解出错罪犯的情况，如个性特点，日常表现，脾气性格，家庭和健康状况等，结合出错罪犯的生活史、犯罪史、认罪悔罪态度、身体状况、心理状况等分析队列出错原因。

二、选准讲评主题

（一）主题正确

讲评主题正确是实现讲评教育目的的基础，上述案例中涉及的是一次队前教育讲评，此类教育讲评的主题就应该确定在集体活动的大致范围内，万万不可成为犯错罪犯的批斗会，否则主题讲评不但达不到预期的效果，可能还会起到反作用。

（二）有针对性

在综合分析上述队前讲评教育的情况下，首先要确定讲评教育的目的，再根据讲评教育的目的有针对性地确定给罪犯讲什么，要求罪犯做什么、怎样做、不做什么、为什么不这样做，必须清楚具体。另外，讲评者必须结合所涉及罪犯的思想改造实际、理解能力、文化水平，有针对性地进行教育讲评，才能提高罪犯改造质量。

（三）确定主题

针对案例中的情况，结合本次队列训练、比赛的实际情况，本次讲评教育的主题应当体现批评与勉励相结合的特点。对于出错罪犯影响整体成绩的事件，很多罪犯表现出了不满，在确定讲评主题时也不能批评意思过于浓烈，出错罪犯自身已经表现出了深深的歉意，加之其他罪犯表示不满的态度，出错罪犯自身精神压力已经比较大，所以在确定主题时一定要中立、客观。因此，讲评主题最终确定为：台下多训练，台上少"流汗"。

 学以致用

某监区在劳动过程中，罪犯王某因服装生产质量不合格问题与质检人员发生争吵，被值班监狱民警及时制止。在收工上下楼梯时，平时与王某走得比较近的吴某以此事与王某开玩笑，由于王某仍在气头上，遂再次引发争吵，直到两人发

生相互推搡后，"三互组"才予以劝阻。

问题：当天值班监狱民警在晚讲评过程中如何针对以上问题确定讲评的主题？

要点提示：通过查阅该罪犯档案及有关材料，收集其自然状况、社会关系、犯罪类型及前科劣迹情况等基本信息，结合该犯的日常表现，综合分析该罪犯在日常改造中存在的问题，就该犯的问题、通过讲评需要达到的教育目的来确定讲评的主题。

★ 拓展学习

巢湖监狱四项措施推进讲评教育提质升档

1. 在落实制度上求"严"。把讲评教育作为对服刑人员教育改造的一项日常性、基础性、刚需性工作，着眼经常化、制度化、规范化，建立了日讲评、周讲评、月讲评、季讲评制度，明确了讲评的人员、内容、时间等要求，并做到"五个落实"，即领导带头落实，全员讲评落实，"四个必讲"落实（逢会必讲、逢检必讲、逢考必讲、逢改必讲），督促考核落实，奖惩落实。

2. 在讲评内容上求"准"。对民警讲评教育的内容作出严格要求，在针对性和生动性上下功夫。讲评前做足"功课"，做到"五个认真"：即认真学习上级文件和会议精神，认真了解相关情况和存在问题，认真查看有关资料，认真会商具体意见，认真撰写讲评稿和讲评提纲。确保讲评教育实实在在，不走过场。

3. 在队伍建设上求"强"。注重打造一支素质高、能力强、水平高的民警讲评教育队伍，除鼓励民警通过岗前培训、集体培训、轮训和自学等渠道，学习政治、经济、社会、文化、法律、心理等多学科知识外，还采取以师带徒、模拟培训、现场观摩、技能竞赛等方式，加强民警队伍建设。特别是对青年民警，实行重点培训、重点磨练的办法，快速提升讲评教育水平。

4. 在讲评教育效果上求"实"。通过建立考核评价机制，着眼实效，推进各监区把讲评教育与监管、执法和生活卫生等工作有机结合，通过讲评教育进一步增强服刑人员的"三个意识"，推动安全稳定、教育改造质量持续提高。

（来源：安徽省监狱管理局官网）

任务 11 撰写提纲

 学习目标

理解并掌握讲评提纲的特点和基本格式，能够在确定讲评教育主题的基础上撰写提纲。

案例导入

某监狱五监区本周违规违纪事件共发生四起，由争吵引起的打架两起，其他违纪两起。一是早操后，罪犯张某因打开水未排队，与罪犯李某发生争吵，继而张某打了李某一拳，幸被周围其他罪犯劝住，未发生严重后果。二是罪犯王某吃中饭时未按固定位置就餐，组长丁某叫他坐到自己位置上去，王某不但不听，反而相讥："你算老几？少管闲事。"丁某一把把王某从座位上拉了起来，王某放下饭碗，打了丁某一记耳光，这时，正好值班监狱民警走了过来，事件被及时阻止。三是罪犯陈某乘夜间加班劳动时，躲在车间 3 号车床后面违纪喝酒，被带班监狱民警及时发现。经查证，酒是陈某在上周会见时带进车间的。四是罪犯赌博，赵某、郑某某日自由活动期间利用下陆军棋赌输赢，被监狱民警及时发现。

本周内务卫生检查情况：第 3、5、7 组较好：整洁、整齐、规范，平时保持也不错；第 9、10 组地面未打扫干净，有纸屑，痰迹；第 4 组玻璃未擦。

问题：请针对上述情况撰写周讲评提纲。

 理论导航

一、撰写准备

监狱民警要想确定讲评教育提纲，必须先确定讲评教育的主题，讲评教育主题是撰写讲评提纲的前提和基础，讲评提纲是讲评教育主题的进一步延伸和体现。

二、提纲内容

讲评教育提纲的内容一般包括：讲评教育的主题、讲评教育顺序、讲评教育的主要内容。

（一）讲评教育的主题

讲评教育的主题是讲评者在对罪犯进行讲评教育的过程中，通过讲评的全部内容和讲评方式所表达出来的中心思想。讲评教育的主题是讲评教育的核心，它贯穿讲评教育的全过程，体现讲评者对罪犯生活、劳动、学习等改造思想、行为的认识和评价。

（二）讲评教育的顺序

讲评教育顺序是讲评内容在讲评过程中的时间上的前后安排，它在很大程度上也会影响讲评教育的质量和效果。讲评教育顺序的安排一定要逻辑清楚、循序渐进，既要便于讲评者发挥，也要便于罪犯接受。

（三）讲评教育的主要内容

讲评教育的内容是讲评者表达自己思想，达到讲评目的的表现形式。讲评内容的好坏直接关系到讲评效果、教育效果。讲评教育的主要内容就是讲评教育的纲领，撰写讲评提纲有助于讲评者理清思路。

三、具体要求

（一）提纲内容要全面

提纲除了应当包括讲评的讲评提纲、讲评顺序、开头语、结束语，还要写明讲评的目的，讲评可能用到的技巧、方法。

（二）提纲要简明具体

撰写讲评教育提纲就是在确定讲评教育主题后用简明的文字对讲评内容制定出的一个大体的计划，提纲要精简，并且要有逻辑层次。

工作流程

一、确定讲评教育目的

因为本周违纪事项、违纪人员较多，所以本次周讲评的目的就是惩戒违纪人员，达到震慑其他罪犯的目的，最终使所有的罪犯都认真改造、安心改造。

二、确定讲评教育的主题

对本周出现的情况进行综合分析，得出通过讲评教育希望达到的教育目的，进而确定讲评的主题，如"抬头就打，对违纪实行零容忍——某监狱五监区罪犯生活、教育综合情况综合讲评"。

三、撰写讲评提纲

1. 通报本周监区的生活、生产、教育情况，重点指出违纪的行为、违纪的人员。

2. 宣布对于在生活、生产现场出现违纪行为的罪犯进行批评教育，同时宣布处理结果。

3. 对于表现好的罪犯进行表扬，同时宣布奖励。

4. 运用上述事件教育其他罪犯好好改造，积极表现。

5. 对下一周的任务进行布置，提出要求，做好计划安排。

 学以致用

某监狱某监区现有罪犯 156 人。本周管教秩序基本稳定，未发生逃跑、斗殴等严重违纪事件，并按计划完成了习艺劳动任务。本周计划习艺劳动服装 1200套，实际完成 1287 套。质量合格率为 99.7%，高于上周 1.4 个百分点。

本周对监区罪犯进行了法律常识教育并组织了考试，绝大多数罪犯提高了认识，振奋了精神，表示要安心改造，早获新生。其中 90 分以上 15 人；80～89分，36 人；70～79 分，78 人；60～69 分，20 人；59 分以下的 7 人。不及格罪犯准备下周三再补考 1 次。

问题：请根据本周的综合情况撰写周讲评教育提纲。

要点提示：监狱民警要先分析本周教育、生产、生活中存在什么问题，明确通过讲评教育希望达到什么样的目的、效果，最终确定讲评教育主题。监狱民警要结合讲评教育的主题，从实际出发来撰写讲评提纲。讲评教育提纲的内容一般包括讲评的主题、讲评顺序、讲评主要内容。

表 2-3-1　全生产讲评模板

讲评教育主题	克服"老毛病、旧习惯",提高安全生产意识
讲评教育提纲	全体服刑人员: 今天我讲讲安全生产问题: 一、生产中存在的问题 1. 物品排放不整齐; 2. 张某与王某在劳动中发生口角; 3. 生产操作不规范。 二、具体要求 1. 遵守劳动纪律,严格按照各项安全管理制度和操作规程作业; 2. 每名服刑人员都有义务对工作区域中存在的不安全因素进行及时处理; 3. 发现问题立即报告。
讲评教育结尾	今天就讲到这里,希望你们每个人都能遵守劳动纪律,按规定正确操作,保持良好的生产环境,积极改造,争取早日重获"新生"。 讲评结束。

 拓展学习

如何撰写讲话提纲

一、提纲的基本格式

提纲的基本格式有标题、前言、主体和结语。只是标题比常用公文自由、灵活、随便一些。主体也因提纲不同,有些差异,结语可长可短。下面对各类提纲的格式作一简单介绍。

(一) 总结提纲

标题常写《关于某监区××年工作总结提纲》。有时也可采用正副标题法,正标题用文章标题,或阐发意义,或突出作用,然后用副标题加以补充、限制。主体一般写基本情况,经验体会、问题教训和今后打算。

(二) 传达提纲

标题写《关于××会议的传达提纲》。主体写会议概况、会议的基本精神、会议的典型经验、会议解决的问题、贯彻会议精神的意见等。如果没有要介绍的典型经验,可以不写。结语,写明"以上是这次会议的主要精神,如果同会议精神不符，本人负责"，或者写"以上是会议的基本精神，不确切的地方，以会议文件为准"之类的话。

（三）讲话提纲

标题写《在讲评教育大会上讲话提纲》或拟定文章式标题。正文写讲话的开头语，然后把所讲的主要内容，用大小标题的形式列出，或者把主要内容写出来，最后写结束语。

讲话提纲的写作可繁可简。最简单的提纲只有几十个字或几百个字，有的讲话提纲长达数千字，甚至上万字。这可以根据每一个讲话者的实际情况、习惯爱好而定。总之，它没有固定的规定，约束性很小。

二、组织语言

（一）撰写提纲或打腹稿

撰写讲评提纲或打腹稿有助于理清思路，突出重点，分清层次。

讲评前打腹稿主要是给讲评定出一个大致框架或主要观点，有利于监狱民警理清思路，进行"预演"，这对于新监狱民警而言是十分有必要的。

（二）撰写讲话稿

撰写讲评讲话稿，一般专门就某一方面的问题发表意见，所以应内容集中，中心突出，容易讲深讲透。讲话稿的撰写有利于缓解讲评人在讲评时紧张、忘词的现象，又可以合理分配时间、把握详略，使讲评教育富有逻辑性。

任务 12　运用技巧

学习目标

掌握讲评教育的技巧，包括语言技巧与非语言技巧；要求监狱民警能够熟练运用各种技巧对罪犯进行讲评教育。

案例导入

某监狱一名罪犯吴某在车间劳动工作时，趁监狱民警和其他罪犯不注意时跑到了货车的车底，准备随车逃跑，在出监狱大门时被值班的监狱民警发现并抓获。后吴某因脱逃罪又被判处有期徒刑 3 年。该监狱要求各监区以此为例分别组织一次思想教育的专题讲评教育活动。

问题：如何针对上述情况做一次监狱安全的思想教育讲评？

 理论导航

一、准备

监狱民警要想在各种教育讲评中取得良好的教育效果，必须认真做好以下几个方面的准备：

（一）时事政策

监狱警察应当及时了解国家时事政策，关心国家大政方针，切实做到与时俱进。加强理论教育和党性教育是党和国家事业发展的内在要求。要认真领会党中央的重要精神，用党的理论武装头脑。把党的二十大精神落实到具体工作中，坚持严格规范公正文明执法，扛牢安全责任，筑牢安全底线，要加强法治思维，严格规范公正文明执法，坚决守住司法公正的最后一道防线。

（二）法律法规

应当认真学习以宪法为核心的中国特色社会主义法律体系，熟练掌握有关罪犯改造的各种法律法规，特别是监狱减刑、假释的规定，以及罪犯改造的奖惩规定等，积极参加法治教育培训，做尊法、学法、守法、用法的模范。

（三）教育理论

监狱民警应当学习教育学基础理论，能够运用教育原理对罪犯实施教育矫正工作。为了规范监狱教育改造工作，提高教育改造质量，根据《监狱法》和有关法律、法规的规定，结合监狱教育改造工作实际，制定监狱教育改造工作规定。

（四）语言能力

监狱民警还应当有较高的文字运用能力和语言表达能力，为教育讲评打下基础。"工欲善其事，必先利其器"，这里的"器"就是指语言能力。而要做到这一点，就必须学会积累词句。同时要学会硬话柔说、急话缓说、长话短说。营造气氛、埋下伏笔、逆向思考都是监狱民警应当必备的基本功。

（五）全面掌握

深入罪犯改造的生活、劳动、学习等现场，收集罪犯的各种信息，及时与其他监狱民警沟通交流罪犯改造中出现的情况、问题。根据集体讲评类型的不同，

确定讲评主题，并撰写讲评教育提纲以及讲话稿。

（六）规范用语

2010年4月，司法部印发了《监狱劳教人民警察执法工作规范用语》，监狱人民警察应当按照要求，做到语言合法有理，表达准确，令人信服，语气与情景相称，既具有严肃性，又要适当得体。

1. 生活现场规范用语：现在，清点人数。准备进入（食堂、教室、劳动区），在此期间，保持安静，动作迅速，不得交头接耳、随意走动，若有问题举手示意。

2. 学习现场规范用语：今天，进行×××职业技能考试。在考试中，不得喧哗、交谈，必须遵守考试规定。若有违纪行为，将按不合格处理。

3. 劳动现场规范用语：今天，劳动项目是……劳动任务是……在劳动中，要注意安全，严格按照安全操作规程进行生产劳动。遵规守纪，服从管理，听从指挥，按时按质按量完成劳动任务。遇事报告，不得擅自行动。

在工作实践中，以下话语应忌用：不利于控制事态的话，带有歧视性、侮辱性的称谓或外号，容易造成情绪抵触、逆反心理的话，以及会造成人格损伤的语言等。

二、语言技巧

（一）语速适当

监狱民警在进行讲评教育时，一定要保持适当的语速，既让罪犯听明白，还要让他们有反应和思考的时间，这样可以增强讲评教育的教育效果。讲评教育中语速过快会让罪犯跟不上讲评者的思路，使讲评教育效果大打折扣。

（二）使用普通话

监狱罪犯可能来自全国各地，监狱干警如果使用方言进行讲评教育，可能会使很多罪犯听不懂，从而达不到教育的效果。监狱干警讲评教育时一定要注意自己不良的语言习惯，因为讲评教育都是在公开场所进行的、多人参加的活动，监狱干警代表国家形象，因此一定要注意用词。

（三）言简意赅

讲评教育过程中尽量使用规范性语言，语言也要精炼、准确。用最简短、贴切的语言表达讲评内容，不能含糊不清，似是而非。戒除口头禅，讲评中常见的口头禅主要有"这个""那个""那么""是不是""对不对"等。这些口头禅会削弱表达的效果，破坏语言结构，使语言断断续续，前后不连贯。在讲评时，要戒除口头禅。

三、肢体语言

（一）规范整洁着装

着装的规范也是身体语言的一个重要的符号，它代表了对工作的认真、负责、细致。监狱干警在对罪犯进行讲评教育时一定要规范着装，这体现监狱干警对讲评教育工作的重视，同样也能够引导罪犯认真接受教育。讲评者同样要注重讲评时的姿态，做到站有站相，坐有坐相，做到端庄、自然、大方。

（二）手势大方得体

监狱干警在讲评教育时对手势的运用要大方得体，千万不要有小动作，更不可做作，这些动作要与想表达的内容相配合，使表达更有感染力。

（三）表情镇定

监狱民警在讲评时面部应当保持亲切、坦诚的表情，让受教育者更容易接受；而不应该是一副居高临下、盛气凌人的样子，这样容易把关系搞僵，把讲评教育搞砸。同时，讲评教育是一项严肃的罪犯改造活动，从身份上看教育者代表国家，是一种刑事司法过程，因此表情一定要严肃、镇定。一般情况下面部表情比较严肃，但是应随着讲评主题而发生一定的变化，主题严肃，表情严肃；主题轻松，表情轻松。

（四）目光注视

环视法：不时地用眼睛环视整个队列，让每个人感到你在对他讲话，调动共同参与。

专注法：把视线短暂地停留在某处或某个服刑人员身上。

虚视法：似看非看，适合于新任职的监狱民警的队前讲评。

注意：观察是双向的，当监狱民警在观察服刑人员时，服刑人员也在观察监狱民警。

 **工作流程**

一、了解脱逃罪的法律规定

脱逃罪，《中华人民共和国刑法》（以下简称《刑法》）第 316 条第 1 款规定："依法被关押的罪犯、被告人、犯罪嫌疑人脱逃的，处五年以下有期徒刑或者拘役。"脱逃，是指依法被关押的罪犯、被告人、犯罪嫌疑人，从羁押和改造场所逃走的行为。被执行社区矫正的人逃跑的，不构成脱逃罪。

二、深挖罪犯脱逃原因

通过分析罪犯吴某的情况，发现其是刑期长的重刑犯，有脱逃思想，穷凶极恶。罪犯入监后，因为刑期长，主观恶性大，不认罪服法，对改造失去信心，产生悲观厌世和脱逃的思想，为了实施脱逃行为而铤而走险、孤注一掷。

三、语言技巧

透彻地介绍吴某逃跑事件及受到的严重惩罚，字数不宜过长，但内容体系设置上要非常完整。深入分析吴某的问题，语言要生动、严肃。用疑问句、反问句，激发其他罪犯自我反省、发现问题。

四、身体语言

对于这次讲评，讲评者可以运用身体语言来强化讲评效果。比如，注意表情要自然、坦诚，拉近与罪犯的距离，让罪犯接受本次事件的教训。同时也施以威严，可以适当运用手势语言来更好地表达讲评内容，以求达到最佳讲评效果。

学以致用

某监狱二监区两名罪犯在车间习艺劳动期间，因琐事发生争吵，继而互相殴打，幸被值班监狱民警毛某及时阻止，未造成严重后果。为防止类似现象再次发生，监区监狱民警在习艺劳动结束后，准备对全体罪犯做一次"遵守所规队纪，维持场所秩序"的讲评。

问题：请思考作为监狱值班民警，如何运用技巧更好地完成此次讲评教育？

要点提示：调查了解两名罪犯的情况，对整个事件中谁对谁错做到心中有数；宣布处理决定要以组织的名义；讲评时语气该严厉时要严厉，该温和时要温和；既要讲到打架行为的违规违纪性质，又要让罪犯承担打架后果。

表2-3-2 模拟训练讲评教育的考核标准

考评项目	要求	项目分值	得分
警容仪态 （15分）	着装、礼仪规范	5分	
	是否有恰当的表情手势	10分	
语言表达 （40分）	语音是否清晰	5分	
	语句是否流畅	5分	
	语速是否适中	5分	
	语言表达是否准确	15分	
	是否使用普通话	10分	
讲话内容 （40分）	概括性内容是否完整	10分	
	讲话内容是否简洁	10分	
	激励斗志性语言是否充分	10分	
	层次是否分明	10分	
时间控制（5分）	控制在5分钟内	5分	
总分		100分	

 拓展学习

队前讲评之讲话艺术

队前讲评常常遇上这样的尴尬：我们一些警察同志说得天花乱坠，最后还是收效甚微，罪犯该做的还是不愿意去做，不该做的仍然有人在做。更有个别警察同志队前的讲评，被罪犯们认为是"不知所云"或是"大声而空洞"，那教育效果可想而知。

简明精准的队前讲评，能将教育改造的思想灌输给罪犯，能引起罪犯的共鸣，能让罪犯轻松愉快地接受并付诸行动。队前讲评缺乏讲话艺术，不仅会使讲评不知所云和枯燥无味，还会使我们的工作事倍功半。那么，队前讲评应注意些什么？我认为要做好以下几点：

第一，讲评要有目的性。部分警察同志把队前讲评当作是一项被动的任务来完成，当班时遇上什么问题或是发现什么情况就说什么，或是干脆随便讲讲。没有认真去分析问题和准备讲话内容。这种缺乏目的性的讲评，时间长，次数一多，效果肯定不好，罪犯的反应肯定不佳。讲评的目的性一定要强。比如，这次讲评的原因是什么；要达到什么样的效果；自己的讲评能否给罪犯们提供清晰的讯息；能否引起他们的共鸣。

第二，要准确全面地了解讲评的内容。我们常说："没有调查，没有发言权。"这句话的意思其实是不了解情况就不要发表个人见解、妄下结论。比如说，你这次讲评的内容是罪犯们十分关注的《计分考核罪犯细则》的相关内容，那么你首先得全面准确地去解读这方面的内容，并就罪犯们可能临场提出的问题做好充分的答疑准备。这样你的讲话才能有的放矢，讲评才会思路清晰、自信、准确和有说服力。

第三，要注意讲话的语调和语速。上面我们说到讲评中的"不知所云"，很多情况就是由于讲评过程中讲话的语调和语速存在问题引起的。比如，语速过快、语调过高、声音时高时低、口头禅多等。好的讲评要注重声调高低、语速急缓、重点词语的轻重强调等。只有做到这些，罪犯们才能听得清楚、听得有味，才能产生共鸣。有个别警察同志还错误地认为，大声对罪犯"吆喝"就会有效果，其实讲评的目的就是把该强调的重点明确地表达出来，有时候我们轻松自如地说话，也能把重点强调出来，或者心平气和地说话，也一样能给罪犯以震慑。

第四，要适当使用肢体语言。合理使用肢体语言可以增强自信，还可以增加说服力，比如得体的站姿、有力的手势、适当的讲话距离和犀利的目光等。反之，讲评时动作粗鲁、坐姿站姿随意、经常走动摇摆，不单影响讲评的效果，还有损警察形象。

第五，讲评要言而有信。队前讲评假如不考虑后果，信口开河，夸夸其谈必将适得其反。为达到教育管理好罪犯或是激励罪犯积极改造的热情等目的，不少警察同志在队前讲评时对罪犯轻许承诺，过后又不兑现或不及时兑现承诺，这往往会影响到罪犯的改造积极性，适得其反。该说则说，不该说则不说，说了就要算数，这样才能更好地将工作开展好。

第六，队前讲评切忌只说短处。不少警察同志看到的都是罪犯的短处与不足，罪犯出现违规违纪现象或是遇到问题，我们警察同志应该引导解决、妥善处理，而不是先在队前来个"下马威"。当罪犯在改造中取得进步或是良好成绩时，还应该给予肯定和鼓励，并将这种正能量传递给广大罪犯。赏罚分明、批评与表扬相结合，才能为罪犯营造出一个和谐的改造氛围。

队前讲评是强化监狱警察队伍管理水平，提升监狱警察业务能力的重要手段，也是进一步落实岗位练兵的实时需要。基层监狱警察应该多练习、多思考、多总结，熟练掌握这一岗位技能，为开展好教育改造罪犯工作打下坚实的基础。

（来源：贵州省人民政府官网）

任务 13　组织实施

学习目标

掌握讲评教育的组织形式和具体实施的过程；能够根据不同的讲评形式，组织开展不同的讲评教育。

案例导入

某监狱持续开展"水文化进监区"主题活动。整个监狱通过具有"水文化"寓意的主题竹刻、山水油画、"大禹治水"浮雕等，对活动主题进行了诠释。监舍墙壁上悬挂着三峡、小浪底、葛洲坝等大型水利工程油画，走廊横梁上张贴着水滴石穿、锲而不舍、海纳百川等成语的篆书作品。监区还组织监狱民警进行责任分工，对监舍进行设计和布置。整个活动创意的设计制作均由监狱民警指导、罪犯手工打造，不仅阐释了中国传统文化对"水"的理解，也充分体现了服刑人员心灵手巧、热爱生活、积极改造的良好精神状态。

同时，罪犯还自编自导自演了轻型歌舞剧《抗战中国》，结合合唱、史诗朗诵、秧歌、二人转表演等多种艺术形式，达到较好的舞台效果，赢得阵阵掌声。《抗战中国》歌舞剧和"水文化进监区"主题活动，是该监狱打造监区文化新品牌的一次探索和创新。通过开展一系列充满正能量的监狱文化活动，不仅为罪犯展现自我搭建崭新平台，也有助于发扬文化引导人、感染人、塑造人的独特魅力，在潜移默化中提升教育改造工作质量。

问题：如何针对上述活动开展一次专题会议讲评教育活动？

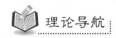 理论导航

一、组织实施分类

讲评教育根据讲评形式的不同可以分为会议讲评和现场讲评，两者在组织实施的过程中有所不同，因此讲评教育的组织实施也就分为了会议讲评组织实施和现场讲评组织实施两种，两者的组织形式也不尽相同。

二、现场讲评教育的组织实施

现场讲评主要采用队前讲评的方式，由带队监狱民警组织。其基本程序较为简单明了，主要包括由带队监狱民警整队，清点罪犯人数，实施讲评和将罪犯队伍带回几个环节。监狱干警应当注意警容风纪和周边环境等因素。

三、会议讲评教育的组织实施

会议讲评教育是指主要由值班监狱民警主持，监区、分监区领导或其他监狱民警实施的有计划、有组织的教育形式。

（一）会议讲评教育前的准备

1. 讲评者根据讲评的性质、目的、意义确定讲评教育的主题。
2. 讲评者根据讲评教育的主题撰写讲评提纲。
3. 讲评者根据讲评教育的提纲，添加讲评内容，进而确定讲评稿。
4. 确定讲评的时间、地点、参加人员。
5. 由讲评者或者其他监狱干警通知参加讲评人员的时间、地点。
6. 准备讲评场地。

（二）会议讲评的实施

1. 将受教育罪犯带至讲评会场，清点人数，强调会场纪律。
2. 主持人宣布讲评教育开始，讲评者完成讲评教育。
3. 主持人对讲评教育会场情况进行小结，值班监狱民警将罪犯带回。

（三）后期反馈

会议讲评结束后，可以组织罪犯分组讨论讲评教育收获，增强教育成效。

工作流程

一、会议讲评教育前的准备

（一）讲评者准备

首先，确定主题。讲评者根据监狱开展讲评的性质、目的、意义确定本次讲评教育的主题，即"弘扬中华传统文化，认罪服法安心改造"。其次，撰写提纲。按照讲评的主题有条理地确定讲评顺序。最后，按照讲评提纲填充讲评内容，完成讲评稿。

（二）会议准备

1. 确定本次教育讲评的具体时间，讲评地点在监狱礼堂，参加讲评教育人员为全体管教干警和全监罪犯。

2. 由讲评者或者其他监狱干警向参加讲评人员通知具体时间、地点和要求。

3. 准备讲评教育场地，包括打扫场地卫生，准备会场席签，检查会场水、电情况，可以运用音响、标语等设施来加强讲评效果，增强现场氛围。

二、会议讲评的实施

（一）实施过程

1. 值班监狱民警将受教育罪犯带至讲评会场，清点人数，强调会场纪律。组织过程中，带队监狱民警应当注意自己的警容、警姿，检查罪犯着装。

2. 主持人宣布讲评教育开始，讲评者按照讲评教育主题"弘扬中华传统文化，认罪服法安心改造"的要求，根据事先准备的讲评稿完成讲评教育，在讲评实施过程中也可以根据罪犯的反应情况适当变动讲评内容。

3. 主持人对讲评教育会场情况进行小结，值班监狱民警将罪犯带回。

（二）后期反馈

会议讲评结束后，各监区组织罪犯分组讨论讲评教育收获，强化讲评教育成效。

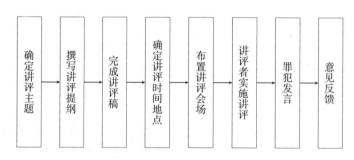

图 2-3-2　讲评教育流程图

 学以致用

某监区罪犯在车间劳动过程中，两名罪犯因违规操作，损坏了劳动工具，影响了生产定额的完成。为防止类似现象再次发生，监狱民警小李当即对监区全体罪犯做了"爱护生产工具，遵守操作规程"的讲评。

问题：请你作"爱护生产工具，遵守操作规程"讲评。

要点提示：讲评主要采用队前讲评的方式，由带队监狱民警组织。其基本程序较为简单明了，主要包括由带队监狱民警整队、清点罪犯人数、实施讲评和将罪犯队伍带回几个环节。组织过程中，带队监狱民警应当注意自己的警容、警姿，选择适宜的现场讲评地点，背景要安静，避免无关刺激物分散罪犯的注意力；同时带队监狱民警要注意自己在队前站立的位置，必须能看见每一个罪犯的表情，保证每个罪犯都能听到自己的声音。

 拓展学习

九成分局"三曲"联弹提升讲评教育能力

1. 弹好培训"前奏曲"。落实"双导师制"，采取以师带徒、现场观摩、技能竞赛等方式，指导青年民警做好讲评工作，增强讲评教育的感染力和说服力。紧贴工作实际，运用电教直播系统、视频会议系统等信息化手段，有针对性地分享讲评教育中的成功经验和典型做法，提高民警教育能力水平。

2. 弹好实战"进行曲"。固定讲评时间，严格落实"日讲评每晚讲评 8 分钟，周讲评、月讲评、季度讲评、专项讲评固定在学习日"的相关要求。加强爱国主义宣传教育讲评、传统文化讲评、国家政策解读讲评，深入开展家庭家风建设讲评。总结成功经验，开展讲评教育讲稿写作评比活动，在实战、实用、实效中提升民警讲评教育能力。

3. 弹好考核"协奏曲"。每周开展视频督察通报，进行日讲评、周讲评等数据统计。建立健全民警讲评教育督查考核机制，从执勤大平台随机抽取讲评录音进行复听，按季度常态化组织开展基层民警讲评教育评比活动，对优胜个人进行表彰，并将考核结果与监区考核、民警个人考核紧密挂钩，作为评先评优的重要依据。

（来源：安徽省监狱管理局官网）

项目四

课堂教育

图 2-4-1　"三课"教育的主要形式〔1〕

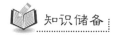 知识储备

一、课堂教育的特点

课堂教育是指针对罪犯的思想、文化、技术等方面，由授课人员以课堂面授的形式，按照教学计划、教学大纲规定的内容和时间来对罪犯实施的正规教育，通称为"三课教育"，这也是我国监狱创办特殊学校以来开展罪犯教育的主要方式。课堂化教育是对罪犯进行基础教育的一种主要方式，具有以下几个特点：

1. 集体性。课堂教育是针对罪犯群体，是以解决共性问题为目的的按班级进行的教育活动，与个别教育侧重解决罪犯个人的特殊情况（入监初期不适应、家庭发生变故、与其他罪犯发生矛盾、受到奖惩）不同，课堂教育重在解决罪犯当中存在的普遍性矛盾。例如，罪犯对国家现行或修改的法律、法规、政策的认识，对罪行的认识，对刑罚的看法，对监禁环境的心理反应等，要解决这些问题，就需要把他们集中起来，采取讲授、集体讨论等方式进行教育。同班级的罪犯学习程度相近，在学习中遇到的困难与问题也有趋同性，监狱民警及时适当的指导有利于罪犯相互促进和提高。

---

〔1〕　图片来源于 http://xnjy.yn.gov.cn/，访问时间：2024 年 2 月 28 日。

2. 系统性。课堂教育是由监狱民警根据统一教学计划和教材对全体罪犯进行教育的活动，管理严格、规范，学习效率较高。监狱民警与罪犯之间、罪犯相互之间有着充分的交流。同时随着多媒体教具及远程教育的广泛应用，罪犯已经可以通过网络平台无障碍、不受限地进行自主学习。

3. 强制性。《监狱法》规定，将罪犯教育改造视为一种强制性的义务，受教育只是改造的手段。也就是说"罪犯教育改造"与《中华人民共和国宪法》（以下简称《宪法》）规定的公民受教育权一样，都是兼具权利义务性质的，不得将罪犯排除在公民之外，他们同样享有《宪法》赋予的教育权。但是，罪犯由于违反了刑事法律，受到法律制裁，接受"教育刑"是理所当然的。如果罪犯拒绝接受教育，就要受到法律的制裁，因此，课堂教育具有强制性的特点。

二、课堂教育的主要方法

1. 讲述法。讲述法是监狱民警用口头语言直接向罪犯描绘事例、论证事理的一种传授知识的基本方法。它通过监狱民警的叙述和说明方式达到教学目的，是传统的教学方法，也是广为采用的方法之一。讲述法是最通用、最简便，而且在时间上也是最快捷的教学法。监狱民警运用这种方法，向罪犯讲述故事，讲解教材，使罪犯明白道理。

2. 演示法。演示法是监狱民警通过展示各种实物、教具进行示范性实验，或通过现代化教学手段，使罪犯获取知识的教学方法。随着自然科学和现代技术的发展，演示手段和种类日益繁多。根据演示材料的不同，可分为实物、标本、模型的演示；图片、照片、图画、图表、地图的演示；幻灯片、录像、录音、教学电影的演示；等等。演示法常配合讲授法、谈话法一起使用，它对提高罪犯的学习兴趣，发展观察能力和抽象思维能力，减少学习中的困难有重要作用。

3. 提问法。提问法是对拟改进的事物进行分析、展开、综合，以明确问题的性质、程度、目的、理由、场所、责任等项目，从而基于问题的明确化来缩小需要探索和创新的范围。提出疑问对于发现问题和解决问题是极其重要的。创造力高的人，都具有善于提问题的能力，提出一个好问题，就意味着问题解决了一半。提问题有技巧，有些问题可以发挥人的想象力，相反，有些问题提出来，反而会挫伤罪犯的想象力和积极性。因此要以提问的方法寻找创新的途径，同时注意多变换思维方式，克服提问的局限性。

4. 讨论法。讨论法是授课干警组织和引导罪犯，通过全班或分组形式就某一问题发表自己的看法、交换意见、相互学习的方法。讨论法有助于发挥罪犯的主观能动性，有利于激发罪犯的学习兴趣。与讲授法不同，讨论法是一种多向的交流过程，因而有利于罪犯在学习某一部分内容之后发表自己的认识、看法，可以使罪犯之间相互启发，提高理解能力、认识水平，培养罪犯对问题的独立思考能力和口头语言表达能力。由于讨论法是罪犯之间一种相互交流的过程，因而也有利于建立罪犯的自信，并且能帮助他们较快地摆脱以自我为中心的立场。

5. 读书指导法。读书指导法是指监狱民警指导罪犯通过阅读教科书、参考书和课外读物获取知识，培养独立阅读能力的教学方法。其基本要求如下：

（1）指导罪犯掌握阅读教科书的科学方法。教科书是经过逻辑化、系统化处理的知识系统，是罪犯获得知识的一个主要来源。监狱民警应指导罪犯做好课前预习和课后复习，指导罪犯阅读教材时提出问题，找出重点、难点，并试图去解决这些问题。

（2）指导罪犯阅读课外书籍。首先，要指导罪犯有计划地选择课外书籍；其次，要指导罪犯掌握良好的读书方法，引导罪犯把读书与观察、思考结合起来。

（3）指导罪犯做好各种形式的读书笔记。坚持勤写读书笔记，不仅可以保存资料，而且还能使知识在自己头脑中系统化，也有利于书面表达能力的培养。

三、课堂教育的构成要素

1. 主体。根据相关的教学理论，在教学活动中，罪犯应居于主体地位，监狱民警居于主导地位。简单来说，在教学过程中，罪犯的主体地位是指罪犯是教学活动的中心。监狱民警、教材、教学设施和一切教学手段都应为罪犯的"学"而服务。罪犯的主体地位应有内、外两层含义：从内来讲，是指罪犯处于主动、积极和健康的心理状态；从外来讲，是指罪犯处于教学活动的中心。

罪犯在教学活动中居于主体地位，是整个教学活动的中心，但并不是说监狱民警可有可无。事实上，监狱民警是全部教学活动的组织者，是罪犯的主体地位得以实现的外因。如果把课堂教学看成一台戏的话，罪犯就是演员，监狱民警就是导演。离开了演员，戏当然也就演不成了；如果没导演，演员就随心所欲，为所欲为，那么这台戏也就一片混乱。只有处理好导演和演员的关系，才能确保罪犯的主体地位的实现。

2. 客体。既然课堂上的主体是罪犯，那么课堂教育的客体就是指监狱民警所讲授的课程。罪犯教育的课程包括以下几种：

（1）罪犯教育国家课程是由司法部编写和审定的课程，它体现了国家对罪犯教育的基本要求，旨在保证罪犯教育目标的实现和罪犯教育质量，在罪犯教育课程体系中占主要地位，管理权限属于司法部。

（2）罪犯教育地方课程主要是由地方司法行政部门组织编写的，与当地实际有密切联系的课程。有利于补充国家课程的不足，有利于罪犯个性的发展，管理权限属于地方司法行政部门。

（3）监狱课程主要是监狱根据国家和地方的规定以及本监狱的情况而开设的罪犯教育课程，宗旨是促进监狱的发展，有利于罪犯更好地成长，管理权限属于监狱。

3. 内容。内容主要包括：对新入监罪犯的教育；对罪犯的法律常识和认罪悔罪教育；对罪犯的公民道德和时事政治教育；对罪犯的文化教育；对罪犯的劳动和职业技术教育；对罪犯的心理健康教育；对即将出监罪犯的教育。

任务14　备　课

 学习目标

了解并掌握教学准备的相关要求，培养教学设计的能力。

案例导入

某监狱分监区部分罪犯对新的减刑规定的议论较多，特别是刑期长的暴力罪犯，改造情绪波动较大，认为新规定加大了对他们的处罚力度，因此不公平，他们感到前途无望；涉黑罪犯对于政治事件议论较大，情绪亢奋且波动性较大，认为法院对自己的量刑和判刑都有问题，有较强的申诉愿望。

问题：请思考对该监区罪犯应该如何开展相应的课堂教育？

 理论导航

一、课堂教育的目标

明确目标是首要任务，通常一次课的教学目标是根据课程的总体目标和本节课的教育内容而确定的。制定出具体明确又切实可行的教育目标主要需要认真研

究教材的大纲、教科书以及阅读相关参考资料。要求监狱民警必须做到心中有数，明确任务——通过这一次课希望罪犯掌握哪些知识，增长什么能力，具备什么素质。

二、课堂教育的结构

一般的课堂结构为：课前5分钟由罪犯预习要学习的内容，找出问题和兴趣点；讲授本课内容，指导罪犯带着问题学习；分小组进行讨论，并将观点进行汇总；班级讨论，针对不同观点进行思考；监狱民警组织归纳整理思路，引导罪犯自行总结方法技巧；布置作业。

三、课堂教育的基本要求

为确保教学秩序，对罪犯和监狱民警都有相应的要求，要求监狱民警注意文明用语，不得挖苦讽刺罪犯，侮辱罪犯人格；监狱民警对不熟悉的内容不能盲目回应相关问题以免误导罪犯；授课过程中不能放松警惕以防发生安全事故。

📝 工作流程

一、熟悉罪犯基本情况，确定教育目标

为了提升教学效果，增强教学针对性，监狱民警应当全面深入了解罪犯的基本情况。比如他们的犯罪情况、知识基础、学习态度、个性特点乃至家庭状况。

在了解全班罪犯的基础上，还应当以个体的学习状态，根据不同的受教育程度和学习素质对其进行分类。找到长刑期罪犯、涉黑罪犯中的代表，通过对这些代表的学习方法和学习状态进行分析和指导，来提高全班罪犯的学习质量。同时还可以利用这类代表在罪犯中的威信和亲和力，组织他们来辅助教学工作。

二、收集、阅读相关资料，做到有备而来

多数罪犯文化基础薄弱，接受能力较弱，而课堂教育所用教材由于受篇幅限制，很多内容只能简单罗列结论性事实，没有深入阐述，部分罪犯学习起来难度较大，很难做到完全理解其中内容。监狱民警应广泛阅读文献材料、时事政策，同时有条件地选择有关专著进行深入学习，这样才能在授课时做到深入浅出，引人入胜。在对政治事件进行分析时要增强敏锐性，注重对罪犯的正面引导工作。

三、明确教学步骤，提高罪犯学习能力

以现实案例为引导，提出问题，引发罪犯思考，组织罪犯带着问题开始学习基础知识；监狱民警提出基本要求并对重点难点问题进行深入讲解；组织罪犯通过小组讨论、独立思考等方式对导入案例进行分析和判断；监狱民警组织代表发言，并对发言进行鼓励式引导、总结。使不了解减刑政策的罪犯真正理解并掌握减刑政策调整后的新内容，提出类似问题进行练习，并对学习方法进行总结，再进行随堂测验来检查知识掌握情况。

 学以致用

包工头孙某负责的工地上有 2 名民工偷窃脚手架扣件，被工地保安李某抓获，由于工地上的材料经常被偷窃，孙某让保安李某将两人关起来，并交待要好好审问他们，另安排多人进行看管，希望能问出更多参与偷东西的人。直到第二天，2 名民工也没有交代出其他同伙，为对其他民工起到警示作用，孙某让人用鞋带捆住他们的手，将他们偷来的扣件挂在脖子上，拉至工地门口示众，被闻讯赶来的民警制止。至此，2 名具有盗窃行为的被害人已被非法拘禁 27 小时。当孙某和李某被带至公安局时，他们显得一脸无辜，浑然不觉自己已经触犯了《刑法》，还振振有词地表示自己是在惩罚罪犯。

问题：以"什么是犯罪"为题写出教案。

要点提示：了解授课对象的文化水平，讲解犯罪的含义、特征，犯罪构成和刑事责任的内容，假想非罪也构成犯罪，需追究刑事责任。

 拓展学习

春风化雨、润物无声的"特殊园丁"

女子监狱民警讲师团已走过 12 个年头，这些"特殊园丁"，活跃在监狱教育改造的舞台上，用春风化雨、润物无声的教育方式，助力服刑人员改过自新。同时，她们也在一次次选题、备课、讲课、课评及交流研讨中，逐步形成自己的授课风格和模式，收获了成长。教师节来临之际，让我们听听她们讲述"特殊园丁"的成长体会……

一、理论联系实际，实践出真知

课堂教育是监狱教育工作的重要组成部分，它与主管警官的日常教育相辅相

成、不可分割。比如普法课程要结合犯罪动机、对犯罪的认识以及狱内改造实际，联系日常改造中遇到的问题，进行深入浅出的指导，才能更好地发挥大课教育的作用，引导服刑人员认罪悔罪、认真改造。

二、至简方能触动初心

在准备课件时往往需要大量素材，这让民警在生活中成了一个有心人，注意积累相关素材。这些积累让民警在授课的过程中更有底气，不断提高自己的授课水平。

三、以情动人，以理服人

《食物的故事，家的味道》是监狱开设的一堂公民道德课程，将中华传统文化和女子监狱母亲文化相结合，以讲故事的形式完成了这堂大课。很多服刑罪犯上完课后，想起了家的温暖，想到了生活的美好。

四、打开心扉，主动接受

心理教育课程，注重服刑罪犯的心理变化，通过教学环节的节奏规律变化，调动服刑罪犯的积极性与专注力，确保授课效果。民警在教学过程中，既要立足于课本，又跳出课本，扩展课堂教学的广度与深度，这就要求民警既要精心提炼核心知识点，还要综合运用 PPT、视频资料、历史典故、人物介绍等教学方法，对课本内容进行有效拓展。

(来源：上海市监狱管理局)

任务 15 讲 课

学习目标

理解课堂教育的基本要求，掌握授课技巧的内容；能够运用课堂教育的相关知识，开展课堂教育。

案例导入

某监区罪犯刘某，男，34 岁，因盗窃罪被判入狱服刑，妻子在其被捕后即离家出走，家中只有年迈且无生活来源的母亲和年幼的孩子无人照顾，入狱后刘某十分自责内疚，一直想要给家人写一封信。然而刘某由于受自身文化水平的限制，书面表达能力较差，写出的内容词不达意，啰嗦冗长。

问题：请思考对该犯进行授课时要注意哪些方面？

理论导航

在当今形势下，对罪犯进行课堂教育的内容、方式方法都面临着许多新的问题、新的挑战，在对罪犯进行文化教育和思想教育的过程中，如果仍然沿用过去那种说教、讲大道理的方式，已经很难达到使罪犯学习文化和转变思想的目的，显然已经不能适应形势的需要。所以每位进行课堂教育的民警在上课的过程中，应该根据不同情况进行教学，注重解决罪犯关心的热点问题，把握好切入点，做到以情感人，让教育入脑入心，只有这样才能达到教育人、改造人、塑造人的目的，让课堂教育的成效真正落到实处，提高罪犯改造质量。

一、基本要求

（一）讲清楚

讲课，首先要做到讲清楚，这是保证教学质量的最低条件。讲清楚的标准，是指每堂课的讲授内容要独立完整，重点问题要突出鲜明，层次要清晰分明。为此，要精心设计每一堂课，保持教学内容的相对独立性并能够和前后紧密衔接；每堂课重点解决一个问题，不要贪求面面俱到，使罪犯觉得思路清晰，易于接受，既知道是什么，又知道为什么。切忌东拉西扯、颠三倒四；语速要快慢适度、发音要准确。为防止讲课过急，课前须准备充分，恰当安排内容，把讲稿装在脑子里。授课时不要忙于赶进度，特别是讲到需要罪犯深刻理解和牢固掌握的地方时，一定要声音重一些，速度慢一些。每一句话之间有一定的间隙，必要时还要重复一遍，或者以板书、多媒体课件作为辅助。

（二）讲准确

讲准确，就是教学内容力求正确无误。首先自己要真正悟懂，并写出正确的教案，切忌含糊不清，敷衍了事。讲授应按照课前的准备进行，防止因信口开河而"越轨"。语言应斩钉截铁，切忌模棱两可，对不十分明确的问题宁可不讲，也绝不含糊其词。同时，还要注意板书、多媒体课件的正确配合。课后如发现讲错，要大胆承认，并加以改正。

（三）讲透彻

所谓讲透彻，就是要将道理讲得使罪犯在脑海中有形象感、真实感，学了以后能举一反三，运用自如。为了讲透彻，监狱民警可采取两个办法：一是分析案例，使抽象的理论具体化。二是反复强调。对某些问题，罪犯不可能一下子全部弄懂，因而监狱民警应从课程任务、教材特点和罪犯实际出发，依据教学目的和课程标准循序渐进，逐步深入。

（四）讲精练

讲精练，即讲授内容要精、语言要精。一方面，监狱民警要熟悉教材，精选讲课内容，突出重点、难点。同时，要在讲稿上下功夫，力求写得精练实在；另一方面，要养成语言精练的习惯，不当"啰嗦先生"。

（五）讲生动

讲课能否打动罪犯，抓住罪犯，使其听得有味有趣，对教学质量的高低有着重要影响。如果讲课时语言平淡而缺乏风趣，用词干瘪而不丰富，声调平直而无节奏，就不会收到好的效果。想要讲生动，一是要做到举例贴切自然，尽量与罪犯日常生活结合起来。比如，在不同班（组）讲课时，使用与其班组相关的例子，其效果就会好一些。这样罪犯听起来感到亲切，注意力自然也就集中了。二是表达要富有情趣，善于使用一些成语、俗语等妙趣横生的语言，使罪犯的思路随着监狱民警的讲解步步深入，如临其境，如见其人，如闻其声，引人入胜。三是表达要有节奏感和韵律感。音量要适中，太小易使罪犯精力涣散，太高又破坏声音和谐。语调要抑扬顿挫，高低相间，错落有致。四是声（声音）、色（表情）、姿（姿势）、情（情绪）紧密配合。

二、授课技巧

监狱民警上课时，既要防止照本宣科，不贴近社会生活、不贴近罪犯思想动态和改造生活。又要防止颐指气使，盛气凌人，语气生硬，为避免出现以上情况，需要注意以下几点技巧：

（一）语言技巧

监狱民警讲课的语言应清楚流畅、精炼朴实、通俗易懂、幽默风趣，优秀的监狱民警的语言应具备"六性"：

1. 叙事说理，条理清楚，言之有据，全面周密，具有逻辑性。
2. 描人状物，有声有色，情景逼真，细腻动人，具有形象性。
3. 感化渗透，情真意切，真挚感人，深入灵魂，具有感染性。
4. 借助手势，穿插事例，比喻新颖，生动有趣，富有趣味性。

5. 发音准确，吐字清晰，措辞恰当，寓意贴切，富有精确性。

6. 举一反三，弦外有音，留有余地，循循善诱，富有启发性。

因此，要求每一位监狱民警都要具备一定的语言修养，在讲课时最好培养出自己的风格。

（二）语调语速的技巧

监狱民警，讲课的语调要抑扬顿挫、绘声绘色。对重点内容、公式、定理应加重语气，这样能集中罪犯的注意力，调动罪犯的学习积极性。语速要适中，如语速太快，罪犯反应不及，难以消化，从而抑制罪犯的积极思维，产生消极影响。总之，监狱民警语速要始终与罪犯的思维协调合拍。

（三）总结反思的技巧

一堂课并不是讲完就算了，要把课上的内容做一个整理，除了作为日后的参考，也可提供给别人分享，具体有以下几个方面：

1. 反思教案：编写教案的过程中，需要做深层次的思考。授课之后，对不足之处和意外的收获都要进行详细记录并进行深入反思，总结、积累经验教训，同时也可以帮助自己形成独特的讲课风格。

2. 收集信息：对自己周边的事情多加留意，举生活中的例子最能贴近罪犯的实际生活，多方收集相关的信息，也会不断充实讲课内容，而不会每次讲的内容都一样。

（四）课堂互动的技巧

重点需要在"注意力""兴趣""教态"这三个方面下功夫。

1. 注意力。监狱民警要上好课，关键是要抓住罪犯的注意力。

（1）在开始讲课以前，要花几分钟时间让罪犯静下心来。开始讲课时，可以先讲几句无关紧要的提示性话语，向罪犯示意你已开始讲课了。如果一开始就讲重要问题，罪犯很可能因注意力不集中而产生遗漏。

（2）尽量让罪犯知道你的讲课内容、讲课时间，以及所讲内容跟罪犯的关系。可以先提示一下讲课要点，这样罪犯即使遗漏了某一点，思路也能跟上讲课进度。

（3）用一个故事、一个例子引入课程内容，可以吸引罪犯的注意力。监狱民警应当寻找这类材料作为课程内容的开头。但是光靠这几点去吸引罪犯的注意力是不够的。要在整整一堂课中都能使罪犯全神贯注地听讲，还得考虑到其他方面，比如兴趣。

2. 兴趣。兴趣是最好的老师，提升罪犯对授课内容的兴趣对于罪犯更好地掌握相关知识和技能有着重要作用。

（1）要使讲课材料适应罪犯的情况。讲课前监狱民警要对罪犯的情况做一番分析，使所讲的内容能引起罪犯的兴趣，并使他能够理解，不要讲过于深奥的、罪犯不能理解的东西。如果一次性将需要掌握的全部知识灌输给罪犯，会增大罪犯的理解难度。

（2）最好把讲课内容中的要点讲深讲透，但不要把所有的问题都讲得很细。讲课内容集中，罪犯才感兴趣，切忌贪多贪全。

（3）采用多种讲课方式方法激发罪犯的兴趣。大部分监狱民警都知道，对于一连串的数据、冗长的历史轶事或事实，罪犯听起来很不容易集中注意力，如果监狱民警尽量收集一些生动的案例、视频、图片、图表，运用PPT、投影仪等电子设备，则会收到很好的效果。

3. 教态。教态是指讲课时的仪态，动作要自然，不做作，要落落大方。通过得体的教态，可以使罪犯集中注意力、提高学习兴趣。反过来又会促进监狱民警实现自己把课讲好的愿望。

工作流程

讲课过程一般包括引入新课，探索新知，新知巩固，课堂总结，布置作业等环节。

1. 引入新课。此处重点是要引起罪犯的学习欲望。常见的引入新课的方式有以下几种：①开门见山引入法：直接点出要学习的内容，比如"今天我们来学习书信的写作方法"；②复习引入法：用已经学习过的相关知识引入新课，比如"上一节课中，我们已经学习了怎样写一份思想汇报，我们一起来温习它的主要内容……那么这节课我们来学习如何给家人写一封格式正确，句子通顺，能够准确表达自己情感的信件……"；③提问、质疑、设置悬念引入法：通过提出一个或两个罪犯比较感兴趣的问题，激发罪犯的兴趣，让罪犯自己去思考，自己有兴趣继续听课。比如"提问，如果你是刘某的舍友，该怎样帮助他给家人写出一封情真意切、言辞得体的信件"。

2. 探索新知。也就是用适当的方法讲解本节课所要学习的知识，在讲解新知识的过程中要注意：①知识点要层层递进，由易到难；②重、难点一定要精讲，具体的格式，不同人的称谓方式，以及如何运用得体的语言正确表达情感都要展开来详细讲解，而且最好附带随堂练习，反复练习才能强化罪犯对书信格式的记忆；③一定要与罪犯进行持续的互动，也可以专门设计一些环节；④语言的使用要准确、简洁，声调要有高有低，让课堂不至于太过平淡，同时适时地高音或沉默，可以有效地集中罪犯的注意力，制作幻灯片（PPT）则可以使罪犯对相关内容有直观的认识。针对刘某文化水平低、写信词不达意的问题，可以鼓励刘某先多练习口头表达，再通过扩充词汇量，学习表达技巧进而提高书面表达能力，并对刘某写出的冗余内容进行修改。

3. 新知巩固。用一些题目来让罪犯学会运用新学习到的知识，选取一些合适的题目，由易到难，层层递进，最好一些是课本上的例题，另外一些是参考书上的或者是课后习题中比较难或者比较典型的题目。例如，假设一种情境，要求刘某给监狱民警或其他帮助过自己的亲友写一封信。

4. 课堂总结。可用板书或 PPT 的形式梳理本节课所学知识点，巩固新的知识点，同时也让罪犯刘某回顾本节课学习了哪些内容。

表 2-4-1 书信格式表

部分	位置	写作要点
称呼	第一行顶格，后加冒号	表示尊敬、亲切，可在称谓前加上"尊敬的"或"亲爱的"等词。这据写信人与收信人的关系的亲疏远近而定。
问候语	自成一段，空两格写在称呼的下一行	运用礼貌语言，使收信人感到亲切，受到尊敬。如"你好""您好"等，或围绕来信写一段话。对长者多问候身体，对中年人多问候事业和家庭，对青年人多问候爱情和学业，对少年儿童多祝愿健康成长。
正文	问候语后另起一行，空两格	一般一事一段，注意要分层次叙述清楚，简洁清晰，语言要求准确通俗，明白如话，不要做过多修饰，以免对方难于理解。
致敬语	分两行，正文的下一行空两格处写"此致"，另起一行顶格写"敬礼"	因人而异。如常用致敬语有"此致敬礼""祝进步"等。如给长者的信往往写"祝您健康长寿"，给朋友写"祝工作顺利"，给晚辈写"祝你学习进步"。

续表

部分	位　置	写作要点
署名	致敬语的右下方	根据写信人与收信人的关系，在姓名前可表明身份，如"学生××""儿××"等。
日期	署名的下一行	×月×日（×年×月×日）

5. 布置作业。合理布置作业可以检验罪犯的学习效果，加深他们对知识的理解和记忆，提高思维能力。每节课的课堂作业都要围绕教学目标，紧扣教学重点和难点，既有对基础知识的训练，又有适度提升的习题，既重视联系生活实际，又重视层次性和综合性，由浅入深地引导罪犯深化对一节课所学内容的理解和应用。

 学以致用

有关不作为犯罪的材料

一、不作为犯罪的成立条件

1. 行为人负有实施特定积极行为的法律性质的义务（作为义务）。在一个儿童不慎落入水中的情况下，岸边任何人的有效救助行为都可以使该儿童幸免于难。在此意义上，任何人的不救助都是该儿童死亡的原因。但是，如果认定岸边任何没有救助的人都成立故意杀人罪，则明显不当扩大了处罚范围。只有那些在法律上应当保证死亡结果不发生的人的不救助行为，才值得作为犯罪处罚。

2. 行为人能够履行特定义务。法律规范与法律秩序只是要求能够履行义务的人履行义务，而不会强求不能履行义务的人履行义务。

3. 行为人不履行特定义务，造成或可能造成危害结果。不作为的核心是行为人没有履行义务，行为人在此期间实施的其他行为，并非不作为的内容，也不影响不作为的成立。

二、不作为犯罪的义务来源

之所以要求行为人对其身体相对静止的消极、无为状态承担刑事责任，关键就在于行为人此时负有积极实施特定行为的义务，应为能为而不为，即违反了作为义务。根据我国刑法学基本理论，不作为犯罪的作为义务来源主要有以下几种：

1. 法律明文规定的积极作为义务。法律明文规定的义务必须是具体的义务，宪法中所规定的义务属于一般性的抽象义务，有待于各具体法律法规的确认和细化，一般不适合直接作为不作为犯罪的义务前提。

2. 职业或者业务要求的作为义务。行为人只有在具有职业或者业务身份的情况下，才具有相关的作为义务。也就是说，只有在这种情况下行为人才能构成刑法上的不作为犯罪。

3. 法律行为引起的积极作为义务。法律行为如合同行为等，只有在合同一方当事人因不履行合同所规定的义务给刑法所保护的社会关系造成严重侵害的情况下，这一作为义务才能构成不作为犯罪的作为义务。

4. 先行行为引起的积极作为义务。先行行为只要足以产生某种危险，就可以成为不作为犯罪的义务来源，而不必要求先行行为具有违法的性质。

问题：根据上述材料介绍的有关知识，以"不作为犯罪"为题做一次课堂授课练习。

要点提示：将不作为犯罪的条件作为重点进行详细讲解，并引导罪犯展开讨论。

拓展学习

云南省安宁监狱"三个一"举措深入推进罪犯"三课"教育课堂化教学

为进一步拓展罪犯"三课"教育模式，持续推进罪犯政治教育，不断丰富教育改造内容，全面提升罪犯教育改造质量，自2023年5月起，云南省安宁监狱以"三个一"举措全面推进罪犯"三课"教育课堂化教学。

一、建好一支队伍

精心选拔教育改造业务功底扎实、能力素质过硬的优秀青年警察，重新组建警察教师团队，由经验丰富的警察教师做好"传帮带"，从专业知识、授课技巧、语言表达等方面做好专题培训，并通过组织开展罪犯政治教育示范课暨课堂教学业务培训、召开罪犯政治教育专题座谈会等方式，进一步推动警察教师拓展视野、打开思路，切实提高能力水平，夯实"三课"教育课堂化教学基础。

二、坚持一条主线

坚持以思想政治教育为主线，以爱国主义教育为核心，以矫正犯罪思想，帮助罪犯树立正确的人生观、世界观和价值观为导向，科学制定教学计划，合理编制教学内容。围绕司法部和省局教学大纲，结合监狱实际，制定5个主题的25

个教学课题，将党史、红色革命精神、伟大斗争精神、中华优秀传统文化以及中华民族伟大复兴之路等列为重点课程，并按照"一人一课题"的模式有序推进，在潜移默化中教育引导罪犯坚定爱国信念、增强爱国情怀、激发改造热情。

三、办好一场课堂

警察教师们以教育课题为核心，紧密结合罪犯改造实际，从认罪悔罪、积极改造、遵规守纪等方面丰富拓展授课内容，并通过精心制作 PPT 课件、利用业余时间开展授课演练等方式，做好课前准备。授课现场，警察教师们精神饱满、条理清晰、声情并茂地开展好每一场课堂教学。全体罪犯聚精会神、认真聆听、细心领会、积极互动，在一次次深刻的灵魂洗礼中持续激发了改造的内生动力。

（来源：云南省安宁监狱微信公众号）

任务 16 考 核

 学习目标

理解考核的内容和考核标准，培养根据不同学习内容选取考核方式的能力。

案例导入

某监区罪犯文化水平构成较为复杂，学历从文盲到高中毕业均有分布，在学期末，考查罪犯理解知识、掌握技能的水平，作为评比罪犯处遇等级及减刑、假释的依据，为此监狱需要组织进行考核。

问题：请思考应该如何对不同文化水平的罪犯进行考核？

理论导航

一、考核的意义及重要性

考核的目标是使罪犯在掌握基本理论、基本知识和基本技能的基础上，增强职业素养与专业技能，提高分析问题及解决问题的能力，成为具有较强创新意识和实践能力的技能人才。

考核的开展有利于对罪犯运用知识能力、实际工作能力和创新能力的培养，有利于推动监狱民警教学内容和方法的改革，有利于罪犯学习方法的改变，通过考试考核的改革，使教学工作的重点真正落实到罪犯能力的培养和自身素质的提

高上。

二、考核的内容与方式

监狱民警可以根据课程情况，选择适合本课程的要求与特点，且能充分全面地衡量和检验罪犯的整体水平与能力的考核方式。参考考核方式如下：①理论性强的专业课程：可以采用传统试卷考核的方式，或采用与平时学习情况、个人表现等结合的考试方式，也可创新其他方式进行考核；②实践课程：可以采取现场技能操作、上机操作、实验测试、作品制作、产品制作、竞赛形式等方式，或者采取理论测验与上述操作结合的方式，或者实际操作与平时学习情况等因素综合考虑的考核方式。

三、考核的要求

1. 考核的内容要以课程教学目标为根本依据，结合课程的性质和特点，科学设计课程考核的内容、方式、方法以及采用的手段，便于全面检测和评价罪犯的学习过程、学习行为和学习成果。

2. 监狱民警可以根据课程的性质与特点，积极探索适合本课程的考核方式，提倡采用综合测试、开卷考试、口试、现场技能操作、上机操作、作品制作、竞赛等形式与日常表现结合的考核方式，力争对罪犯的知识、能力、素质进行全面考核，讲求实际效果。

3. 加强学习过程中的考核，将罪犯上课考勤、回答问题等列入考核范围，并在最终考核分数中占相应比例。

4. 重视考核后信息的分析、处理和意见反馈。任课监狱民警要对考核后的结果及时进行分析、总结，进一步完善考核效果并提高考核水平。

工作流程

一、笔试

笔试是指用同样的考题，以考核罪犯特定的知识、专业技术水平和文字运用能力的一种书面考试形式。这种考核方式的优点在于高效、易比较、易总结问题。笔试既可以闭卷，也可以开卷，但开卷考试的内容必须是在教材上没有现成答案的问题。笔试适用于已经脱盲的罪犯和有一定文字表达能力的罪犯。

二、口试

口试是罪犯面对面回答教员提出问题的考试形式。在回答过程中，监狱民警可以根据罪犯的回答情况，随时提出问题，必要时给予提示或提出补充问题，使罪犯能够补充或者深入叙述试题某方面的内容，以便在规定时间内，让罪犯能够充分表达自己的见解，从而使罪犯的记忆能力、背诵能力等得以接受全面深入的考核。这种考核方式适用面较为广泛，可适用于各个文化水平的罪犯。

三、技能操作考核

在技术教育中，有些实际操作能力，如现场技能操作、上机操作，包括产品加工及检测是否按照相关规定进行以及加工操作、检测速度等，采用现场操作测定方式。考试时一般不具体确定产品，从罪犯加工中的产品随机抽查考核；要求罪犯能够明确产品工艺要点以及能够区分合格品和不合格品，并且了解设备的调试以及保养，能够掌握对设备进行加工所必要的调整与调试。这种考核方式适用于有劳动能力，能够坚持正常学习的监狱在押罪犯。

 学以致用

2020年6月8日，小丘的父亲龚某发现小丘一身狼狈，追问后得知小丘和小杰因小矛盾打了一架。没多久，小杰的父亲李某带着被抓伤脸的小杰上门"讨说法"，见小丘在旁，他不由分说地便甩了小丘一巴掌。李某的行为瞬间激怒了龚某，两位家长的争吵不断升级，被怒火冲昏头脑的龚某取出家中的菜刀，在砍伤小杰后，又对着李某连砍数刀。最后，小杰当场死亡，李某重伤送医，龚某也被警察带走。此时，小丘还不满10岁。2022年，龚某被依法判处死刑缓期二年执行。小丘的母亲于小丘2岁半时就离家出走，而由于龚某的兄弟姐妹均无力且不愿抚养小丘，小丘只能跟着90岁的奶奶一起生活。父亲入狱，母亲出走，这样的家庭环境让原本调皮捣蛋的小丘变得更加敏感。小丘的奶奶告诉民警，小丘小小年纪就已经开始吸烟，让人很忧心。

问题：请从龚某的角度给小丘写一封信。

要点提示：要求罪犯做到书写时格式正确，句子通顺，能表达自己的思想感情，对写信人和收信人的关系要正确领会和处理，能正确运用称呼和祝福词语等。

★ 拓展学习

山东蓝翔技师学院济南监狱培训基地，第一期学员结业

2024年1月24日下午，济南监狱举行山东蓝翔技师学院济南监狱培训基地第一期学员结业典礼。这次活动不仅体现了监狱对罪犯职业技能培训的重视，更是对那些努力改变自己，积极向上的学员们的一种肯定和鼓励。

"多建一所学校，就少建一所监狱"。济南监狱与山东蓝翔技师学院合作落成培训基地以来，首批培训有175名即将刑释人员参加，经过严格考核，139名学员达到结业标准并取得结业证书。

典礼上，济南监狱为考试合格的学员们颁发了结业证书。优秀学员代表张某和孙某某结合自己的学习体会发表了培训结业感言。他们纷纷表示，在培训期间学到了很多知识和职业技能，更重要的是认识到了自己的错误和不足，坚定了重新做人的信念。他们承诺将在今后的人生道路上坚守法律底线，做一个对社会有用的人。这些学员通过职业技能培训，不仅掌握了职业技能，更是在行为习惯、思想态度等方面有了明显的改变，为其他罪犯树立了榜样，也为监狱的教育改造工作注入了新活力。这场结业典礼不仅是对山东蓝翔技师学院济南监狱培训基地第一期学员的总结和表彰，更是对未来教育改造工作的展望和期许。济南监狱将以此为契机，继续深化教育改造工作，加强监地合作项目拓展，积极探索"互助"合作模式，不断丰富合作项目内容，为罪犯回归社会提供更好、更贴合社会和市场实际需求的职业技能培训，并在回归社会就业指导方面力求新的突破，为打造安全稳定的社会环境、培养守法公民、推进社会文明进步作出更大的贡献。

2023年以来，济南监狱结合社会就业方向和罪犯需求开办了第一期职业技能培训班，精心安排了钣金喷漆、汽车美容、中式面点、西式面点、美容美发等五个职业工种的培训课程，共175人积极参加学习培训，均取得良好效果，为罪犯回归社会后再就业及创业夯实了基础。

（来源：山东蓝翔技师学院微信公众号）

项 目 五

谈话教育

图 2-5-1　沟通心灵的艺术[1]

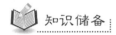 知识储备

一、谈话教育的特点

谈话教育是相对于讲评教育而言的，是指针对罪犯个体当前思想或行为方面存在的现实问题，有目的、有计划地对其单独进行的教育。谈话教育在实践中大多是以"一对一"的形式进行的。

（一）对症下药，针对性强

谈话教育注重对罪犯的个案分析，针对罪犯的犯罪原因、家庭背景、成长经历、改造态度及改造过程中所遇到的具体问题，具体地、有针对性地启发和疏导，做到"具体问题具体分析""一把钥匙开一把锁"和"对症下药"，采取最有效、最有说服力的方法，更符合每个罪犯的特点。只有通过谈话教育，才能摸清罪犯的思想脉搏，了解症结所在，紧密联系实际，解决他们的思想问题。所

---

〔1〕　图片来源于 https：//image. baidu. com/，访问时间：2017 年 6 月 1 日。

以，谈话教育是有的放矢的教育。

（二）方法多样，灵活性强

谈话教育可以不受时间、地点、对象和内容上的限制。在时间上，既可以是白天，也可以是夜晚；在地点上，可以在办公室、谈话室、监舍，随时随地都可进行；在对象上，既可以是顽危犯，也可以是改造积极分子或表现一般的罪犯；在内容上，既可以是亲切的鼓励，也可以是和风细雨的说理，也可以是严肃的批评。谈话教育的灵活性主要体现在它能根据事情发展，随时抓住时机，并掌握和运用时机，使时机和效果直接联系，提高工作效率，收到事半功倍的效果。

（三）感情交流，沟通性强

由于罪犯所处的环境特殊，以及其他原因，其普遍存在着复杂的心理活动。这时，特别需要监狱民警的主动接近，沟通心灵，个别谈心。这也是监狱民警了解和接触罪犯的有效方法。罪犯在谈心中一般容易暴露真实思想，采取谈心方式进行谈话教育也易被罪犯接受。只有通过谈话教育，才能引导他们讲真话、讲心里话，双方才能互通信息，沟通心灵。实践说明，有效的谈话教育是沟通罪犯与监狱民警之间思想的"桥梁"。

（四）短兵相接，渗透性强

谈话教育的渗透性表现在一个"情"字上。监狱民警对罪犯的谈话教育要动之以情，才能晓之以理，诚之以规。监狱民警的耐心说服教育，以及对罪犯的错误不急躁，不怕麻烦，诚恳热情，对罪犯的错误思想确有穿透力、抑制力。罪犯个性特点不同，有的性格倔强，不易认识错误；有的性格粗暴，容易发火动怒；有的沉默寡言，不易表达思想。通过谈话教育，以"情"打动罪犯，通过谈话满足对方迫切的情感需要，并引起对方的情感共鸣，对摧毁罪犯对抗的、消极的心理防线，促进罪犯的改造有独特的渗透功能。

（五）精雕细琢，稳固性强

我们在生活中不难发现，人的思想、行为很大程度受情绪影响。苦闷时，往往总希望找人谈一谈。特别是罪犯，内心承受来自社会、家庭、自身等各方面的压力，这些压力超过负荷时，就会出现情绪问题。不论是监狱民警找罪犯谈话，还是罪犯主动向监狱民警诉说，它本身就起着一种稳定罪犯思想的作用。有的罪犯自我控制力差，一切按外界的刺激行事，行为鲁莽、盲动；有的自我表现性强，独断专行，自以为是，一旦受到处理或压抑就不顾后果地破坏、反抗等。这些，大都要通过监狱民警的语言、表情，个别谈话、个别接触来处理。罪犯在改造中出现反复，监狱民警认真研究出现反复的原因和条件之后，应进在行有针对性的个别教育，稳定罪犯改造心理，增强正面积极的教育因素的作用，促进罪犯稳定地朝前发展。因此，谈话教育可以控制和稳定罪犯的情绪，清除罪犯改造中的不利因素，起到稳定罪犯思想、心理和行为的作用。

二、谈话教育的任务

（一）解决罪犯的具体问题

罪犯入监后，由于特殊的身份，其生活需求、精神需求都发生了明显变化，他们对监狱、监狱民警、社会、家庭的要求也在变化。这种变化就必定引起一系列的具体特殊问题。有些问题，不是集体教育能妥善解决的，它要求监狱民警不仅要掌握不同罪犯的情况，而且要尽可能地帮助罪犯解决具体特殊的问题。任何事物的转化都有一个时机，而帮助解决罪犯的具体问题正是其转化的关键。对罪犯的谈话教育，都具有针对性，都为解决某种思想、某个事件进行，若谈话教育不是为解决罪犯的具体问题，那么谈话教育的效果会大打折扣，会使罪犯对谈话教育产生无所谓的态度。谈话教育解决罪犯的具体问题，对培养罪犯的自尊、自信、自控，调动其积极性有特殊作用，因此，谈话教育应本着解决罪犯的特殊、具体问题来进行。

（二）深化正规的课堂教育

对罪犯进行教育改造有讲评教育、分类教育、谈话教育。讲评教育、分类教育是对集体或同类罪犯进行大范围教育。它们采用讲解式或上课式的方法来讲授和示范。那么，这些教育对罪犯是否起作用？教育内容与罪犯的理解能力和承受能力是否脱节？这都要求监狱民警在课堂教育之后，对罪犯进行个别谈话教育。课堂教育的弱点，需要通过谈话教育来解决。课堂教育的对象是整体，而罪犯个体的情况都不同。因此，在实施教育时，从实际出发，多进行谈话教育，就能达到深化课堂教育的效果。

（三）直接转化罪犯思想

谈话教育是监狱民警从平时情境中发现疑问，从疑问中提出问题，提出解决问题的假设，推断哪种假设能解决问题，并应用这种假设直接解决罪犯思想问题的一种教育。罪犯改造有几个阶段：第一阶段，"心烦意乱动荡期"。由于对监内生活不熟悉、不适应，强烈思念亲友，监狱民警与罪犯相互不了解及原有的错误的思想，致使罪犯不能安心改造。在这个阶段，主要通过谈话教育，缩小监狱民警与罪犯之间的心理鸿沟，并在接触谈话中，为罪犯指明方向，晓以事理，促使罪犯放下心理包袱，为接受改造打好基础。第二阶段，"半强迫半自觉时期"。在这个阶段，罪犯思想脆弱，容易反复，求赏心切，幻想立功减刑，因不能实现而怨天尤人，情绪低落。在这个时期，特别需要谈话教育，针对这种低落情绪，不断加强教育，帮助其解决一些具体问题，催化并巩固罪犯已经逐步形成的新思想。这个阶段是谈话教育直接转化罪犯思想的重要阶段，它起着讲评教育、分类教育不可代替的直接性作用。第三阶段，"终点在望期"。多数罪犯临近刑满，思想会较散漫，喜忧参半。这时，更要抓紧思想教育，对罪犯要有针对性地进行谈话教育，巩固改造成果。从这些阶段的连续性及谈话教育的作用来看，谈话教育应该并必须具有直接转化罪犯思想的效果。

三、谈话教育的类型

（一）从对谈话的准备程度划分，可分为临时谈话教育和正式谈话教育

1. 临时谈话教育，就是监狱民警在罪犯的学习、劳动、生活现场，对罪犯即时发生的问题予以处理时进行的谈话教育。

临时性谈话的特点是：①对谈话的目的、要求、方式、环境等事先无法确定，也不需要做充分的准备。②谈话时间不长，一般几分钟就结束谈话。③不需要做谈话记录。

监狱民警在对罪犯的日常管理中，每天与罪犯朝夕相处，从起床到熄灯，从学习、劳动、就餐、看病到亲情会见等，每天都会面临许多琐碎的具体问题。这些问题大多需要通过谈话来解决。这些谈话虽然是临时性的，但却不是随意性的。监狱民警在开展类似的谈话时，同样需要注意方式方法，能够控制局面。

2. 正式谈话教育，是指监狱民警针对罪犯存在的有关问题或罪犯提出的有关要求进行谈话，并对整个谈话过程有较充分的计划和准备，使谈话朝着预定的目的进行，以收到预期的谈话效果。

正式谈话的特点：①具有明确的计划性与目的性。②谈话时间会比较长。③谈话地点在专门的场所进行。④要做好谈话记录。

正式谈话是比较规范的谈话类型，在实际工作中，一般针对下列问题可使用

正式谈话：①比较顽固的思想观念和认识偏差问题。②比较棘手的现实问题，如罪犯之间的矛盾问题、申诉问题等。③比较严重的心理问题。④审讯等。

（二）从谈话的紧急程度划分，可分为应急谈话教育和常态谈话教育

1. 应急谈话教育就是针对罪犯正在发生或可能发生的类似袭警、袭击同犯、自杀、自残等危险行为时，采取的制止、疏导等方式的谈话教育。由于罪犯长期处于高墙电网、失去自由的监管之下，极有可能发生攻击行为或自虐自杀等极端行为。而一旦发生类似的极端行为，应急谈话就很有必要，并且需要以较高的水平来处置危机现象。因此，监狱民警不仅要掌握常态下的谈话方法与技巧，还要掌握紧急状态下的谈话方法与技巧。

在紧急状态下，情况可能瞬息万变，这时目的只有一个，就是尽量稳定当事人的情绪，防止极端行为的发生。在开展谈话的同时，还要采取其他的必要措施，如救护、防爆等。

2. 常态谈话教育就是针对罪犯在日常改造中出现的现实困难和思想、心理问题，需要监狱民警通过沟通、交流等形式来进行的谈话教育。常态谈话教育的特点、技巧方法与正式谈话教育相似，在此就不再赘述。

（三）从谈话内容划分，可分为咨询类谈话教育和疏导类谈话教育

1. 咨询类谈话教育是监狱民警针对罪犯提出的有关问题给予解释和答复的谈话教育方式。这类问题大多集中在政策、法律和管理制度规定层面，因此，对监狱民警的政策掌握程度和专业性要求较高。

监狱对罪犯的劳动、学习、生活、文体等活动都有严格的管理规定及奖惩措施，新入监的罪犯都要认真学习和掌握，但在改造过程中，他们可能会对这些规定和措施产生疑问。当他们质疑时，监狱民警应该按照有关法律和政策给予明确答复。

2. 疏导类谈话教育是监狱民警针对罪犯有关心理问题进行的谈话教育。罪犯的心理问题，有的需要通过心理咨询师解决，有的需要通过分管监狱民警解决。

监狱民警在开展疏导类谈话教育时，要把握罪犯产生心理问题的原因，注意态度亲切，语气平和，多鼓励，少批评，引导他们正确面对现实，帮助他们走出心理阴影。

（四）从主动要求谈话的对象划分，可分为约谈式谈话教育和接谈式谈话教育

1. 约谈式谈话教育是指监狱民警主动与罪犯约谈，是针对这段时间罪犯的总体表现情况或根据特情反馈回来的情报信息，针对有些罪犯的思想可能会出现波动进行的早期的规劝和开导，防患于未然，及时、全面了解罪犯思想、心理动向和行为表现，以采取针对性对策的一种谈话教育。

约谈式谈话教育中，监狱人民警察与罪犯之间是主动与被动的关系，是监狱民警有计划、有目的地针对罪犯的实际情况找罪犯谈话，罪犯作为被约谈的个体，处于被动地位。这就要求谈话主体要充分掌握各方面的信息情报，并对情报去伪存真，同时掌握好谈话时机，这样才能达到谈话的预期效果。

2. 接谈式谈话教育是指罪犯主动要求谈话，是因为其在改造过程中遇到一些困难或疑惑，主动找监狱人民警察进行思想汇报，在一定程度上表明了罪犯对监狱人民警察的信任，希望能够通过谈话找到解决问题的方法，排除困扰。

接谈式谈话的特点是监狱民警处于被动地接受谈话的地位，且谈话对象不确定，谈话内容相对比较复杂，接谈监狱民警可能准备不充分。在罪犯教育的实际工作中，罪犯主动找上门来是常见的事情，这就要求接谈的监狱人民警察要深刻分析原因，通过特情或其他手段了解罪犯的近期思想动态，表现情况，进而做到对症下药。谈话中要耐心倾听罪犯的陈述，进而分析产生这种困扰的原因，寻求相应的解决办法，从而提升监狱人民警察在罪犯心中的威望。

任务 17　谈前准备

学习目标

了解谈话准备阶段的工作，掌握罪犯的基本情况。能够根据谈话对象的情况和特点，做好谈话准备，制定谈话预案。

案例导入

罪犯刘某被捕前是某单位财务处处长，因贪污罪被判处无期徒刑。入监以来，刘某多次流露自杀念头，监狱民警多次对其进行谈话教育，因刘某能言善辩，教育效果不明显。

李警官与刘某谈话前，了解到几天前他酗酒闹事，监狱民警找其谈话，他竟

然辱骂监狱民警，态度恶劣。后刘某被禁闭数日，仍无悔改之意。李警官在查阅了刘某的档案资料，了解他的家庭情况（刘某妻子在他犯罪后离家出走，12岁的女儿无人照管）及犯罪经过之后，决定与刘某进行一次谈话。

问题：如果你与罪犯刘某谈话，你如何做好谈前准备？

 理论导航

一、谈话——监狱民警的基本功

教育改造罪犯是一门重塑灵魂的艺术，在教育改造工作中，监狱民警运用的最直接、最频繁和最方便的手段就是谈话。谈话始终是负责监狱管教的监狱民警的必修课与基本功，谈话效果如何，不仅关系到教育改造罪犯的质量，而且对监管安全也发挥着重要的作用。

（一）监狱民警谈话的知识性要求

教育改造内容的多样性和复杂性，要求监狱民警掌握多方面的知识，即要学识广博。这不仅是对监狱民警自身素质的基本要求，也是提高监狱民警谈话艺术性的基础。监狱民警只有具备了比较渊博的知识，才能在各种形式的教育活动中，运用语言艺术，发挥自己同罪犯相比在知识上的优势，使罪犯产生"听君一席话，胜读十年书"的感觉，从而取得良好的教育改造效果。

（二）监狱民警谈话的思维品质要求

监狱民警谈话对思维品质的要求，主要表现在思维的确定性、逻辑性和敏捷性三个方面。思维的确定性品质，要求监狱民警在谈话过程中，主题突出、观点鲜明、内容充实完整。思维的逻辑性品质，要求监狱民警的讲话要有条有理、前后照应、论证有力。思维的敏捷性品质，要求监狱民警在复杂的改造环境中，其言语表达应做到临场不慌、遇惊不乱、从容镇定，并对罪犯抵赖、狡辩、发难和各种突发事件，能够在短时间采取随机应变的对策。

（三）监狱民警谈话的情感要求

监狱民警谈话的情感，主要表现为监狱民警对罪犯关心的真情，以及对教育改造罪犯的强烈责任感。没有情感的讲话，是苍白的、毫无感染力的。只有发自内心的话，才能进入罪犯的内心，才能激起罪犯积极的情感体验，引发认识上的共鸣。

（四）监狱民警谈话的仪态要求

监狱民警作为执法者，其谈话的言语表达方式必须是庄重的，从眼神表情到行为举止，都应该自然、大方、得体，以维护执法者的严肃性和权威性。

二、与罪犯谈话更"难"

与罪犯谈话比跟普通人谈话"难"，主要体现在罪犯有以下特性：

（一）罪犯情况的复杂性

一是背景的复杂性。罪犯来自不同地域，他们的年龄、犯罪类型、文化程度、理解和接受能力、个性特征、风俗习惯、宗教信仰等都因人而异。二是现实问题的复杂性。罪犯的这些背景情况决定了他们在现实生活中遇到的问题也必然千差万别，各不相同。有时，即使是同样的问题，不同的罪犯也可能提出完全不同的要求。

（二）罪犯情况的突发性

在监狱这样的特殊环境中，随时可能发生突发性事件。例如，罪犯对抗监狱民警的管教，罪犯之间相互斗殴，罪犯自杀、自残等。一旦发生类似的事件，除了采取相关的控制措施外，谈话是必不可少的。但应对这类突发性危机的谈话要求是比较高的，也是不容易达到的。

（三）罪犯情绪的易变性与个性的顽固性

开展个别谈话的主要目的是给罪犯灌输正确的观念、解决思想问题、稳定改造情绪、化解人际矛盾等。这类思想观念问题和情绪问题，有的与他们现实的改造环境有关，有的则是他们的个性习惯及深层次的人生观、世界观和价值观使然。如果是前者的问题，相对比较容易解决，但如果是后者的问题，在与这类罪犯进行谈话的过程中，他们的易变性和顽固性几乎是不可避免的顽症。这些情况常常考验着监狱民警谈话的智慧与毅力、方法与手段。

工作流程

一、了解罪犯情况

1. 掌握罪犯基本情况。一定要认真查阅罪犯的判决书和起诉意见书，掌握罪犯的犯罪过程、犯罪原因、犯罪危害，从分析中得出该犯的犯罪性质是否恶劣，是突发性犯罪还是预谋性犯罪，是初犯还是累犯、惯犯。

2. 了解罪犯的认罪态度及服刑情况。了解罪犯的认罪悔罪态度，入监后是否适应服刑生活，有何需求、有何想法，近期有无感到苦恼的事或心结，现实改造表现如何。

3. 了解罪犯的主要社会关系。包括家庭成员、亲属、同学、朋友、同案犯等，从中分析其家庭状况、背景如何，社会关系是否复杂，有无婚姻离异情况，罪犯在家庭中的地位和作用，家庭成员对事件的态度是关心、谅解，还是置之不理。掌握了这些情况，能够进一步掌握罪犯心理，对症下药，对罪犯进行相应的教育和疏导。

4. 了解罪犯成长经历、文化程度、职业情况。先查阅《罪犯入监登记表》，掌握罪犯的成长经历，从中分析该犯成长经历是否平坦、清白，是否受到正规的教育，从事过哪些职业，经历了哪些挫折，取得了哪些成功或成就，是否有前科和不良记录，投入改造以后是否会受到人生经历的影响从而增加改造难度。

5. 通过其他干警和罪犯进一步了解该犯情况。在闲暇时，可以通过与领导、包组干警和同监舍罪犯或其他罪犯交流的方式了解该犯的情况。对于领导和干警可以直接地、开门见山地对罪犯的情况进行询问；但向罪犯了解其他罪犯情况时，则需要通过一些暗示或提示来引导。值得注意的是，不是每个罪犯都愿意谈其他罪犯的情况，得不到想要的信息时，可以找其他途径进一步了解。

经了解，上述案例中，刘某的一个朋友半月前探视他时告诉他，刘某妻子在他犯罪后离家出走，12 岁的女儿无人照管，整天泡在网吧。因此，刘某最近心情很不好。

二、确定谈话主题

与罪犯谈话，要有明确的谈话主题，即要明确谈什么问题，想要达到什么目的。

1. 以已经发生的事件、问题以及罪犯的表现和心理状态来确定先谈什么、后谈什么、怎么谈、详谈什么、略谈什么、重点在哪里、谈出什么效果。根据此前掌握的基本情况，自己要有一个综合分析，形成一个简要的谈话计划。但要注意，不要让罪犯知道你的意图，防止罪犯加强戒备心。

2. 以正在发生的事件、问题以及罪犯的表现和心理状态确定为什么谈、谈什么、谈出什么效果。

3. 以可能发生的事件、问题以及罪犯的表现和心理状态确定为什么谈、谈什么、谈出什么效果。

本案中李警官避开刘某关禁闭事件，找一些轻松的话题跟他聊，拉近心理距离。待刘某态度好转之后，李警官提及他的家庭，问起他女儿的情况，刘某哽咽起来。

三、制定谈话预案

在对罪犯进行谈话教育时，根据潜在的或可能发生的意外情况而事先制定处置方案。想象可能发生的问题，分析它们的影响并制定消除消极影响和促进积极影响的策略。

1. 转移话题。在与罪犯的谈话过程中，往往会遇到罪犯转移谈话主题，或者顾左右而言他，或者突然把话题转到监狱民警个人生活问题上，或者提出令监狱民警难以接受的苛刻条件等。针对此种情况，监狱民警应在谈话之前做好充分准备，了解自己应避免谈及哪些话题，要通过不厌其烦的开导教育，展现出监狱民警谈话的诚意。

2. 回避问题。回避问题是罪犯否认问题的一种表现，主要有两种表现形式：一种是在对问题的回答上，罪犯对某些问题保持沉默，直接抵触，或者答非所问，回避关键问题；另一种是把话题从主要问题转移到一些看似紧急的次要问题，以拖延主要问题的解决。对于这些可能发生的情况，监狱民警应事先做好准备，善于总结、探究和引导，使罪犯直面问题。

3. 先声夺人。在监狱民警摊开话题之前，罪犯就另立一个话题，然后天南地北地说起来，还不时地挑衅监狱民警，发表自己的见解。遇到这种情况，监狱民警仍应态度诚恳，耐心听对方说完，再提出话题。

4. 责任转嫁。责任转嫁是罪犯将应当由自己承担的责任归因于他人或环境，并认为自己的行为合情合理。对于这种情况，监狱民警应指出其行为的真正根源，引导罪犯跳出自己的小圈子，从更客观的角度看待问题。同时，出示证据，让罪犯面对错误，接受教育。

5. 保持沉默。对于罪犯引起的沉默，有些监狱民警常感到焦虑不安，为避免沉默引起的尴尬，有的监狱民警或者急于用谈话来填补沉默，或者急于以提问来迫使罪犯打破沉默。这些并非是最佳的做法，因为沉默作为一种非言语表达方式，包含着许多来自罪犯的重要信息。罪犯的沉默可分为三种，即创造性沉默、自发性沉默和冲突性沉默。创造性沉默是罪犯对自己刚刚说的话，刚刚产生的感受的一种内省反应，表示他沉浸在思绪和感受之中，此时监狱民警最好也保持沉默，不要有引起罪犯注意的动作，以免分散对方的注意力；自发性沉默往往源于不知下面该说什么好，这时他往往没有找到一个话题或脑子里思绪很乱，此时罪犯的目光常是游移不定，或以征询的眼光看着监狱民警，沉默时间越长则压力越大，也越紧张，监狱民警应立即有所反应；冲突性沉默可能由于害怕、愤怒或愧疚引起，也许是内心正经历着某种抉择。因此，需要监狱民警注意和分辨对方的情绪表现，结合谈话的上下文内容，估计对方的冲突所在，然后针对不同的情形，选择恰当的处理方法。

在上述案例中，面对刘某开始的傲慢无礼、滔滔不绝，李警官使用幽默、有趣的言语和真诚的态度打动了罪犯刘某，缓解了刘某的情绪和释放其心理压力，使他消除了心中怒气，心平气和地与监狱民警交谈，达到了谈话的目的。

谈话结束后，李警官将刘某的情况向监狱领导做了汇报。后来，监狱派人对刘犯的家庭进行走访，联系上他的妻子，还让他的妻子和女儿来监狱看他。当刘某获悉监狱所做的工作后，深受感动，主动做了检讨，并表示今后会好好改造，重新做人。

 学以致用

张某，男，34 岁，原某监狱民警。因故意杀人罪被判处死刑缓期二年执行。入监教育 2 个月结束后，他对监狱安排他下监区的分配不满，绝食数天。无论监区监狱民警如何做工作就是不听，情绪很不稳定。

问题：针对罪犯张某的情况，你该如何与他进行谈话？

要点提示：在得知罪犯张某的表现后，不要贸然与他接触，首先要弄清楚事情的原委，做到心中有数，然后才正式与他谈话。

通过了解得知，最近监区接到通知，把新来的一批罪犯分到各监区，其中，张某被留在新犯集训监区协助干警管理其他新来的罪犯。但监区干警对这样的做法有意见，因为新犯集训监区基本是选择那些表现比较好的罪犯来承担管理工作，并且张某被判处死缓也不符合选用条件。这样安排对其他罪犯有负面影响，会认为监狱民警执法不公。因此，把张某重新安排在新收罪犯小组，继续参加集训。而张某自认为监区这样安排是故意给他难堪，回到新犯小组后就拒绝进食。

了解了事情的经过，可以看出，是监狱的业务部门与监区没有协调好，问题出在没有及时沟通。了解到这些，为后面的谈话找到切入点，所以，谈前准备是至关重要的。

⭐ **拓展学习**

广东梅州监狱为解罪犯心结首设专职谈话警察

警察与罪犯的个别谈话一直是监狱主要的教育改造方式，但是因为监狱警察每天要忙于管教、劳动改造、文化教育等各方面工作，慢慢地，个别谈话就变得艺术性不高、覆盖率不达标，甚至出现了马虎应付、弄虚作假等问题。2012 年起，梅州监狱在监狱开始设立专职谈话警察岗位来改革个别谈话制度，让 14 名具有国家心理咨询师资格的警察从什么都干的管教角色中分离出来，专门与罪犯谈话沟通。

一名因抢劫入狱的 27 岁罪犯发生了怪异状况：每天总有 1~2 个小时呼吸急促到接近窒息，但是只要让他围着生产车间走上一大圈，这种症状就会慢慢缓解。罪犯数次就医均查不出病因。"每天发作的时间都不确定，罪犯一度以为自己就快要死了，心情非常低落。"林警官说，那时候，家人已经为他找了 2 年民间中药方子。

林警官决定从罪犯的"身世"着手，然而查遍了和他家庭情况、成长环境、改造记录相关的档案，还是没有找到原因。最后是在和罪犯谈话时，林警官揪出了那个关键的"线头"。原来，两年前因为一次生产违纪，该罪犯被扣分，拿不到嘉奖，导致减刑假释的计划推迟了。一直是家中孝子，希望早日出狱照顾父母的罪犯认为自己受到不公平对待，每天都在愤懑中度过；到后来，只要一想到这个经历，自己就会全身紧绷、心跳加快；最后，就会发生林警官看到的接近窒息的怪异症状。

林警官将这种诱因分析给罪犯听，每谈一次话就强化一次问题根源，罪犯也慢慢信服了。这就是林警官一直强调的"明白了情绪来源后，人就会自然而然地趋利避害，从而释怀"。

林警官在细节上总是做得妥帖而周到：每次和罪犯谈话，都会安排在相对独立的环境里，先倒上一杯茶，再让他们坐在和自己同样高的椅子上，让罪犯能够和干警平视。"在谈话的过程中，我们会自然而然地忘记干警与罪犯这两种身份，有的只是尊重。"林警官强调。

目前，监狱中"80 后""90 后"罪犯人数占比较高，他们入狱前已养成网络沟通的习惯，不善于面对面沟通。没有良好的谈话沟通，就难以掌握他们真实的思想，监狱管理就会产生安全隐患。有了专职谈话警察，不少年轻的罪犯开始主动找警察谈心。

（来源：法制日报）

任务18　选择时机

学习目标

了解与罪犯谈话的适时性问题，学会寻找合适的谈话时机。能够把握谈话教育的最佳时机，保证谈话效果。

案例导入

罪犯冯某，30岁，因犯盗窃罪被判有期徒刑6年。入狱1年来，从来没家属看过他。看着别的犯人隔三岔五就有人来探监，冯某很羡慕。妻子在他入狱后就和他离婚了，冯某就给父母写信，让他们来，很想他们。在无数封信石沉大海后，他认为父母抛弃了他。入狱后他一直情绪低落，并抗拒改造。监狱民警在经过几次谈话教育后，明显感觉该犯有自闭、抵触情绪，教育效果不明显。

寒冬的一天，冯某的母亲来监狱看他，省吃俭用攒下的300元钱在买车票时被小偷偷走了。老人徒步两天才到了监狱，累得筋疲力尽。娘俩对视着，母亲边抹眼泪，边说："不是爸妈狠心，实在是抽不开身啊，你爸又病了，我要照顾他，再说路又远。"这时，指导员端来了一大碗热气腾腾的鸡蛋面，她满脸泪水，边吃面条边劝儿子要学好。冯某听后痛哭流涕，跪在母亲面前。会见之后，分监区监狱民警凑了300元钱送冯某母亲上车，该犯感动得哭了。这次偶然的探视为教育活动提供了一次契机。

问题：请思考监狱民警是如何抓住时机对冯某进行谈话教育的？

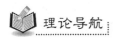 理论导航

一、"十必谈"制度

对罪犯进行谈话教育，大多是为了处理罪犯在服刑期间遇到的各种矛盾、问题和困难。《监狱教育改造工作规定》第17条规定，罪犯有下列情形之一的，监

狱民警应当及时对其进行个别谈话教育：①新入监或者服刑监狱、监区变更时；②处遇变更或者劳动岗位调换时；③受到奖励或者惩处时；④罪犯之间产生矛盾或者发生冲突时；⑤离监探亲前后或者家庭出现变故时；⑥无人会见或者家人长时间不与其联络时；⑦行为反常、情绪异常时；⑧主动要求谈话时；⑨暂予监外执行、假释或者刑满释放出监前；⑩其他需要进行个别谈话教育的。

以上规定的十种必须开展谈话教育的情况，简称"十必谈"。毫无疑问，这些情形大都直接或间接影响罪犯的服刑生活，有的甚至关系到监狱的安全稳定。但是，"必须谈"不等于"立即谈"。这就涉及谈话的适时性问题，正如中国有句俗语叫"打铁看火候，穿衣看气候"。与罪犯谈话也要把握时机，这样才能取得最佳效果。在实际工作中，如何把握谈话时机，应具体问题具体分析。

二、选择谈话时机

（一）根据罪犯的不同个性特点选择谈话时机

1. 掌握罪犯的不同个性和历史情况。根据罪犯不同的性格、气质特点，确定谈话的目的、重点、内容、方法和技巧，选择不同的谈话时机。例如，对性如烈火、脾气暴躁的谈话对象，可选择其心情愉快的时候进行谈话，并且应当根据他们直言快语、动辄发火的个性特征，加强言辞语调的渗透，加大鼓舞力度，语气应当柔和平缓，态度应当热情冷静；对性格内向、沉默寡言、容易拘束的谈话对象，可选择在学习或劳动之中进行谈话，这样有利于活跃气氛，松弛紧张情绪。与他们谈话时，应当注重理性的分析，言辞畅快、语气温婉、态势随和，不能因其表面看来"无动于衷"而情绪急躁、声色俱厉，给对方造成心理压力。罪犯的历史情况包括其履历情况、受教育情况、社会经历情况及受社会经历影响的犯罪心理情况等。这些情况是导致其犯罪和影响其供述及改造的外在因素。谈话适应这些不同的情况，有利于抑制消极影响、扩大积极影响，有利于各种谈话技术的有效运用。例如，在与因父母一贯放纵、溺爱而走上犯罪道路的罪犯谈话时，应当采用威严的语气、严肃的态度对其行为提出规范化要求，以改变其放荡不羁、遇事满不在乎的习气；在与因缺失家庭关爱、父母不和而流入社会并导致犯罪的罪犯谈话时，则应当语气温和、言辞委婉、态度关切，使其感到监狱民警温和可亲，从而改变其冷酷的个性和仇视社会的病态心理。

2. 因罪犯的不同改造表现而异。改造表现包括罪犯的认罪服刑情况，劳动和学习的情况，遵守法律法规的情况，与其他罪犯的关系及对于监狱民警关系亲疏远近的情况等。这些情况是罪犯认罪态度和改造观念的直接体现。谈话根据这些情况因人而异，有利于运用不同的谈话方法，运用唯实性原则对罪犯进行恰如其分的教育，以便收到良好的改造效果。例如，出现奖励、表扬、处分、批评、工种变动、家庭矛盾等导致思想变化的因素，应及时进行个别谈话。再如，对受到奖励表扬者，应及时给予鼓励，提出希望，增强其积极心理，克服自满心理；对受到处分批评者，应及时帮助其检讨、反省自己的不当行为，增强其悔改心理，克服抵触或自卑心理。

3. 因谈话时罪犯的心理情况而异。罪犯在谈话时的心理及其变化千差万别，可大致归纳为紧张戒备心理、厌恶抵触心理、敷衍应付心理、懊丧悔恨心理、喜悦顺从心理等。这些心理及其变化反映出罪犯对个别谈话的认识和态度，并表现在一定的仪态和语言上。通常，紧张戒备心理表现为面部紧张、目光游移不定、语无伦次或沉默不语；厌恶抵触心理表现为横眉竖眼、面露愠色、恶语诘难或狂呼乱叫；敷衍应付心理表现为表情冷漠、目光躲闪、敷衍应答或答非所问；懊丧悔恨心理表现为垂头僵立或僵坐、目光晦涩暗淡、双眉紧锁、说话柔声软气或唉声叹气；喜悦顺从心理表现为眉目展开、面带微笑、目光有神、谈吐畅快、应答自然。这些不同心理态度导致的外在表现及变化，为监狱民警的语言表达提供了准确的反馈信息，是监狱民警确定谈话内容、选择谈话方法和验证谈话效果的重要依据。

4. 因谈话时罪犯的言语表现而异。谈话时罪犯的言语表现各不一样，可以归纳为几种基本类型：抵触诘难型，巧言巴结型，狡辩抵赖型，忧伤缄口型，拙于表达型和坦然直抒型。这些言语类型与罪犯的犯罪情况、个性特点、改造态度等密切相关，因人而异地运用适当的谋略方法和表达技巧才能达到谈话目的。例如，对抵触诘难型的罪犯应当以刚言硬语相震慑，弄清抵触原因；对巧言巴结的罪犯应以直言快语揭穿其虚伪态度，促使其踏实改造；对拙于表达的罪犯则以启发性言辞，引导其把话说清讲完。若对方出现反感或对立情绪时，最好中止谈话，事后分析原因，拿出对策，再安排下次的谈话。

(二) 根据罪犯容易产生思想变化的不同情势确定谈话时机

1. 特定时期。主要有以下几种特定时期：

(1) 罪犯初入监时。此时罪犯常产生恐惧、悲观失望、抵触不满的心理状态。他们渴望获得帮助，寻求指引，反映出强烈的交往和排解苦闷的需求。这时，如果监狱民警关心他们，帮助其解决困难和问题，将使其倍感亲切，心灵上受到慰藉，有助于解除其顾虑，安下心来，积极投入改造。

（2）罪犯减刑时。减刑对罪犯来说，就像在黑暗中前进的人看到了黎明的曙光一样催人奋进。此时如果抓住时机，因势利导，提出新的改造目标和要求，把一时一事的良好表现内化为个性和心理品质，往往会取得较好的改造效果。

（3）罪犯受到奖惩时。奖惩对罪犯有很大的心理影响，受奖时可以利用其感激与兴奋心情，引导其继续前进；受惩时罪犯往往在某些方面想不通，思想斗争激烈，这时只要积极引导，启发教育效果往往较好。

（4）罪犯释放前夕。这时罪犯的心情是十分复杂的。有的因担心出狱后找不到生活出路而悲观失望；有的担心出去后受到歧视，内心疑惑不安。这时，如果监狱根据有关规定，积极与有关部门配合，做好刑释人员的安置准备工作，将会激发他们重新做人的勇气。

2. 特定的日子。主要有以下几种特定的日子：

（1）罪犯的生日。有经验的监狱民警比较留心所管理的罪犯的生日。当一根根生日蜡烛被点燃的时候，罪犯的心理会受到强烈的影响，将会产生很大的激励作用。

（2）逢年过节时。中国的文化传统使罪犯在逢年过节时更加倍思念亲人。"每逢佳节倍思亲"，对于狱中服刑的罪犯，这时最需要的是亲人般的关怀与节日的欢乐。

（3）对罪犯而言非常重要的日子。比如亲人的生日或祭日、婚姻纪念日等，对此应进行因人而异的处理。

3. 突发事件。突发事件有以下几种：

（1）家庭变故。例如，妻子要求离婚、亲人亡故、家乡遭灾等，常使罪犯改造情绪受到极大影响。这些问题本来与监狱无关，但如果监狱从有利于罪犯改造的角度出发，把视野投到监狱围墙外，予以适当的关怀和帮助，将使罪犯从悲伤忧愁中振奋起来，产生积极改造的动机。

（2）自身变故。当罪犯患病、工伤时，往往情绪低落，这时适当的关心和真诚的帮助将使罪犯感受到改造政策的温暖，达到稳定情绪、重新鼓舞改造信心的目的。

（3）对罪犯影响较大的事件。身边的人现身说法，社会知名人士、英雄模范人物的报告以及组织罪犯到监外参观等，都可能对罪犯的内心产生较大的影响。

（三）根据罪犯不同的作息时间合理安排谈话时机

1. 选择罪犯精力能够集中的时间。例如，饭后、睡前、劳动休班时间，在罪犯神经松弛、精力充沛时与其谈话，能使罪犯集中思想做好应答。

2. 要选择环境气氛、罪犯的心理与谈话内容相协调的时间进行谈话。例如，逢年过节时罪犯心情愉快，思家心切，此时与其谈一些积极改造、回归社会、亲人团聚类的话题，能给罪犯以鼓舞；发生工伤事故后罪犯惊魂未定，此时与其谈遵守劳动纪律、注意安全的必要性，有利于罪犯吸取教训；生产任务繁重的季节，罪犯易产生畏难情绪，此时与其谈劳动改造的意义，有助于稳定其改造情绪。

（四）根据不同环境氛围捕捉谈话时机

1. 选择双方都能听得见、听得清、听得准的地方谈话，避免嘈杂、喧闹和干扰过多的地点。例如，工作繁忙的办公室，人来人往的过道，紧张忙碌的工地、车间都不适宜作为长时间谈话的场所。

2. 选择安全的环境，避免在没有安全保证的地点谈话。例如，不能选择公路边、山头、水边与顽固犯、重刑犯、累惯犯、危险犯及脾气暴躁、情绪反常的罪犯进行制约性、训诫性谈话。再如，对疾病伤残的罪犯进行劝慰性谈话，宜在其病床前；对积极改造、态度转变明显的罪犯进行勉励性谈话，宜选择宽松、幽美的环境；对犯有严重错误的罪犯进行制约性、训诫性谈话，应选在其他罪犯听不见的地方进行。

3. 选择严肃性程度不同的环境进行教育。在监狱内，不同的个别谈话地点、场所的选择，对罪犯产生的心理影响是不同的。再如，在狱内谈话室或监狱民警谈话室谈话，可以增强谈话的严肃性，引起对方思想上的重视，便于监狱民警直接掌握罪犯心理变化，如诫勉谈话、调查取证等需要到这类场所进行；在监舍值班室、工地值班室谈话，虽然都是室内谈话，但环境的严肃程度要低一个层次，可以使对方谈得轻松，便于双向交流，这类场所适合于布置任务、收集情况、辅导教育等；在工作场所或其他活动场所谈话，可以使对方思想上消除警戒，很自然地谈论问题，接受教育。

（五）避开不适合谈话的时间和场所

在谈话时机的选择上，要做到"四避"：一要避开罪犯心理逆反的时候；二要避开罪犯焦躁不安等情绪消极的时候；三要避开罪犯精神疲倦、精力不足的时候；四要避开罪犯劳动、学习繁忙的时候。

在场所的选择上，要做到"四要"：一要选择不易伤害罪犯自尊心的场所，千万不要在众目睽睽场合下进行教育，这样容易使罪犯产生抵触心理，使教育效果大打折扣；二要选择在罪犯可以敞开心扉的地方进行教育，不要选择罪犯不便敞开心扉的地方；三要选择比较清静、易于定心的地方，不要在干扰、麻烦不断的环境中；四要选择比较舒适、干净的地方，不要在杂乱无章、难以置身的环境里。

工作流程

1. 了解罪犯冯某的犯罪过程、家庭情况及入狱后的表现。冯某因盗窃罪被判有期徒刑 6 年，妻子在他入狱后就和他离婚了，入狱 1 年来，从来没有家属看望过他，他认为父母也抛弃了他。因此入狱后一直情绪低落，并抗拒改造。

2. 缓解或者控制冯某的情绪。一个人处在愤怒、烦躁、悲伤的情绪状态时，往往听不进别人的劝说和批评，能让其心情平静下来接受谈话就已经成功了一半。监狱民警以冯某母亲探视路途中路费被偷为切入点，为冯某母亲送饭、捐钱。适当注入情感，寻找共识，取得信任，让罪犯主动吐露心声。

3. 抓住时机，因势利导，对冯某进行谈话教育。监狱民警一分为二客观地分析冯某的问题，适当采用批评的手段，让其明白错在哪里，在主动认错时给予肯定，劝其换位思考，积极改造，使冯某流下悔恨的眼泪。

4. 为保证谈话能顺利进行，通过深入研究罪犯的改造态度及现实表现，探寻其心理状态，思考切入的方式，同时注重选择谈话的时机，防止谈话早了，罪犯听不进去，造成僵局；谈话晚了，成为"马后炮"，于事无补。

 **学以致用**

罪犯陈某，高中文化，已婚，无业。因家庭琐事持刀伤害其妻子赵某，并致其死亡，在潜逃过程中采用恐吓等作案手段向某食品公司勒索。该犯因故意伤害罪、敲诈勒索罪被判有期徒刑 16 年。陈某自入监改造以来一直表现良好，连获年度监狱改造积极分子的奖励，并担任分监区"积委会"主任。该犯服刑 14 年

后调入出监监区参加出监教育培训。监区监狱民警发现其思想压力大、精神恍惚、夜不成眠，调来一周暴瘦8斤。经监狱民警反映后，监区长主动找其谈话，了解到该犯面对即将来临的新生，觉得沮丧、迷惘。十几年未曾谋面、即将大学毕业参加工作的女儿，是他不愿触碰的最敏感、最脆弱、最难面对的亲情，也让他痛苦不堪、无精打采。监区长鼓励其积极、勇敢面对困难，放下包袱，平安、轻松地回家团聚，相信随着时间的流逝，家人、亲人都已原谅他当年的过失。某日陈某被安排临时接见，通过接见监听，监区管教了解到该犯因无颜面对体弱的老母亲、4个子女、岳父母，意欲在刑释后选择逃避，远走他乡。监区领导了解到这个情况后，安排2名改造积极主动的罪犯与其形成"三互小组"进行包夹帮教，并监控汇报犯情动态，防止意外事故的发生。

问题：针对陈某的情况，你该如何把握时机对他进行谈话教育？

要点提示：针对该犯对家庭的责任感，特别是对其女儿的父爱，监区及时安排拨打亲情电话，提醒陈某将积郁心中多年的想法写信告诉女儿，同时安排监狱民警前往陈某家中加强与其家人的沟通，反馈陈某近期思想压力，争取其家人的理解和帮教，解决陈某的后顾之忧。

监区通过这种间接、非"面对面"的方式实现家庭、子女对陈某的谅解。同时，监狱教育科心理咨询师及时介入，对陈某进行心理调适，咨询师通过一个个鲜活的例子教育陈某要敢于承认现实、面对现实。

✦ 拓展学习

打造"五谈一反馈"推动个别教育再升级

疫情防控期间，闽西监狱聚焦改造流程再造，打造"五谈一反馈"工作机制，深化罪犯个人信息收集、管理、教育于一体的号房"三包"责任制，结合谈话反馈做好评估鉴定、制定"一人一策"个别教育方案，提升教育改造质效。

一、发现问题不留盲点——广泛谈

采取民警包号房及点面结合的方式，确保全覆盖、不遗漏。民警组织罪犯召开号务会，改变那种不苟言笑的会议模式，让罪犯在轻松氛围中谈改造心得、谈未来生活、谈自身优缺点。通过这种方式，让罪犯之间加深了解，也让民警对罪犯心理变化和思想动态有更深入的掌握。

二、消除罪犯思想隔阂——灵活谈

针对罪犯个体情况，采取一对一"单独谈"和多对一"集体谈"形式，对在思想上有疑惑、焦虑和畏惧情绪的罪犯，下大力气疏导解压，引导罪犯在不知不觉中道出心里话、讲出真情况，使民警发现真问题；针对存在倾向性、苗头性问题的罪犯，采取不定期提醒，随时帮一把，坚决防止"小病"变"大病"。

三、避免谈心流于形式——深入谈

通过深入谈话了解，民警发现不少罪犯发生打架斗殴的行为，与平时矛盾的累积是有一定关系的。在这次普遍教育谈话中，民警注重在罪犯中开展以化解矛盾、解开心结为主旨的和解谈话。

四、在萌芽状态消矛盾——及时谈

吃饭看饭量，讲话听音量。民警通过细节及时发现罪犯的不稳定情绪。在了解罪犯的心理动态时，民警注重把握时机，在发现罪犯情绪不稳定的第一时间就及时谈话疏导，将罪犯的不稳定因素消除在萌芽状态。

五、针对性地解决问题——重点谈

在罪犯矛盾冲突中，如果情绪激动的一方能主动实现自我控制，对矛盾的化解将会十分有利。在谈话教育中，民警对那些脾气暴躁、性格偏激、情绪易失控的罪犯，进行了重点谈话，主要是让这类罪犯了解自己的个性，主动控制自己的情绪，防止冲动。

（来源：阳光闽狱公众号）

任务 19　运用技巧

 学习目标

掌握与罪犯谈话的方法技巧，能够针对不同情况加以运用。使谈话具有感染力、说服力。

案例导入

罪犯王某，35 岁，因犯诈骗罪被判无期徒刑，该犯属累犯，第一次犯罪也是因为筹集赌资诈骗被判有期徒刑 1 年。从王某的经历来看，他属劣性不改。到监区后，王某始终为自己建立一个自我保护的屏障，监狱民警找其了解情况，王某通常被问一句才答一句，对自己的情况遮遮掩掩，避重就轻。从眼神中总会进出仇视的眼光，在生产上也不积极，能偷懒就偷懒，在思想上从没有正确认识自己犯罪的真正根源，还依旧认为是自己的赌命不好，这是命中注定的劫数，加上王某自己的心里完全明白，家人因自己赌性不改也已经丧失了信心，对自己不管不问了，故对自己的改造没有任何信心，认为反正没有刑可减了，做一天和尚撞一天钟吧，抱定了把牢底坐穿的思想。

因王某对监狱民警极不信任，不愿多谈自己以往的经历，在对王某的教育过程中因不了解其经历及犯罪原因与过程，对其教育难以做到对症下药。在这种情况下，必须要找到突破口，才有可能做到真正掌握罪犯的思想动态。某日下午，该犯情绪极不稳定，在参加生产劳动时心不在焉，生产效率低，并且质量差，注意力不集中。看到该犯情况后，监狱李警官就把该犯叫到生产线工区的一个角落，向该犯了解情况，刚开始，王某坚持说自己与平常没有什么变化。李警官见该犯不愿谈，就对王某说："你不想说，没关系，但你今天下午情绪不好，就不要参加生产了，坐在这里休息一下吧，不然的话，有可能机器操作不当会不小心伤了自己。"听了这些话，王某再也没有控制住情绪，眼泪不停地流，并向李警官讲起了自己的经历，为什么走上了犯罪的道路以及家人对他的失望，到最终放弃了他，并称往年的今日自己亲手把二儿子送人，所以每年的今天自己的心情特别不好。在王某叙说的过程中，李警官没有因为过了下班时间而打断他，而是继续耐心地听王某倾诉，使王某在倾诉的过程中，尽情地释放情绪，也便于从他的倾诉中进一步地了解该犯。

问题：请思考监狱民警在与罪犯王某谈话中，运用了哪些技巧？

 理论导航

一、监狱民警谈话教育的语言技巧

语言是人际交往的工具，是人与人沟通、交流的一种主要方式。监狱虽然是国家的刑罚执行机关，但更应是一所特殊学校。在这个特殊的"教育系统"中，监狱民警作为特殊园丁，每日每时与不同年龄、不同文化程度、不同犯罪类型的罪犯进行面对面的交流。因此，规范文明的管教语言会对罪犯的教育改造产生重要影响。

（一）监狱民警在执法语言运用中存在的主要问题

监狱民警作为执法者，向罪犯宣讲法律、法规和国家的有关政策，了解狱情犯况，对罪犯进行教育，语言成为须臾不可或缺的工具。但是，长期以来，由于特殊的工作环境，使一些警察养成了"生、冷、硬、冲"的说话习惯。有的监

狱民警不注意自身形象，开口闭口带着脏话、粗话；有的监狱民警以管人者自居，在谈话中词不达意、以偏概全、乱发评论；有的说话打官腔、拖泥带水、缺乏原则。在日常的工作实践中，当罪犯出现违规违纪问题后，有的监狱民警在找其进行个别谈话教育时，往往不能理智地控制自己的情绪，说一些不该说的话。"等一会儿，没看我忙着吗！""注意你的身份！"类似这样的"语言暴力"偶尔会出现。罪犯在学习、劳动、生活中稍有差错，某些监狱民警便以各种语言讽刺、挖苦，不顾及他们的心理感受。通过对罪犯的问卷调查，有74%的罪犯对监狱民警使用不文明的执法语言持反感态度。可见，语言的不文明会在罪犯心中埋下对监狱民警管理教育敌对的情绪。

（二）规范监狱民警管教语言

在实际工作中，监狱民警要注重规范用语，努力做到语言表达得文明、清晰、准确。

2010年4月，司法部出台了《监狱劳教人民警察执法工作规范用语》，对监狱警察的执法语言作出了明确规范，并列出了常见情形的示例。如："若有问题，可向队内监狱民警寻求帮助""你反映的问题我们会及时处理""您有什么问题，请告诉我。我将按法律和政策尽力帮您解决"等规范语言。规范监狱民警管教言语，不仅是树立和提升监狱及监狱民警良好形象素质的需要，也是构建和谐警囚关系的需要，更是创建现代化文明监狱，稳定狱内改造秩序和提高改造质量的需要。监狱民警在执法工作过程中，管教用语要合法有理，令人信服，既具有严肃性，又要适当得体，消除少数监狱民警语言粗俗、生硬甚至令人生畏厌恶的现象，体现监狱民警严格、公正、廉洁、文明执法的形象。

二、监狱民警谈话教育中的非言语行为

美国心理学家艾伯特·梅拉比安经过科学研究得出这样一个结论：交流信息的总效果=7%口语+38%声音+55%肢体语言。

非言语行为主要包括三个方面的内容，即身势语言，副语言和服饰语言等。身势语言主要是指手势、眼神、身体姿势、面部表情等；副语言主要是指不自觉地插入的一声笑、叹息，"嗯""啊"之类的声音；服饰语言就是指人的穿着打扮。

根据对工作实践的总结，监狱民警在与罪犯谈话时，有助于谈话教育的非言

语行为有：

1. 着装整齐，警容风纪端正；

2. 态度端庄，表情平和，既不过于严肃，也不与罪犯嬉笑，谈话过程中即使轻松与幽默，监狱民警的笑容也不宜过分张扬；

3. 坐姿不要后仰，也无需前倾，适合面对面式的谈话，易于监狱民警观察罪犯的表情和反应；

4. 监狱民警与罪犯之间的距离在确保安全的前提下保持在 1 米左右较为合适；

5. 非特定情况，一般不当面做记录；

6. 应主动与罪犯进行目光交流，但不必长时间注视一点，如果罪犯回避或低头，可以适当提醒罪犯抬头进行目光交流；

7. 耐心倾听，不轻易打断罪犯谈话；

8. 与对方辩论时尽量控制，避免大声训斥；

9. 当罪犯回答问题或陈述某件事时，如果符合你的要求，应点头、微笑，表示认同，让他明白你重视、在乎他的陈述。

心理学家认为，非言语行为是一种不见诸文字，没有人知道，但人们都能理解的精心设计的代号。监狱民警的非言语行为，不管是有意的还是无意的，都代表一定的符号，对罪犯传递一定的教育信息。例如，不同的面部表情可表达出多种心理，譬如微笑可能表达着热情友好、认同赞许。非言语的动作的互动，在沟通中是经常有的，会心的一笑表示双方的互相信赖，也表示教育者对教育对象的认可，或表示教育对象对教育者的理解与支持。所以，监狱民警的非言语行为也如文字言语一样，能为罪犯所理解和接受，并使罪犯受到一定的教育。

三、应对不同对象的谈话策略

战国时期著名的纵横家鬼谷子，曾经总结出了与各种各样的人交谈的心理启发，堪称精辟：

1. "与智者言，依于博"。意思是跟聪明、有智慧的罪犯交谈，要靠监狱民警渊博的知识。为此，我们打破警队界限，在全监区选拔见多识广、知识面宽的监狱民警乃至邀请监狱领导，以他们独到的见解和智慧来说服教育有"才智"的罪犯，从而达到克敌制胜的目的。

2. "与拙者言，依于辨"。意指跟那些理解能力差和头脑反应迟钝的罪犯进行个别谈话教育时，要靠善辩取胜。选有耐心的监狱民警，采取深入浅出的方法，以通俗易懂的语言多加解释，细致深入地讲透道理，因势利导地教育罪犯。

3. "与辩者言，依于要"。也就是对能言善辩的罪犯进行谈话教育时，做到简明扼要。"辩者"，本身善于言谈，有的甚至爱诡辩。教育时，我们选派口才好、应变力强的监狱民警，抓住个别谈话教育的核心，把握要点，逻辑严密，观点鲜明，不绕"弯弯"地直言相见，避免被罪犯牵着鼻子走。

4. "与过者言，依于锐"。意思是跟那些变化无常的罪犯进行个别谈话教育时，要依靠敏锐的洞察力。"过者"，华而不实，喜欢东拉西扯，前言不搭后语。教育此类罪犯，我们让思路敏捷、反应迅速的监狱民警灵活地把握个别谈话教育中心，不给罪犯留转移话题的机会。

5. "与贵者言，依于势"。意思是跟以前有一定地位的人交谈，要依靠气势。"贵者"，在此指那些入监前曾有权或有势的罪犯，他们往往仍有一种高傲感，说话时喜欢居高临下。因此，针对这类罪犯，监狱民警如果唯唯诺诺、小心翼翼，那么个别谈话教育就会失去实际的效果。为此，我们注重挑选不卑不亢、言谈举止落落大方的监狱民警，以委婉含蓄的措辞，据理而辩，促使罪犯口服心服。

6. "与贱者言，依于谦。"其含义是跟地位低的人交谈，要依靠谦虚。"贱者"，此处指有自卑感，处事谨慎小心的罪犯。在与此类罪犯的个别谈话教育中，我们要求谈话监狱民警要十分注意语气，教育时要动之以情、晓之以理。

7. "与勇者言，依于敢。"意思是跟勇敢的人交谈，要依靠果敢、铿锵的气质。"勇"之罪犯，最瞧不起的是懦夫和优柔寡断的人。为此，我们注重挑选阳刚、干练的监狱民警以坚定果断的语气、简洁的语言、明快的行事风格教育罪犯，重点围绕做人不要太狂妄、不要把话说得太绝对、不要把赌注押在某个人或某件事上、生气不如争气、宽容是一种美德、任何时候做事都要留有余地等方面展开。

📝 **工作流程**

一、谈话教育中的"说"

1. 表达准确。谈话教育中的"说"，首先是指要表达准确。监狱民警表达不清或表达有误，就可能产生歧义、误解，而一旦产生歧义或误解，事情就会变得复杂。表达准确主要表现在两个方面：一是语言表达正确，能让对方听清楚、理解。在实际工作中，很多监狱民警使用方言，让人听起来很吃力，直接影响表达的准确性。监狱民警的普通话水平，应该列入业务素养的考核内容。二是内容表述正确，即与监狱工作相关的，与罪犯相关的政策、法律、规定的引用要恰当、准确；对于与处理问题相关的事实、原因等要实事求是；对罪犯的评价要恰当，不能无端指责或侮辱他们。

2. 留有余地。罪犯预约谈话，多数是需要解决一些实际问题，如果是比较简单、容易解决的问题，监狱民警了解情况后可以明确答复。如果有的问题比较复杂，一时难以解决的，监狱民警千万不要把话讲满，把自己的观点讲死，而应留有余地。在实际工作中，有的监狱民警往往走向两个极端，要么完全拒绝，如"这事我管不了，你找领导去"；要么满口答应，如"这事没问题，包在我身上"。以上两种都不可取。正确的说法如："你反映的问题我们会及时进行了解。我们将按法律和政策尽力帮你解决。"这就是留有余地。

3. 适当幽默。正如苏联著名教育家米斯维特洛夫所说，"教育家最主要的，也是第一位的助手是幽默"。幽默是教育改造罪犯不可缺少的一种语言手段。监狱民警对罪犯进行谈话教育时，经常碰到无理无度的罪犯和事情，比如一些由言语造成的困境和尴尬。当谈话中发生矛盾时，缺少幽默感的监狱民警会感到紧张和不自在，甚至导致不良后果；而幽默者却能使一切变得轻松而自然，使教育改造出奇效。如某监区一位新犯想跳楼自杀，教导员得知后，在与其谈话中说："我说你呀，真是聪明一世，糊涂一时，你为啥偏要和龙王爷打交道呢？你要跳楼，也该先打个报告，咱们再商量商量嘛！……"教导员故意利用幽默的话，使得这位新犯放下了思想包袱，在微笑中接受教导员的批评教育。

二、谈话教育中的"听"

人生来就有两只耳朵，但只有一张嘴巴，这就要求我们平时多听少说。在现实谈话中，由于罪犯与监狱民警地位的不平等，能平心静气地倾听对方讲话的监狱民警特别少。有些监狱民警在找罪犯谈话时，从头到尾都是监狱民警的批评声和教育声，罪犯没有说话的机会。这样监狱民警就无法掌握罪犯的真实想法，导致谈话达不到目的。

1. 诚心倾听。谈话教育中，监狱民警是否诚心听取罪犯的诉说，关键在于"接纳"而不是"拒绝"：一是接纳其人。不管你对人是否存有好感，都要一视同仁。二是接纳其事。不管他反映的问题是大是小，首先要接收下来，至于能否解决或解决到什么程度，那是另一个问题。如果门难进、脸难看、话难听，那么监狱民警权力再大，罪犯也会敬而远之。

2. 耐心倾听。监狱民警要做到耐心倾听，关键要树立对罪犯高度负责的态度。实际工作中，当听到罪犯喋喋不休，甚至是无理纠缠时，监狱民警不耐烦的情绪会油然而生，这对谈话是有害无益的。罪犯向监狱民警反映的诉求，大都是在改造生活中遇到的琐碎的问题，在监狱民警看来不一定是大事，但对罪犯来说，都不是小事。无论是劳动岗位问题、伙食问题、身体问题，还是家庭矛盾问题、囚犯关系问题，监狱民警都要把这些问题当作维护监管安全，维护罪犯合法权益的问题来看待。

3. 细心倾听。细心倾听，包括两方面：一是听得认真。对罪犯反映的问题、表达的内容能听得清楚、准确把握。二是看得认真。在听的同时还要认真观察。一个人的言语行为总是与非言语行为配合出现的，监狱民警通过对罪犯非言语行为的观察，可以对他的个性特征、问题的严重程度有更全面的了解，有利于问题的解决。

三、谈话教育中的"看"

监狱民警在与罪犯谈话时，要注意观察罪犯的言谈举止。其实，这种观察是双向的。当我们监狱民警观察罪犯的言谈举止时，罪犯也在观察我们的言谈举止。罪犯往往比我们观察得更仔细、更积极，因为监狱民警的谈话对他们来说都是利益攸关的。正因为谈话是双向的、互动的，监狱民警在注意观察罪犯言谈举止的同时，还要注意自身的言谈举止。既要真诚相对，又不能过于直率；既要热情，又要有度；既要端庄，又不能过于拘谨；既要善于沟通，又不能口无遮拦。这就需要我们监狱民警在实践中不断摸索和提高自己的谈话技巧。

四、寻找共同点

宋代诗人欧阳修曾道："酒逢知己千杯少，话不投机半句多。"监狱民警与罪犯之间存在着一种"与生俱来"的矛盾和冲突，而在谈话过程中我们又强调寻找共同点，那么监狱民警该如何寻找共同点呢？根据监狱民警自身的经验和体会，共同点可以归纳为以下几类：一是人情类。如老乡，或者监狱民警与罪犯曾经有过共同的战友、同学、同事，说到双方共同熟悉的地方或人，容易使其产生亲切感。二是兴趣类。如就体育、音乐、绘画、经商等与工作生活相关的话题进行交流，从中发现共同感兴趣的话题。三是回忆类。人对过去的时光都会怀念，如果监狱民警与罪犯是同龄人，那么可以一起回忆过去的岁月，不仅能激发共同的话题，而且可能会影响罪犯的情感世界。

五、以情感人

罪犯在监狱这个特殊环境中实施强制改造，对监狱民警普遍存有戒心甚至敌意，这是接受教育的心理障碍。要消除这一障碍，就需要监狱民警在谈话教育中运用情感的力量，加强情感的沟通。如当罪犯或其家属遭受不幸时，罪犯就会产生悲伤的情绪，有经验的监狱民警会用体恤的语言去弥合罪犯的创伤，使他痛苦的心灵得到抚慰；当罪犯在改造中遇到挫折时，不能只看到他的不足，还应该鼓励他、安慰他，让他看到改造的前途和希望，消除对方的种种心理障碍，使其体会到，监狱民警及其监狱乃至整个社会，对其不是嫌弃的，而是关心的，从而唤起其积极的情感，促使其较为自觉地配合接受教育。

六、以理服人

说理的方式方法有很多，如分析、比较、解释、批评等。要根据罪犯的年龄、性格、文化水平进行不同的教育。阐明道理要由小到大，由近及远。比如，联系罪犯个体目前的处境讲道理，以设身移位的方式进行。如其犯罪给社会和他人带来什么危害，本人得到什么下场，给父母带来什么不幸，给妻子儿女带来什么痛苦等。同时，以"假如你是一个受害者"等来启发引导对方思考，从而促使其认罪悔过。在已有认识的基础上，根据罪犯个体的思想实际，在深入说理上下功夫，以解决其思想上存在的根本问题，促使其思想上发生根本转变。

七、批评讲艺术

俗话说："良言一句三冬暖，恶语伤人六月寒。"有些年轻监狱民警容易走进一个误区，认为只要找罪犯谈话就是严加训斥，就是不给罪犯好脸色看，只有这样才能让罪犯心服口服，维护警官的威严。其实，不少罪犯之所以犯罪往往是因为在家庭中缺少关爱、缺乏温情，或者在学校中、社会上受到过歧视或不公正对待，才逐步心理失衡，进而铤而走险报复他人和社会，走上了违法犯罪的道路。在谈话教育中及时地给予表扬和鼓励，往往会收到意想不到的效果，远胜于

"疾风暴雨，万电雷鸣"式的严厉批评和讽刺挖苦。批评罪犯时要动之以情，晓之以理，让他自己明白错在哪里，主动认错。只要掌握批评的技巧，罪犯是能够接受的。批评过后适当表扬他的优点，会收到意想不到的效果。

表 2-5-1 谈话教育能力训练考核评分表

考评人			被考评人		
考核时间			考核地点		
考评标准		考核内容		分值	实际得分
	选择谈话时机	把握时机、具有目的性		15	
		把握时机、缺乏目的性		10	
		随意性谈话，无效果		5	
	运用谈话方法	方法准确、符合要求		15	
		方法较准确		10	
		方法不准确		5	
	谈话情景设置	情景设置合理到位		15	
		有情景设置，缺乏合理性		10	
		无情景设置		5	
	谈话实际效果	谈话达到了预期的目的		30	
		谈话基本达到了预期的目的		20	
		谈话不能达到预期的目的		10	
	实际应用能力	较好地反映监管实际		25	
		部分内容反映监管实际		10	
		脱离监管实际		5	
		总　　计			

 学以致用

姜某某，因犯盗窃罪被判有期徒刑 2 年 6 个月，2020 年 4 月入监。该犯系累犯，2015 年 8 月因犯盗窃罪被判处有期徒刑 2 年，2017 年 7 月刑满释放。其犯罪原因是该犯因染上赌博恶习，多次赌博累计输掉十余万元，其家负债累累，进而走上盗窃道路，陷入了为赌博而盗窃、因盗窃而犯罪的恶性循环。入监不久，其妻以上述理由向法院提起离婚诉讼。在该犯接到诉状的同时，监狱民警立即找该犯个别谈话，了解到该犯内心十分焦虑，既担心法院直接判决离婚而没有向其妻忏悔的机会，又顾虑 2 个孩子的抚养问题。5 月中旬，姜某某与其妻的离婚案件在监狱开庭，姜某某在反复思考后同意离婚。管教监狱民警认真观察了开庭的情况，发现姜某某妻子离婚的真正原因，了解到其妻对姜某某仍有感情——离婚不离家，愿意帮姜某某抚养判给他的一个孩子，承担其在监狱服刑的生活费用，在庭审中始终泪流不止。

问题：针对姜某某的情况，你该运用哪些方法技巧与他进行谈话教育？

要点提示：

1. 开庭之前，监狱民警一方面采取拉家常、讲人生等方法，从法律、伦理的角度耐心、细致地指出该犯自身存在的问题，如法律观念极其淡薄、家庭责任感极其缺失等，促其恢复良知、认罪悔罪；另一方面，监狱民警运用专业的法律知识打消其顾虑，促使其安心改造。比如从法律程序的角度，指出离婚案件须到监狱开庭，该犯尚有向其妻忏悔的机会，法院不会直接宣判；比如就离婚的要件、财产的分割、子女的抚养等问题一一向该犯作详细的讲解。

2. 宣判之后，监狱民警要抓住时机，在罪犯的家庭发生重大变故时，谈话教育要及时介入，以化解罪犯的心理危机。

3. 监狱民警帮助姜某某分析情况，因势利导，通过感化教育、以理服人等方法，使姜某某了解相关的法律和政策，促使其真正认罪悔罪。

4. 让姜某某明白只有踏实改造，戒掉恶习，取得优异的改造成绩才是其真正的出路（妻子还有与其复婚的希望）。

拓展学习

马鞍山监狱"望闻问切"促个别谈话教育见实见效

马鞍山监狱根据个别谈话教育"双百"要求，灵活运用中医诊疗"望闻问

切"四法促谈话教育见实见效。

1. "望"准"三史",把握节奏。通过翻阅罪犯个人情况材料,确保对"预约"谈话罪犯成长历程、个性特点、犯罪性质、狱内改造表现熟稔于心;同时通过观察罪犯表情和语气,摸清罪犯情绪和心理,以亲和、规范、文明的用语,掌握整场谈话的方向和进度。

2. "闻"清诉求,对症施教。谈话中民警耐心倾听罪犯反映的改造矛盾、减刑呈报、思亲念家、身体不适等问题,让倾诉罪犯合理宣泄,逐步了解掌握苗头性和倾向性情况。重点登记谈话罪犯的关注点和诉求点,分类归纳,为后续解答工作打好"底"。

3. "问"出症结,循循善诱。通过准确把握谈话时机,加强"问"的引导,适时询问,开放提问,不断找准问题关键,循循善诱,引导罪犯放下心理包袱,敞开心扉,真情实意地向民警发出自己的心声。

4. "切"得要点,把脉诊疗。针对思想态度、劳动能力、遵规守纪上存在问题的普通问题犯,形象生动摆事实、讲政策、讲道理;对思想顽固的罪犯,采取设身处地"漫谈式"方法,摆明立场,多角度、多维度了解情况,多次谈话沟通思想,层层递进,因势利导,不断消除罪犯的疑虑,让罪犯掏出心里话,真正实现个别谈话谈到心坎上、谈出好效果。

(来源:安徽省监狱管理局网站)

任务20 个案处置

学习目标

了解与罪犯谈话过程中可能出现的特殊状况,能够及时妥善处置谈话中出现的各类风险及问题。

案例导入

张某,男,39岁,小学文化,因犯抢劫罪被判死缓,余刑6年多。张某家庭贫穷,父母早亡,无兄弟姊妹,仅与养母相依为命,服刑期间,常年无人探视。

在监狱民警与其谈话时,张某全身发抖,满脸通红,看上去有一种强烈行凶的报复心理,因为几年前被几个同犯痛打了一顿,至今头部留有伤痕。张某认为，其被打是监狱民警的不作为所致，甚至怀疑就是×××监狱民警指使他人殴打他的。

王某某，男，37岁，初中文化，因犯抢劫罪被判刑18年。在监狱民警与其谈话时，王某某因患有严重的哮喘病，声称自己就要死了，害怕死在这里，希望能得到更好的治疗，表述时声泪俱下。

问题：如果你在与罪犯谈话中遇到上述情况，你会如何处置？

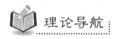

理论导航

一、制定谈话预案，适时调整谈话进程

在谈话过程中，如果双方立场和观点分歧较大，谈话就会出现障碍和困难，甚至可能出现冲突。如果在谈话过程中发生这样的情况，作为谈话主体的监狱民警应该认真分析其中的原因，适时调整谈话进程，而不要轻易责怪罪犯，更不可简单粗暴处理，强迫对方接受监狱民警的观点或要求。谈话教育应该是和风细雨式的交流，而不是疾风暴雨式的批评。

1. 从监狱民警方面分析存在的问题。在谈话教育中，监狱民警的观点和态度未必都是正确或合理的，当监狱民警与罪犯的谈话发生障碍或困难时，首先从监狱民警自身分析问题的原因。比如在谈话中，方法是否合适，态度是否冷静，言语是否妥当，表达是否清楚等。还可以换位思考，即从罪犯的角度想一想，自己说的话是否合理恰当。有些年轻监狱民警容易走进一个误区，若一开始不采取敌对的态度，就不足以显示自己的权威，于是谈话一会儿，就惹得自己火冒三丈，使谈话实际效果与预期背道而驰。如果监狱民警自身的确没有不妥之处，而罪犯一时又无法接受的，就暂时中断谈话，择机再谈。

2. 从罪犯方面分析存在的问题。可以从他的犯罪史一直到服刑过程中的表现，或从他的人格缺陷到心理问题等多方面进行剖析。举一个常见的例子，某罪犯称身体有病，医生诊治后说没大问题，但该罪犯仍然坚持要就医或休息，这时，大多数监狱民警会认为他是小病大养或逃避劳动。这样的判断未必是全面或客观的，还需要分析他的心理问题。

二、提高管教水平，应对谈话风险

监狱是国家的刑罚执行机关，是惩罚与改造罪犯的场所；监狱民警代表国家行使对罪犯的刑罚执行权。而罪犯是一个特殊的群体，他们由于人生观、价值观的严重扭曲，精神障碍和变态心理十分严重，往往在处理问题上较为偏激，易走极端，易产生自杀心理。如果不能及时防范，将对监管安全造成严重影响。

1. 谈话中可能出现的风险。在很多情况下，罪犯的社会阅历和经验比监狱民警要丰富得多，抗拒改造手段也不断翻新。相对而言，监狱民警尤其是年轻监狱民警阅历浅，不能驾驭谈话反被罪犯激怒而殴打罪犯，或谈话反被驾驭的情况比比皆是，甚至个别谈话成为罪犯把监狱民警拉下水的好机会，这些情况都应当引起注意。针对这些风险，监狱民警应该熟悉每一名罪犯的个体特征，做好个别谈话教育工作，做到防患于未然。

2. 谈话中要重视罪犯的群体和个体差异。不同的犯罪个体，有着千差万别的个性，例如，同一种犯罪类型中的个体，其犯罪的动机不尽相同，而性格相似的罪犯可能并不属于同一种犯罪类型。不同犯罪类型罪犯之间和相同犯罪类型罪犯之间又存在着不同，这就要求监狱民警掌握罪犯个体的个性差异，掌握不同犯罪类型之间的差异，再对症下药。在实践中发现，在暴力类犯罪中，个体大都存在暴力倾向，性格浮躁，情绪易激动、易怒，喜欢用简单粗暴的方式解决问题；而在贩卖毒品类犯罪中，个体不喜言语，深沉老练，疑心重，物质欲望强烈，比较理性；而在金融诈骗类犯罪中，个体语言灵活，头脑反应快，做事计划周密，与人交流时喜欢撒谎。

工作流程

针对谈话中出现的风险与问题要及时处置，具体措施包括：

1. 对有心理障碍或者心理问题的罪犯，应向监狱的心理咨询中心转介或鼓励罪犯主动求助于心理咨询师。高墙、电网、荷枪实弹的武警战士及威严的监狱民警构成了一种与社会大环境不同的监管改造环境，罪犯置身于这种环境中，极易产生恐惧、抑郁、痛苦等各种负面情绪。如果监狱民警不对罪犯心理进行调整和疏导，容易使罪犯产生心理危机，出现对监狱的不适应感、精神失落感、自卑消沉感、压抑孤独感等心理情绪障碍，从而导致罪犯自杀等极端行为发生。这就要求监狱民警在谈话教育工作中，一旦发现罪犯存在心理问题，就要及时通过心理矫治，弥补其心理缺陷，防止他们因心理扭曲而产生自杀的念头。

2. 对身体患病而影响改造的罪犯，应及时送医就诊。在监狱监管改造中，"老、病、残"罪犯，由于身心健康较差等因素，导致服刑能力较差，在日常的教育改造中，容易被监狱民警冷落和轻视。但这类罪犯身体机能较差，而且大部分患有身体、心理方面的疾病，加之监狱特殊的改造环境，这部分罪犯对监管改造安全造成极大威胁。监狱民警在与这类罪犯谈话时，一旦发现其发病，应及时联系或送其到监狱医院就诊，并利用就诊期间，找其谈话，开导他积极面对社会和生活，使其感受到监狱对他的关心，有利于罪犯改造。

3. 对因家庭变故而影响改造或长期无人探视的罪犯，做好社会帮教工作。监狱民警对遭遇婚姻危机、亲属过世、家庭成员意外身故等家庭变故类型的罪犯，应多加关心，或与其他亲属及时联系，做好帮教工作。同时结合罪犯改造前景和家庭实际情况进行引导，提出对策性建议，将罪犯的矛盾及时化解，避免因家庭变故产生的负面情绪影响其正常改造。

4. 对罪犯之间关系紧张的罪犯，应因人而异，制定阶段性教育计划，缓和解决好罪犯的问题。

5. 遇到辱骂、挑衅警察或故意制造事端的罪犯，要学会冷处理。做好笔录，在其提出减刑或假释时予以否决，使其吸取教训。

6. 遇到罪犯欲袭击监狱警察时即刻将其制服，制服后不要有多余的殴打，按规定程序办理相关处罚手续。

案例一：监狱警察通过走访、谈话，查阅档案，得知罪犯张某为人讲义气，好打抱不平，易冲动、烦躁。被打之后觉得在老乡面前丢了面子，多次企图行凶报复，也因此多次受到禁闭处理。这属于典型的攻击型人格障碍。工作要点：

1. 将罪犯张某调离原监区，使其脱离对其具有诱因的环境。

2. 建立分管狱警、分监区长，教导员立体式关爱教育"模式"，对张某从情感上加强关爱，教育其把精力用到学技术、学文化上去。

3. 鼓励张某多参加监区开展的文体活动。

4. 通过心理访谈，教育张某正确对待服刑中遭遇的挫折，增强承受能力。遇到挫折，可以直接找分监区长或教导员反映。

案例二：罪犯王某觉得自己的病情十分严重，随时都有死去的可能，再加上监狱医院只能做一般的常规治疗，加剧了他的恐惧感。这主要是身体疾病造成的心理不适。工作要点：

1. 帮助其认识到病情虽然较重，但不是绝症，还不到危害生命的程度，应该树立治疗的信心，只要积极配合治疗，监狱医院现有的条件是能够治好其病情的。

2. 请主治医生及院长当着他的面做一个承诺：一定尽监狱医院最大能力对他进行治疗。

3. 为他办理一次外诊。

4. 建议按外诊的医嘱，让王某家属买一些好药寄来。

 学以致用

徐某，男，40岁，因抢劫罪被判刑4年，该犯入监后，分包监狱民警通过日常行为观察，发现该犯思维混乱、行为异常，通过谈话教育，了解其以往的经历，发现徐某曾有情感性精神障碍的精神病史。

问题：针对徐某的情况，你在谈话中该如何处置？

要点提示：监区及时采取措施做好夹控、训练上的适度安排，并将其作为精神病筛查对象上报有关机构，经精神病医院鉴定，结论为该犯处于精神病发作期。因此，需要将该犯送入精神病院治疗。

 拓展学习

谈话教育案例实录
——摘自张建秋《个别谈话教育》

张某，男，34岁，汉族，大专文化，原系某监狱干警，因故意杀人罪被判处死刑缓期二年执行。投入改造两个月后的某一天下午绝食，任凭监区领导做工作就是不听，情绪很不稳定。原来该犯入监后不服从监区的管理和干警的教育，自认为过去是同行，有特殊犯人的感觉。监狱领导知晓该犯情况后，决定亲自找他谈谈。

这位监狱长首先到该犯所在的监区了解情况：最近监区接到通知，把新来的一批罪犯分到监区，其中，张某被留在新犯集训监区协助干部管理其他新来的罪犯，但监区有的干警对这样的做法有意见，认为他不符合条件。因为在该监区应该选择那些表现比较好的罪犯负责协管工作，且有特殊要求，比如判处死缓的罪犯是不符合条件的。如果将张某留在该监区，则不仅是安全隐患，而且对其他罪犯有负面影响，会认为干警没有公正执法。因此监区请示监狱，把张某重新安排在新收罪犯小组，继续参加集训。为了防止张某有想法，监区事先还向张某表明，这次安排没有衔接好，是监区没有全面理解监狱的意见，所以出现了失误，请张某理解和配合。张某却认为监区这样做是故意刁难他，给他难堪。回到新犯小组后就拒绝进食，甚至连水都不喝一口。

（了解事情经过，为谈话的进行找到切入口）

开始谈话：

监狱长：你是张某？

张某：是的。

（旁边的干警问他这是某某监狱长，你认识吧？他说认识）

监狱长：你以前认识的还是现在？

张某：以前在单位就知道。你的文章也看过的。

监狱长点点头，说好的。

（这样做的目的是希望找到双方共同的话题，在正式谈话前尽可能消除其戒备心理，缩短相互之间的心理距离）

监狱长：今天我来找你，就最近关于你的一些情况进行交流和沟通。我们在交流时是平等的。你觉得我讲得有道理就听，没有道理就不要听；你如果信任我，也可以和我谈谈你的观点，你也可以不和我说，我不会有意见，因为这是你的权利。

（平等对待我们的谈话对象同样是顺利进行谈话的基本要素，但在实际工作中往往会忽视这一点）

最近听说你的情绪很大，对监区的一些做法很有想法。就目前我所掌握的情况来看，可能在我们的管理过程中是存在偏差的，因此你有想法或有情绪是可以理解的，但这种偏差不足以让你采取目前这种做法来表达你的诉求。当然，对这件事我还要做进一步调查。对你的具体情况我不是很清楚，而且说来也很巧，就是那天，去年的7月7日我到监狱报到，而那天你把你老婆给杀了。

（讲这样的话还是为了拉近与他的心理距离）

你老婆对你不忠，从中国传统观念来看，作为一个男人的确难以接受，你在冲动之下把你老婆杀了似乎是事出有因，甚至似乎是可以理解的，但法律不会因为你值得同情就不追究你的法律责任。我们常讲的"法不容情"就是这个道理。你原来也是从事罪犯改造工作的，对此我想你应该是可以理解并接受的。

（说这些，一方面仍旧在拉近双方的心理距离，另一方面就与他相关的一些问题与他交换意见并取得他的认可，这就能为下面说服他的错误做法或观点做铺垫）

法律只看你实施的犯罪行为所产生的结果。你把你老婆杀了，就应该承担相应的法律后果。按照我国现行法律，你犯的是死刑，但因你老婆有一定过错，所以给了你两年的缓期执行考验期。这两年，对于你来讲是非常关键的……

（向他讲述生命的重要和责任）

你今年才三十多点。经历如此大的起落，有情绪是可以理解的，但再有情绪你也不能拿自己的生命开玩笑啊！

（趁机询问他的家庭情况，以增强他的亲情意识）

不管女方家给不给孩子，你就是他父亲，你就有责任抚养他。虽然现在你在监狱无法履行你的责任，但你不会一辈子待在监狱。你怎么能对自己的生命不负责任呢？另外一个问题，我们过去是同行，在本质上你也不同于一般犯人，只要在法律和政策许可的范围内，将心比心，我们可以给予适当照顾。但对你来讲，你不能把这种"照顾"当成一种要求和条件。作为一名罪犯，起码的规章制度是必须遵守的。你过去也是管理教育别人的，应该懂得这个道理。从我个人来讲，我非常同情你，但法律是不允许同情的，我们的纪律和责任也不允许，你说对吗？

张某点头表示认同。

（这时张某的情绪有所缓和，监狱长就趁热打铁，希望他能表达自己的观点或想法。对时机的把握也是谈话能否取得效果的重要方面）

张某终于开口讲述了自己的想法，并开始接受监狱长的教育，放弃了绝食的做法。

这次谈话结束后，该监狱长整理了本次谈话的记录，并针对张某拟定了相应的教育计划，使其回到新犯小组后安心改造。

项目六

分类教育

图 2-6-1　针对性的教育改造措施[1]

 知识储备

一、罪犯分类教育概述

（一）罪犯分类教育的内涵与价值

罪犯分类教育是指监狱在对罪犯进行科学分类的基础上，在罪犯教育过程中，认真剖析和研究每一类罪犯的特点及其改造规律，运用不同方法，施以不同内容，进行的教育矫治活动的总称。

罪犯分类教育的价值主要体现在：①分类教育具有集体教育和个别教育的双重优点；②可以进一步促进罪犯教育改造工作的专门化和专业化；③契合当前我国民警素质状况和押犯变化情况；④可以使民警对某一类罪犯做到深入剖析、深化研究、深层矫治、深度发展，有利于使民警成长为罪犯教育改造专家。

（二）罪犯分类教育的现实必要性与可行性

罪犯分类教育既是我国监狱教育改造罪犯所应遵循的基本原则，又是教育改造罪犯的重要方法和主要手段。随着我国监狱体制改革的逐步深化，监狱的功能

---

〔1〕　图片来源于山东省未成年犯管教所。

越来越纯化，监狱的教育改造职能不断增强，监狱人民警察素质不断提高，监狱教育改造工作的专业化水平和专门矫正队伍正在壮大，这些都为有效开展罪犯分类教育提供了现实可能性和重要保障。

分类教育是介于集体教育和个别教育之间的重要教育形式。集体教育解决的是罪犯普遍性和共性的问题，规格高、规范性强、震动性大，有其不可替代性和不可忽视性，但是集体教育毕竟是一种"笼统式"教育，很难解决不同罪犯类型所特有的矛盾和冲突，也不能真正深化到罪犯内心深处进行教育矫治，因而有其局限性和特定性。罪犯个别教育是对单个罪犯针对其特殊性所开展的行之有效的教育矫治活动，因而其效果最好，作用最大。但是，个别教育是建立在罪犯个案矫治制度的基础之上的，它需要建立在科学评估和科学测量的基础上，通过多种矫正手段的综合作用方有可能转化罪犯。这不仅对矫正手段的运用提出了高要求，而且对矫正人员的素质提出了高要求。如果民警没有良好的教育矫治素质和经过专门训练，往往难以适应这一工作。分类教育集合了集体教育与个别教育的优点，既可以有效弥补警力不足的短板，又能够突出重点、卓有成效地进行教育改造。

二、罪犯分类教育的不同形式

1. 按犯罪性质分为：暴力型罪犯、财产型罪犯、盗窃型罪犯、淫欲型罪犯、毒品型罪犯、危害国家安全罪犯的分类教育。

2. 按罪犯性别和年龄分为：男犯、女犯、未成年罪犯、老年罪犯的分类教育。

3. 按犯罪前不同身份分为：职务罪犯、少数民族罪犯、外国籍罪犯的分类教育。

4. 按罪犯服刑经历分为：初犯、偶犯、累犯、惯犯的分类教育。

5. 按罪犯健康状况分为：精神病犯、病残罪犯、传染病类罪犯的分类教育。

6. 按罪犯改造表现分为：积极犯、中间罪犯、落后罪犯、顽危罪犯的分类教育。

7. 按罪犯服刑时间分为：服刑初期、服刑中期、服刑后期的分类教育。

8. 按罪犯不同刑期分为：短刑期（3 年以下）罪犯、普通刑期（3 年至 10 年）罪犯、长刑期（10 年以上）罪犯、无期罪犯、死缓罪犯的分类教育。

9. 按罪犯不同文化程度分为：文盲罪犯、半文盲罪犯、一般文化程度罪犯、文化程度较高罪犯的分类教育。

10. 按罪犯不同宗教信仰分为：有宗教信仰类罪犯、"法轮功"类罪犯、其他邪教类罪犯的分类教育。

11. 按罪犯不同服刑场所分为：工业型监狱罪犯、农场型监狱罪犯的分类教育。

三、罪犯分类教育的实施路径

（一）收集信息

罪犯分类教育首先必须了解不同罪犯类型中罪犯的基本情况，对某类罪犯进行深入调查研究，获取关于某类罪犯的基本资料，包括成长经历、家庭环境、交往关系、生活环境、工作环境、犯罪原因、犯罪性质、犯罪危害、改造状况、人身危险性、改造难度等方面的综合性的第一手资料。同时，运用心理测量，掌握罪犯的个性心理特征、人格状况、认知、情绪和行为特征，为制定个别化矫正方案提供依据。

（二）分析研究

重点剖析和总结某类罪犯的特征，包括生理特征、心理特征、行为特征和改造特征等，并进行提炼和总结。针对共性问题采取集体教育的方式，对个性问题和个别突出问题制定适合该犯实际的个别教育方案。

定期召开罪犯思想动态分析会议，根据罪犯思想和行为动态出现的新问题、新情况，及时调整教育方案。

（三）制定方案

1. 制定罪犯教育计划及目标。在充分了解某类罪犯的特点以及改造特征的基础上，制定符合实际需要的教育改造计划，提出具体明确并且能够实现的教育目标。

在实施教育计划过程中要循序渐进、持之以恒，不断观察和研究罪犯在教育改造过程中出现的新情况和新问题。定期对罪犯的教育改造情况进行评估，根据评估结果及时调整级差管理和处遇级别。

2. 制定改造某类罪犯的具体矫正措施和方法途径。这包括监管措施、惩戒措施、思想改造、心理矫治、恶习矫正、药物治疗、感化改造、文化改造、劳动改造、社会帮教等方法措施。具体方法包括：罪犯身份意识和服刑意识教育、法制教育、人生观和价值观专题教育、职业技能培训、心理矫治与心理危机干预等。

（四）组织实施

监狱民警按照教育方案分步骤有序实施，在实际操作中注重原则性和动态性相结合，根据教育的效果和情况，及时调整方案。总之，罪犯分类教育要根据个体情况及时调整教育方案，体现"教育、挽救、感化"的教育改造方针。

任务 21　未成年犯的教育

学习目标

了解掌握未成年犯的特点、犯罪原因以及教育方法，能根据未成年犯案例制定针对性的教育改造方案。

案例导入

陈某，案发时 16 周岁，父母常年在外打工，自小跟随奶奶长大。奶奶思想传统，教育方式比较简单粗暴，总认为棍棒底下出孝子。随着陈某年龄增长，由于缺少父母的关爱和有效管教，加之对奶奶管教方式的反感和反抗，经常跟街上游手好闲的青年一起玩耍，初二便辍学在家，在镇上洗车店工作，经常混迹于网吧。某日晚，陈某在石某家玩时，听到了石某在某职技学校读书的女友曹某打来的请求增援的电话。原来曹某因琐事与同校女生李某发生口角，李某扬言要找人与曹某"约架"。在石某提出为曹某"出气"的请求后，陈某很爽快地答应了，并准备了一把砍刀。次日下午，陈某等一行四人与李某叫来的魏某、韩某等一行八人在某职技学校门口相遇，双方话不投机随即大打出手。陈某持刀将魏某、韩某分别砍成轻伤、重伤。法院以聚众斗殴罪判处陈某有期徒刑 3 年。

问题：请结合案例思考如何对未成年犯进行改造教育？

理论导航

2021 年 3 月 1 日起施行的《中华人民共和国刑法修正案（十一）》对刑事责任年龄作出了调整，将法定最低刑事责任年龄降至 12 周岁。因此，根据修正后的《刑法》第 17 条的规定，以及 2021 年 6 月 1 日起施行的《中华人民共和国未成年人保护法》（以下简称《未成年人保护法》）第 2 条的规定，未成年犯是指犯罪时已满 12 周岁不满 18 周岁，触犯了国家刑法和有关刑事法律的罪犯。未成年犯身体尚未发育成熟，思想上尚未形成正确的人生观、价值观，可塑性强，反复性大，具有特殊性。

《未成年人保护法》第 113 条第 1 款规定："对违法犯罪的未成年人，实行教育、感化、挽救的方针，坚持教育为主、惩罚为辅的原则。"《监狱法》第 75 条第 1 款规定："对未成年犯执行刑罚应当以教育改造为主。未成年犯的劳动，应当符合未成年人的特点，以学习文化和生产技能为主。"因此，未成年犯的教育改造工作既有政策上的特殊性，又有其独特的规律性。

一、未成年犯的特点分析

（一）生理方面

未成年犯的年龄在 12 岁至 18 岁之间，正值人一生中非常重要的生理阶段——青春发育期。在这一时期，人体的器官机能处于由渐变到突变的发育高峰期。其突出的表现是：身高体重激增、第二性征日趋明显、新陈代谢十分旺盛。未成年犯与处在这一时期的其他未成年人一样，身体由不成熟迅速走向成熟，他们需要摄入足够的营养来支持身体的发育，需要有适应生理发展的客观环境，需要获得青春期生理卫生知识。

（二）心理方面

青春期的未成年人心理发育迅速，但各方面的发展并不协调，充满着矛盾，未成年犯更是如此。

1. 消极性格特征明显，自控能力较差。青春期的未成年人消极性格特征主要表现为随心所欲、放荡不羁、追求新鲜刺激、有自我表现欲望、自尊意识强烈等。受消极性格特点和独立意向的驱使，他们总想做出各种大胆的尝试，表现出旺盛的求知欲和好奇心，好打抱不平。虽然会因受到严格的监规纪律的约束而处于压抑状态，但在特定情况下往往会难以自控而不计后果地表现出来，对自己的行为缺乏应有的准确判断力和控制能力。

2. 对外界反应敏感，自尊感与自卑感并存。未成年犯多表现为自尊感和自卑感并存的两极状态，渴望获得别人的尊重，对别人的评价非常敏感，对监狱人民警察的批评地点和方式反应敏感，任何有损于其自尊心的言辞和动作都可能激起其逆反和愤恨心理，从而顶撞监狱人民警察。同时。由于未成年犯绝大多数是由问题少年演变而来，常受到别人的议论，内心深处往往也存在着深深的自卑感。

3. 独立意识强烈，多存在不良观念。未成年犯处处要求独立，处处渴望独立。由于年龄轻、社会阅历浅、文化知识比较贫乏和落后，未成年犯的认识能力普遍低下。由于认识能力跟不上其独立意向的发展，且两者之间存在着强烈反差，未成年犯形成了不良的观念，如吃喝玩乐的人生观、无政府主义的自由观、江湖义气的友谊观、冒险之徒的英雄观、庸俗下流的性爱观、自私自利的价值观、悲观厌进的前途观和厚颜无耻的道德观。

4. 意志薄弱，低层级需要占优势。未成年犯在意志品质方面主要表现为：动机不佳、目的不明、意志薄弱、易受挫折、畏惧困难。未成年人在青春发育期产生越来越多的物质和精神上的需要。未管所对其各种需要的限制，常常使他们产生欲求不满的紧张感和挫折感。许多未成年犯精力旺盛、精神空虚，常因物质需要无法满足而产生新的违规和犯罪行为。

5. 情绪稳定性差，容易冲动。未成年犯的情感主要表现为心境消极，易变；热情不足，激情有余；积极不足，消极有余；缺乏道德感，道德水平较低；求知不足，好奇有余；美丑不分，善恶颠倒。未成年犯的情感特点使他们情绪波动很大，容易接受消极、反面事物的影响；遇事缺乏冷静，易感情用事，自制能力差。

（三）行为方面

心理决定行为，未成年犯的心理特点决定了他们在服刑改造过程中的一些特殊的行为表现和行为特征。未成年犯的行为特点主要有：

1. 情绪情感的波动性。由于未成年犯的认识水平低下，意志较为薄弱，情感常处于起伏不定的状态，爱感情用事，易受他人及外界因素的影响。在一些场合，他们可以为一句气话而动武，而在另外一些时候，几句安慰和劝导的话也可以使他们激动不已。未成年犯在服刑改造过程中，行为持久性低，情绪波动大，易于感情用事，变化无常，易于反复，时而表现积极，时而情绪低落、消沉。例如，刚有了初步改变又犯错误，做好事的同时又做了坏事，这种改造上的反复性常使人感到他们游移不定。

2. 行为方式的模仿性。模仿性是指未成年犯自觉或不自觉地模仿一个榜样的行为。模仿他人是未成年犯的主要行为方式，是其心理可塑性的一个表现。未成年犯的模仿对象是自己看来值得崇拜的一些"偶像"。模仿行为具有盲目性、低级趣味性。且主要是模仿具有刺激性的攻击行为，而一些日常行为及在他们看来是"循规蹈矩"的行为，一般引不起他们的兴趣。

3. 小群体的亲和性。它是指未成年犯之间粘合力较强，团伙、集团、组织活动较多。未成年犯独立意向强，但实际能力却有限，很容易在罪犯群体中寻找伙伴，设法谋求行为上的一致。这种亲和性使未成年犯容易形成适合自己的非正式群体。由于未成年犯情感波动大，自尊心强，所谓的"好朋友"也可以为一点小事而分道扬镳，他们的非正式群体一般不会持久，未成年犯的小圈子常处于不稳定的状态。

4. 人格的可塑性。未成年犯的人生观、价值观、世界观尚未定型，容易受外部影响，其中当然包括司法机关、社会和家庭对其的积极影响。

二、未成年犯犯罪原因分析

(一) 未成年人犯罪的生理原因

未成年人生理机能迅速发展，内分泌旺盛，大脑常常处于兴奋状态。相对于心理水平的缓慢发展，生理机能的成熟与活跃会导致过剩的精力用之不当，而由于未成年人自我控制能力的缺乏，在外界不良因素的影响下，容易出现冲动性和情景性犯罪。

(二) 未成年人犯罪的心理原因

未成年犯罪的心理原因主要表现为以下几种冲突心理：

1. 自我封闭与强烈的人际交往需求的心理冲突。随着未成年人年龄增长，成人感逐渐增强，内心的困惑和疑虑不愿轻易向别人吐露，往往表现出明显的心理闭锁，因而产生孤独感。然而，这种孤独感并不是他们所希望的，他们渴望被人理解、希望与人交往、希望在人际交往中有一定的地位以维护自尊，因而人际交往的需求较为强烈。因此，在与父母老师的沟通隔阂中，逐渐希望与同龄伙伴拉帮结伙。

2. 探索欲望与易受暗示模仿的心理冲突。未成年人的探索欲和好奇心较强，但由于他们社会经验不足，认识能力尚未发展成熟，容易受暗示而模仿，自觉不自觉地受一些不良因素的影响，看问题时以偏概全、固执己见，在复杂的社会生活中，容易被人引诱，上当受骗，稀里糊涂地就加入犯罪团伙，不知不觉地就走上犯罪道路。

3. 精神独立与经济依赖的心理冲突。心理上想独立，而实际生活中又不得不依赖父母的矛盾可能激发子女与父母之间的冲突，加大代沟的裂痕。在现实社会中，有的未成年人因对父母的严格管束十分不满而产生强烈的逆反心理和报复心理，进而实施家庭暴力，甚至出现弑亲现象。

（三）未成年人犯罪的家庭原因

家庭作为社会的细胞，是未成年人一生中经历的第一个场所，是他们社会化过程的起点。不良家庭环境对未成年人不健全人格的形成具有原发性的影响。不良的家庭环境包括：家庭结构不完整，疏于管理和教育；家庭教养方式不当，溺爱、简单粗暴或放任自流的教养方式；父母不良行为，父母的言谈举止、态度等对未成年人发生着潜移默化的影响。上述家庭情况很容易导致未成年人形成孤僻、冷漠、自卑、蛮横等不良性格特点和反叛心理，极易导致未成年人放任自流、误入歧途。

（四）未成年人犯罪的学校原因

良好的学校教育可以对家庭教育的不良影响起到弥补和矫正的作用，帮助未成年人抵制和消除不良社会因素的影响。但是，学校教育还存在某些不尽如人意的缺陷和失误，不利于未成年人的社会化，如学校忽视思想品德教育、法治教育效果不佳、青春期性教育和心理健康教育滞后。

（五）同龄群体不良交往的影响

同龄人的相互交往在未成年人的社会化过程中起着十分重要的作用。极少数未成年人之所以走上违法犯罪道路并恶性发展，与其未成年同龄群体的不良交往息息相关。团伙犯罪一直在未成年人犯罪中占有很高的比例。不良交往往往是未成年人走上团伙犯罪道路的起点。

（六）社会亚文化的影响

由于文化市场的失控，不良文化泛滥已经成为未成年人犯罪的直接诱因。各种充斥着暴力、色情淫秽内容的音像制品及网络游戏等对未成年人产生了不可忽视的腐蚀作用。

三、未成年犯的教育方法与要求

（一）以道德教育为起点，注重健全人格的培养

未成年犯正处于世界观和人生观的形成阶段，因而在对未成年犯思想道德教育过程中，要对其进行爱国主义、集体主义、社会主义教育，同时加强法制道德教育，使他们树立正确的世界观和人生观，养成良好的社会公德和个人品德，塑造健全人格。通过对未成年犯进行法律援助，解决其自身存在的法律问题，引导他们深刻认识自己的犯罪行为给国家、社会、人民、家庭及其个人所造成的危害，激发其认罪、悔罪接受改造的自觉性和主动性。

（二）以心理疏导为抓手，建立完善的心理档案

未成年犯之所以犯罪是因为其大多数存在着心理问题，因此，在教育过程中，应加大对未成年犯的心理咨询，狠抓心理健康训练，发挥集体的矫正功能；要结合改造实际，导入情绪管理教育，引导他们认识自我的情绪以及情绪的种类、了解情绪对人的影响，学会调控、管理情绪，做自己情绪的主人。通过心理剧、心理晴雨表、定期组织有情绪障碍的罪犯开展团体心理训练等形式，积极疏导、预防，建立完善的未成年犯心理档案。

（三）以亲情教育为基础，加强感化教育

充分调动各方面社会力量投入未成年犯的教育改造过程中，让未成年犯感受社会的关爱，对未来坚定信心，充满希望，在对其社会帮教的同时，引导他们懂得感恩；积极主动为未成年犯搭建沟通亲情的桥梁，重建亲子关系，加强亲情教育，发挥家庭对他们的感召力，避免其产生孤独感和被遗弃感，增强他们重新做人的信心。例如，利用未成年犯 18 岁生日的契机，组织他们过集体生日，与民警和亲人一起包饺子、分蛋糕，举行成人宣誓仪式，共同庆贺他们的成长与成熟，时刻记住"母难日"。

（四）以挽救与惩罚相结合为原则，兼顾文化知识与职业技能的学习

未成年犯大多数没有完成九年义务教育的学业，未成年犯管教所应该将文化知识学习、职业技能培训列为日常教育改造工作的首要任务。一方面，资助、劝导适龄未成年人回到学校，完成义务教育学业；另一方面，对已完成义务教育或年龄偏大的未成年人，免费提供劳动技能培训，使其掌握生存发展的一技之长，并帮助他们与社会无缝对接——就业或创业，使其成为自食其力、遵纪守法的公

民。在教育、挽救的同时，必须辅助以惩罚的手段，不能脱离法律的规定和监狱的现实。

📋 工作流程

1. 了解情况、收集基本信息。深入了解陈某的犯罪原因、刑期、身体、心理特征、行为特征、家庭情况、社会关系、个人爱好以及改造表现等。

2. 分析研究情况，寻找教育对策。对汇总的信息进行分析研究，针对陈某的共性与个性问题分开解决。如果是共性问题，则采取集中教育方式解决；如果是个性问题，则采取个别教育的方法。挖掘陈某的犯罪原因、犯罪动机、性格特征、教育突破口等。

3. 针对陈某的特点制定教育方案。

（1）以道德、法治教育为起点，加强认罪悔罪教育。循循善诱地帮助陈某认识到其所犯罪行对社会、受害人、自己和他人家庭的危害，分析盲目冲动所造成的危害，使他懂得盲目行事会造成想象不到的不良后果，对人对己都有害无益。要让陈某思考如何去补救自己的人生，怎样去健全自己的人格，怎样去回报社会和亲人，怎样去回报对其关爱的民警，加强人格教育。

（2）以亲情教育为基础，加强感化教育。陈某之所以走上犯罪的道路，跟父母常年在外打工、奶奶简单粗暴的教育方式、缺少亲情和关爱有很大关系。失去自由在监狱服刑，其孤独的心灵更需要家庭的温暖、亲人、民警和社会的关爱。要充分利用亲情电话、亲情会见、社会帮教以及民警细微处关爱等方式，将这些方式转化成其改造的动力。

（3）开展心理健康教育。通过陈某的犯罪经过可以看出，陈某哥们义气、遇事冲动、不计后果，存在心理认知和自我情绪管理的障碍，必须对其加大心理干预和健康教育，祛除心理疾病，重塑健康心灵。

（4）注重三课教育。陈某没有完成九年义务教育的学业，无一技之长。未成年犯管教所应该将文化知识学习、职业技能培训列为日常教育改造工作的首要任务，提高其文化知识水平，培训其掌握生存发展的一技之长。

（5）强化同龄人的教育影响。针对陈某注重"兄弟"义气的特点，向其宣传一些改造表现好的典型，给其树立学习的榜样，使其学习模仿，从中受到教育，逐步改掉自身的犯罪思想和恶习，树立高尚的道德风尚。

（6）其他。要经常开展诸如文娱、体育、书法、绘画等有益于身心健康的辅助教育活动；要采用推心置腹、耐心细致的个别教育方法，不厌其烦地对其进行反复教育。

4. 实施教育方案。针对提纲性项目，列出详细的实施时间、项目，分步骤实施。

 学以致用

马某，案发时 16 周岁，8 岁时父母离异，跟随父亲生活，母亲从没有看望过他，也没给过抚养费。马某不爱学习，经常逃学，初中一年级时转入工读学校，半年后退学。平时经常去网吧上网，喜欢上网聊天、打游戏，还浏览黄色网站。由于受淫秽色情不良网络信息影响，加之又处于青春萌动期，产生邪念。于 2020 年 7 月暑假的一天下午，将其在网上认识的女孩陈某约至某小区的平房内，使其喝下掺有白酒的啤酒，致使陈某处于醉酒状态，强行与之发生性关系。法院以强奸罪判处马某有期徒刑 2 年。

问题：根据该犯情况制定一份切实可行的教育改造方案。

要点提示：应针对该犯性犯罪特点、家庭结构残缺、缺少父母关爱、文化素质较低、无一技之长、受不良文化影响等特点，注重其健全人格的培养，进行科学的性教育，培养其一技之长，多举办丰富多彩的活动转移其旺盛精力，注重搭建亲情帮教平台。教育方式要适应其身心发展的规律和特点，注意感化、挽救和惩罚相结合。

 拓展学习

"三课"教育 让悔过泪化作向上向善的力量

让思想教育"丰富"起来。为积极践行教育改造宗旨，提升思想教育课堂教学实效，未管所结合工作实际，多措并举，拓展服刑罪犯思想教育活动形式。充分利用"孔子学堂"，将国学经典引入教育改造，引导服刑罪犯在思想上参悟、行为中践行"知礼义、明廉耻"的传统文化观念和人生态度，并多次邀请社会教育机构和爱心人士来我所对服刑罪犯进行国学教育。让罪犯在国学经典与自身行为中做到知行合一，从而走稳走好回归社会和家庭的每一步。优化民警"讲师团"课程，开设爱国主义教育、法治教育、心理健康教育等课堂。民警用通俗易懂的语言，将知识传授给服刑罪犯，规范其行为养成，使其牢固树立改造意识和遵规守纪意识。充分发挥校所联动，增强服刑罪犯法制观念，保障监管场所安全稳定，引导服刑罪犯吸取教训，剖析犯罪根源，从根本上强化对服刑罪犯的思想矫治，提高广大服刑罪犯接受教育改造的积极性和主动性。

让文化教育"彰显"特色。为进一步贯彻监狱工作方针，坚持课堂教育与常规教育相结合的原则，大力加强罪犯文化教育，在原有教育培训工作的基础上，积极与联合办学单位沟通协调，先后聘请 6 名专职教师，开设数学、语文、历史、音乐、体育、国学 6 门课程，设置初中班 2 个、预科班 1 个，经考试合格，颁发结业证书，合格率达到 100%，实现了"以文化人、以文育人、以文塑人"的目的，圆满完成本年度教学任务。

让技术教育"实用"更"实际"。监所开展服刑罪犯职业技能培训，既是教育改造工作的重要内容之一，也是有效降低服刑罪犯刑满释放后重新犯罪率、维护社会安全和谐稳定的有效手段。近年来，未管所积极引进社会力量，在资金有限的情况下，以监社合作为载体，创办了职业技能培训中心，由社会专业技能培训学校指派教师来未管所免费对服刑罪犯进行职业技能培训。积极选择开设西式面点加工班，开展培训及考核鉴定，帮助参训服刑罪犯获得由国家认可的相应技术等级证书；开设按摩班、设摄影班等，帮助参训服刑罪犯学有所获、学有所成。

未管所深入开展罪犯"三课"教育，积极践行改造宗旨，充分发挥"监狱+社会"的立体教育模式，通过全方位、多层次的系统教育，引导罪犯把刑期变"学期"，进一步转变罪犯错误思想观念，促使其树立正确的世界观、人生观、价值观；教育他们认罪悔罪，自觉接受改造，积极增强法律意识和道德素养，努力掌握一定的文化知识和劳动技能，顺利拿到回归社会的金钥匙，让悔过泪真正化作向上向善的力量。

（来源：黑龙江省未成年犯管教所公众号）

任务 22　女性犯人的教育

学习目标

了解掌握女性犯人的特点、犯罪原因以及教育方法，能根据女性犯人案例制定针对性的教育改造方案。

案例导入

程某，1982 年 5 月出生，因故意伤害罪于 2013 年 4 月被某法院判处有期徒刑 3 年。

程某出生在一个贫困的家庭，其爷爷因为第三者与奶奶离婚，而后去城里买了房子定居，奶奶没有改嫁而是带着程某的父亲在村子里住了下来。但是，这件事给程某一家带来了长久的屈辱与伤痛，使程某一家遭受了村里人很多白眼。程某母亲一直告诫程某要好好学习，出人头地。大学毕业后，程某找了一份自认为并不理想的销售工作，后经朋友介绍认识了比其大 19 岁且离过婚的丈夫刘某。刘某经营一家公司，收入颇丰。虽家里人极力反对，但程某觉得嫁给刘某就不用再到处奔波了。婚后因刘某的出轨，程某忍无可忍，持铁管将刘某与情人崔某堵在宾馆门口，将崔某打伤。入监后，程某表现一直很差，经常说哭就哭，说笑就笑，与其他犯人关系较差，程某时常因与她犯吵架被扣分，并且出现了闭经半年多的情况。警官对她的教育可谓是苦口婆心，但收效甚微。程某唯一牵挂的就是自己不满 5 岁的女儿。

问题：请结合案例思考如何针对女性犯人特点进行教育改造？

 理论导航

一、女犯的特点

（一）生理特征

女性犯人的生理特征，主要表现为在月经期和更年期出现的生理症状。女性月经周期是由植物神经系统支配的器官系统下的生理过程，与情绪的联系特别密切，更易于受到情绪活动的影响。女性犯人在月经期前后经常出现难以自控的注意力涣散、精力不集中的症状，做出违反劳动操作规程、违反监规纪律、自杀、逃跑或其他狱内违规违纪行为。女性犯人绝经过程的生理、心理症状普遍比一般女性严重，易出现情绪不稳定、好发脾气、多疑、好哭、烦躁、忧郁、焦虑等症状。更年期生理和心理的波动和变化，常引发女性犯人的某些反常行为。

（二）心理特征及行为表现

1. 思念亲人，悲观失望，易寻短见。惦挂家庭、思念亲人，是女性犯人普遍而持久的心态，其行为表现频繁而不拘形式，或对家人牵肠挂肚，或忧虑年迈体弱父母的冷暖安康，或惦念年少子女的生活和学业，或担心被家庭或丈夫（男友）抛弃。女犯常常以写信、唱歌、哭泣、反复翻看亲友的相片等多种方式释放惦念家庭、思恋亲人的感情。女犯较普遍地存在悲观失望的态度，甚至寻求自杀。

2. 直观思维心理，敏感多疑，易受外在因素影响。女性犯人在警戒监控、监规制度、犯群关系等一系列特殊环境因素的影响下，容易出现敏感多疑、易受影响的心理倾向。加之大多数女犯文化水平低，道德修养差，难以以理智控制情绪，因而行为表现也很突出。一方面，有易于服从、接受管理、较少违反或严重违反监规纪律的行为特征；另一方面，又有很多消极的行为表现。很多女犯喜怒无常，高兴起来，叽叽喳喳，忘乎所以；稍有不如意，哪怕只是鸡毛蒜皮的小事也不能容忍，大动干戈，哭闹不止，甚至寻死觅活。女犯中说三道四，背后议论，挑拨离间的现象也十分普遍。女犯的改造过程中也时常有反复和波动的行为表现。她们的改造表现忽冷忽热，有时积极，有时消极，容易受到周围环境各种不利因素的干扰。她们接受教育快，反复也快，容易"旧病"复发。

3. 依附心理强，寻求支持，渴望交友。封闭隔离而又制度严格的监狱环境，无疑使女性犯人倍感焦虑不安、孤独和苦闷，她们迫切需要在狱内寻找友情，帮助其支撑沉重的心理重负。因而女犯普遍有寻求支持、渴望交友的心理特征。她们常常在身边犯群中选择一个最适合自己的伙伴，如选择同乡、同案、有同类犯罪行为者，或性格、爱好相似者，结成"对子"。有的拜干娘、认干女儿，有的结为"患难姐妹"，有的甚至称夫道妻、搞同性恋。"对子"双方互为知音，感情融洽，她们在生活上相互关心、照顾，精神上互相寄托、慰藉，在与她犯发生纠纷时相互支持。女犯中，结"对子"的现象十分普遍，但绝大多数不属于同性恋的类型。在少数同性恋"对子"中，"精神同性恋"也占多数，双方只是以假想的夫妻身份相互依恋，相互照顾。真正实施异常性行为的"真性同性恋"，从目前所掌握的情况看，还为数较少，而且主要是性犯罪罪犯。

4. 爱慕虚荣，好表现，爱显示。在监狱服刑的女性犯人精神空虚，对今后的前途没有信心，自尊心不能成为奋发有为、锐意进取的动力，其驱动方向仅仅局限于眼前肤浅的内容，因而女性犯人的自尊心向消极的方向扭曲，形成爱虚荣、爱显示的心理特征。她们非常注意他人对自己的评价，过分追求表面上的光彩。很多女犯不顾监规纪律的约束，在有限的条件下，想尽各种办法梳妆打扮，引人注目，希望获得干警的信任、好感，好大喜功，喜听表扬，爱争荣誉，特别惧怕在众目睽睽之下挨批受训，怕丢面子。

（三）角色特点

女性犯人一般承担着多种社会角色，由于入监服刑，其妻子、母亲以及女儿的角色被迫中断，对于更注重家庭的女犯来说，其内心承受着很大的心理压力，存在着包括内疚、不安、思念、焦虑、恐惧、忧虑以及空虚等心理。

二、女性犯人犯罪原因分析

（一）自身因素

1. 生理原因。女性的两个特殊生理期为青春期和更年期。处于这两个时期的女性易烦躁、易忧郁、易产生攻击性行为，遇到不良刺激容易诱发犯罪。女性性意识早熟也会导致生理发育过剩，成为导致女性犯罪的一个重要的生理因素。

2. 心理原因。

（1）依附心理强而自我保护能力差。女性的人格特征表现为非理性的、主观的、缺乏抽象思维能力的、依附的、母性的、感情型的，总体上具有被动性、依赖性较强。再加上进入社会晚，体力和认识能力不如男性，导致在社会中不能很好地适应各种要求，并常常受周围人的暗示，服从于权威，缺乏主见和掌握自我命运的能力。这样强烈的依附心理势必会造成女性在社会人际关系和市场竞争中处于被动不利的状态。进入社会后，社会经验不丰富，是非判断能力差，容易轻信他人、盲目听从他人、受他人指使、被他人教唆，最终走上犯罪的道路。

（2）情感丰富但情绪不稳定。女性在情感上多为理想主义者，有情感丰富、细腻、情绪稳定性差及控制能力弱等特点，容易在本能的欲望、情绪驱使下实施违法犯罪活动。女性的意志力通常也受情绪的影响，有了好的情绪，则意志坚定，不甘落后；一旦心情不好，情绪低落，意志也就不强，从而对工作和学习无信心，产生自暴自弃的悲观心理，从而报复他人，报复社会，引起犯罪。

（3）狭隘心理且道德观念差。女性很少因为义气、信仰等而进行犯罪，她们大多是为了自己本身的得失，为了家庭生活及丈夫、子女等而犯罪。因此，女性很少进行义气性犯罪、政治性犯罪活动，她们在犯罪方面表现出明显的"有利可图"的特征，贪图小便宜进行违法犯罪的情况很多。

（二）外在因素

女性在社会化过程中必须承受各种社会压力，面临更多的挑战与困惑，这易造成女性生活无着落而产生挫折情绪。犯罪女性大多数都是那些原来就有不良情绪倾向，敏感脆弱、控制力差的人，犯罪女性往往在社会生活中遭遇创伤或挫折，进而颓废，以致产生消极厌世情绪，并促发犯罪。犯罪女性受教育程度普遍偏低，在认识活动方面存在认知能力差、认识范围狭窄、肤浅片面等问题，对事物难以作出正确的判断和理性的分析，尤其农村女性大部分得不到正常的教育，文化素质低、依附心理强、人格不独立，大多对法律缺乏了解，发生问题时特别是受到不法侵害时，过于克制自己，而又缺乏保持心理健康的有效方法，容易采取极端的方式解决问题。

三、女性犯人的教育方法与要求

（一）注重生理、心理知识教育，培育性健康意识

女性犯人有其特殊的生理现象及与之相伴的心理反应，监狱干警应对中青年和中老年女犯分别介绍女性月经期和更年期的生理机制、生理现象、生理疾患以及相伴的各种心理反应，使她们了解自己的生理、心理状况，适时做好生理、心理准备，从而减少或克服生理、心理的不适症候，防止月经期和更年期改造表现的波动，并预防破坏改造秩序的行为。

针对女性犯人多数有性罪错史的特点，监狱干警应结合女性的生理构造和生理功能，对其进行性科学知识教育，主要包括性的社会学和生物学意义、性卫生、性疾病、妇科病及其防治，以及性病、妇科病对生育子女及哺育婴儿的影响等知识内容，促使女犯爱护自己的性健康。

（二）注重环境陶冶和艺术矫治，培养健康情趣

环境陶冶以"润物无声"的方式对女性犯人的思想、观念、价值、道德、态度、情感等产生影响。艺术矫治则体现为运用美术、音乐等的基本原理和方法，使女犯在参与绘画、管弦乐、唱歌、跳舞的过程中，受到潜移默化的艺术熏陶，学会用无害方式宣泄不良情绪，学会表达、投射自己内心美好的向往，逐步实现自我教育、自我反思、自我提高、自我超越。这既可以培养女犯健康的情趣，又能帮助她们重建自信、调节情绪、净化心灵。

（三）注重文化与法治教育，培养生存技能

女性犯人的文化知识水平普遍较低，文盲、半文盲以及小学、初中水平者占绝大多数，法制观念淡薄。因此，对女犯的教育改造必须注重提高其文化知识水

平和法治意识，鼓励她们自学成才，加强以刑法、监狱法、婚姻法、继承法等法律规范为主的法制教育。通过讲解条文、以案说法、现身说法等方式，促使她们提高认识，加深认罪感，心悦诚服地接受改造。职业技术教育应着眼于回归后的就业出路，对女犯的技术培养要因地制宜，应考虑投资少又适合女性特点的项目，如裁剪、美发、美容、烹调、茶道、纺织、刺绣、家禽饲养等，真正使她们掌握一种适应生存和当前社会需求的劳动技能。

（四）注重性别教育和成长教育，培育自信、自尊、自爱、自强精神

将"社会性别教育"列为思想教育的内容，教会女性犯人如何恋爱，如何经营婚姻家庭、夫妻关系，如何做家长，如何才能建立起良好的亲子关系。通过人生观、价值观教育、前途教育、社会真善美道德观念教育等内容，帮助女犯树立自信心，培养意志力，克服虚荣心，打消因各种心理压力而引起的自卑感；通过道德修养教育、行为养成训练、社会审美态度教育和自我保护意识教育等内容，督促女犯注重自己的言行，爱惜自己的名誉和身体，注意严格要求自己，举止端庄，语言文明，洁身自爱，逐步养成良好的行为习惯；通过女性社会价值观教育、理想和前途教育、社会竞争机制教育等内容，使女犯认识到自身的力量，并认识自立的重要性，激发其独立意识和自立精神，逐步摆脱依附心理，树立自信心，从而达到面对现实、反省罪行、增强改造信心的目的。

（五）注重亲情和社会帮教，激发感恩之心

注意发挥社会和家庭在罪犯改造中的作用，动员和利用社会力量，参与、支持罪犯改造工作。邀请社会名流、英雄模范、道德模范、特级教师、女法官、女检察官、女律师、女企业家来监狱对女性犯人实施帮教；定期组织罪犯亲属来监参观、恳谈、联欢、共餐，进行亲情教育，促进罪犯转化；发动社会文化、文艺、医疗机构和团体送书、送艺、送医进监；利用社会的专家优势资源，在罪犯中开展法律咨询、心理辅导等活动。可以开展的活动有：组织罪犯走出高墙，回归故里，参观企业和市容市貌，让罪犯更多地了解社会，亲身感受社会巨变；组织罪犯到地方敬老院做好事、献爱心，增强其道德感和社会责任感；组织罪犯凭吊革命先烈，不断净化心灵，激发改造动力；组织开展共建活动，利用特殊的时间、节假日开展和举办各种大型活动，以培养女犯的积极心态，释放负性情绪和压力等。

工作流程

1. 收集并了解程某基本情况。通过查阅档案、个别谈话、心理测量等形式对其基本情况进行梳理，了解其犯罪的自身原因、表层原因、深层原因、刑期、服刑改造情况、心理障碍等，为下一步寻找对策提供依据。

2. 综合分析程某的情况并寻找对策。根据汇总的情况，由心理咨询师介入做心理评估，确定程某的心理障碍、矫治或干预方法；由医务人员协同检查、分析其闭经的原因；分析其社会支持系统尤其是亲情帮教的状况，评估程某女儿给其带来的改造动力；分析程某的个人习惯与爱好，找准教育的突破口。

3. 根据前期工作制定程某教育方案。

(1) 强化"三课"教育，增强法制观念、培养生存技能。加强对程某的法治教育，通过讲解条文、以案说法、现身说法等方式，使其知法懂法，加深认罪感，深刻认识自己罪行带来的危害，认罪服法，避免再次走上犯罪之路。根据监狱实际和程某兴趣爱好、文化程度，进行适合的职业技能培训。通过技能培训，使其自食其力，更好适应社会，真正自立自强。鼓励程某在大学文化基础上提高一个层次，鼓励自学成才，为其接受新事物和其他教育创造条件。

(2) 强化环境陶冶，运用艺术矫治，培养健康情趣。加强监区文化建设，使程某在参与监区环境建设、绘画、管弦乐、唱歌、跳舞等活动过程中感受到环境陶冶和艺术美的感染，树立正确的是非观念，学会用无害方式宣泄不良情绪，学会表达、投射自己内心美好的向往。

(3) 强化亲情帮教，整合社会资源，培养积极心态。加强亲情帮教，针对程某感情细腻以及牵挂女儿的情况，不同处境下促进其与女儿、家人的会见、亲情电话、亲情就餐等，刺激其不断追求进步、积极改造。

(4) 进行婚恋家庭观教育，逐渐培育"四自"精神。教会程某如何恋爱，如何经营婚姻家庭、夫妻关系，如何做家长，如何建立起良好的亲子关系，开展自信、自立、自强、自尊教育。

(5) 坚持心理辅导、适应性辅导和人际关系辅导。程某入监后表现出了一系列不适应服刑生活的情况，情绪反复无常，人际关系很差。可以以程某对女儿的牵挂为突破口，持续加强心理辅导。通过心理咨询与干预解开程某的心结，进行服刑生活的适应性辅导，通过各种团体活动或者以其病情为突破口，引导其认识并感受到别人的关爱，引导其建立积极的人际关系。

（6）开展生理常识教育，维护身心健康。针对程某闭经的情况，进行生理检查，科学介绍女性月经期的生理疾患以及相伴的各种心理反应，使其了解自己的生理、心理状况，调整情绪，规律饮食，从而减少或克服生理、心理的不适症候。

4. 实施教育方案。针对提纲性项目，列出详细的实施时间、项目、人员分工、方法等并分步骤实施。

 学以致用

李某，37岁，初中文化，因强奸罪被某区人民法院判处有期徒刑2年。李某离婚后改嫁费某，李某的女儿沈某也随二人生活。后李某因与他人通奸染上性病，为安抚丈夫，李某同意并协助费某将自己的女儿沈某强奸。李某自小家庭条件一般，父亲十分重男轻女。李某排行老三，上面有两个姐姐，下面有一个弟弟。为了让弟弟上学，李某很小就出去当服务员打工，打工期间认识前夫，18岁生下女儿，后感情不和离婚。入监服刑后，李某因与其联号王犯关系异常密切被调换监区，但仍在生产时间趁干警不注意，跑到王犯机位诉说"思念"之情，被管教干警多次批评。

问题：根据该犯情况制定并提交针对该犯的教育方案。

要点提示：分析该犯的性格、犯罪原因、家庭情况；针对李某的情况，以"三课"教育为基础，增强法治观念，培育生存技能；根据李某性罪错史的情况，开展性心理和性健康教育；促使其参加文娱活动转移其注意力；开展性别角色教育和成长教育等，注意教育方案要有针对性和可行性。

 拓展学习

提升女性犯人权利保障水平　家庭联络权亟待重视

日前，中国人民大学法学院副教授程雷等完成了《我国女性在押人员处遇状况研究报告》，选取全国不同地区五所女性羁押场所（看守所和监狱）进行调研，梳理了当前女性在押人员的真实处遇。

如果能在一定条件下允许其穿着便装、适当化妆，对于缓解其心理压力、消除消极情绪都会有一定的积极影响。在女性服刑人员增多的同时，女囚权利保障问题也得到同样的关注，"男女平等不是男女一视同仁，而要根据男女自身心理和生理的不同差别对待"。程雷解释道。

其中最重要的是家庭联络权。据研究报告显示，在所调查的女性在押人员中，已婚的占女犯的 62.88%，有子女的占女犯的 63.32%。程雷指出，女性在家庭中的地位特殊，任何一个家庭如缺少了家庭主妇更容易失去温暖和幸福，尤其对于未成年子女的成长将造成无法弥补的创伤。

"特别是因家庭暴力导致的女性故意杀人、故意伤害犯罪中，这部分女犯入监后，一方面，家境大多陷入困难境地，孩子成了失去父母关爱的孤儿；另一方面，这部分女犯失去了婚姻家庭的幸福，多数被亲人抛弃，长年无人接见，加之刑期较长自觉前途灰暗因而失去改造的信心。"程雷对女犯的婚姻家庭及个人改造表示担忧。

据了解，我国女子监狱的设置一般都选择在交通较为便利的大、中城市，但由于每一省份内往往只有 1~2 所女子监狱集中羁押女性已决犯，这给远离监狱所在地的省内其他区域女性已决犯的家属会见造成较大障碍。另外，目前尚未完全实现女性已决犯回原籍服刑，这更增加了其家人会见的难度。

对此程雷建议，鉴于女性在家庭中的特殊地位以及与家庭之间的特殊关系，应该有效保障女性在押人员的家庭联络权，多创造其与家属、与子女定期见面、交流的机会。

此外，根据《监狱法》规定，女性已决犯只能穿着监狱统一配发的囚服。看守所内虽允许女性未决犯穿自己的衣服，但要求必须套上统一的识别服。另外，监狱和看守所都严禁女性在押人员化妆，也不允许其持有化妆品，只允许使用简单的护肤品。

程雷认为，女性在押人员长期身处高度封闭的空间，如果能在一定条件下允许其穿着便装、适当化妆，对于缓解其心理压力、消除消极情绪都会有一定的积极影响。例如，山东省女子监狱从关照女犯心理需要的角度出发，将人性化、柔性化管理的思维触角延伸到服刑人员的日常生活中，针对女性爱美的意识，培养她们积极乐观的生活态度。

（来源：中国妇女报）

任务 23　老弱病残犯的教育

 学习目标

　　了解掌握老弱病残犯的特点、犯罪原因以及教育方法，能根据老弱病残犯案例制定针对性的教育改造方案。

 案例导入

　　刘某，女，52 岁，文盲，因投放危险物质罪，被判处有期徒刑 8 年。

　　刘某因与同村村民林某一起放羊多年，产生暧昧关系，期间二人发生矛盾，刘某心存怨恨，遂伺机在林某饭菜中投毒报复。刘某家有丈夫以及两个儿子，均靠在外打工维持正常的生活，不能给予刘某过多的经济和精神支持。刘某入狱后，常因思念亲人情绪失控，但是又担心成为亲人的负担，思想行为复杂多变。刘某已经年届 60，患有双肾结石且正处于更年期，身体抵抗力和心理承受力都在下降，频繁产生伤感和紧张焦虑情绪，经常暗自垂泪，对度过漫长的刑期缺乏信心。刘某性格内向，敏感多疑，思想偏颇固执，极少与他人交流，把自己封闭在自我的小世界里，对民警及同犯心存敌意，被动改造，仇视社会，怨恨丈夫不来探望自己，怨恨导致自己入狱的一切因素。

　　问题：请结合案例思考如何针对老弱病残犯开展教育改造？

 理论导航

　　老弱病残罪犯，通常是指罪犯中年龄在 60 周岁以上（女性年龄为 55 周岁以上）或患有各种严重疾病、传染病、肿瘤、精神病、妇科病以及肢体、器官残缺，功能不全或丧失功能，体质弱或智力低下的罪犯群体。老弱病残罪犯是一个特殊、复杂的罪犯群体，普遍具有心理脆弱、体质虚弱、环境支持薄弱、知识技能缺乏、改造动力较差的特点，是罪犯当中典型的弱势群体。

一、老弱病残犯的特点分析

（一）整体上的表现较差

　　老年犯随着年龄的增长体能下降，病犯、残犯由于病痛造成丧失或部分丧失劳动能力，这使得这部分罪犯在日常的学习和劳动中难度较大，表现出个性固执易偏激，适应困难，悲观绝望，以自身为标准衡量监规纪律，甚至产生抵制监规、制造不协调气氛等违纪行为。

（二）复合型矛盾心理突出

老弱病残犯由于年老体衰或者病情恶化，缺乏劳动技能，记分低、奖励少，担心得不到减刑出不了狱，出狱后亲人不认及生活无出路，对改造前途缺乏信心，自卑和焦躁心理比较严重。在服刑改造过程中，极易随处遇发生举止跌宕起伏的状况。

老弱病残犯在狱内无疯狂抗改现象，而是以倚老卖老、小偷小摸、装病号等方式破坏监规纪律，甚至以自杀逃避劳动。

（三）环境支持系统薄弱

老弱病残犯大多长年得不到信件邮包、会见等家庭送来的温暖，在某种程度上被家庭视为累赘，表现出社会远离、家庭抛弃、亲人疏远、同犯歧视、干警冷落等情况。有些干警将老弱病残犯视为"包袱"，扔不得，又不喜欢，还得多方注意；犯群中在监狱亚文化风气中嘲讽、戏弄的情况加剧了其孤僻的性格，老弱病残犯很容易丧失上进的动力。

（四）知识与技能的缺乏

老弱病残犯多以中小学以下文化为主，由于其不愿学，学不会而普遍缺乏技能。由于老弱病残犯没有知识、技能缺乏、体能又差，导致改造成绩不优秀、生产劳动不突出，只能挣得改造基本分；并且由于计分少、奖励少、减刑少，从而打击了其积极改造的动力。

二、老弱病残犯的犯罪原因分析

（一）趋于自私、自控力差的心理原因

老弱病残犯由于失去或减少了创造财富的机会和可能性，趋向于以自我为中心，转而固守财富，计较得失，对别人侵犯利益的行为容易表现出过激的反应。由于身体机能的退化，容易产生敏感、固执、多疑、抑郁、烦躁的心理，易被激惹，从而产生过激行为。

（二）生存能力下降、支持系统薄弱的家庭原因

老弱病残犯生存能力相对下降，容易遭受家庭成员的虐待、遗弃、不赡养等

行为侵害。加之老弱病残犯多存在家庭结构的变化和残缺，其渴求获得的尊重、安全和成功在现实中无法满足，如果外界出现一定的诱惑，也很容易引发这类群体的出轨行为，如空巢老人现象、老年人近年来性犯罪日益增多。

（三）文化素质低、关爱体系滞后的社会原因

老弱病残犯大多文化素质较低，缺乏自我修养。由于身体原因导致其与社会交往或社会主流文化出现隔阂，遇事容易冲动、缺乏理性分析能力，学法用法的主动性较差，法制观念比较淡薄。加之关爱老年人的社会体系不完善，容易将老年人推向正常社会化的"角落"之中，导致其文化生活导向模糊、与社会的文化冲突加剧，这在形式上表现为老年人在生活观、人生观、价值观方面与社会发展脱节，难以适应社会规范的要求。

三、老弱病残犯的教育方法与要求

（一）坚持"以人为本"的理念，做好老弱病残犯的"人文关怀"

老弱病残犯的情感丰富且复杂，受暗示性强，对外界发生的事情容易将其影射到自己的身上并进行比较，引起情绪的波动。当他们情绪产生变化时，民警要认真观察，及时了解其思想动态，给予充分的关心和帮助，促进其改造。同时，要关心老弱病残犯的生活，在监管设施和饮食上应注重人性化设计与安排。

（二）根据老弱病残犯身心特点，注重个别化教育方法的适用

老弱病残犯应根据实际情况，突出个别教育。个别教育是对老弱病残犯的教育中至关重要的一种方式，特别是采用拉家常式的个别教育效果较好。老弱病残犯的心理较脆弱，依赖性重，一般都有极强的倾诉欲，他们渴望被尊重、被重视，在这种情况下，民警的个别教育就显得尤为重要。个别教育既要体现民警对他们的爱护和重视，又要纠正他们的缺点和错误，不能光讲大道理，做表面文章，要能够真正深入到罪犯的内心。

（三）适应老弱病残犯身体与心理情况，寻找合适教育切入点

积极开展老弱病残犯的生理卫生、心理卫生以及其他有针对性的健康教育。充分利用现代科学技术，从生理病痛入手，在减轻生理病痛的基础上减轻心理病痛，理性对待自身的疾病，逐渐树立战胜疾病的信心。

（四）坚持进行人生价值观教育，引导老弱病残犯树立改造自信

帮助老弱病残犯坚定人生信念、战胜病魔、战胜自我，如开展以"生命观"

为主题的思想教育活动，引导他们"珍爱生命""珍爱健康"。

工作流程

1. 收集与了解老弱病残犯的信息。了解刘某的犯罪原因、刑期、身体、病情、心理特征、行为特性、改造情况、心理需求以及在老弱病残犯中存在的共性和个性问题。共性问题如身体机能和心理承受力均下降、缺乏改造信心、敏感多疑等，个性问题如怨恨丈夫、怨恨社会、怨恨导致入狱的一切因素等。

2. 分析研究老弱病残犯的具体情况，寻找解决策略。主要策略包括：依靠医学，打击那些伪病、小病大养者；尽量选派有工作经验、有爱心和责任心、有心理咨询师资格证的民警负责老弱病残罪犯的教育工作；抽调一些有医学常识、心理健康、有劳动能力和有爱心的罪犯与老弱病残人员成立健康互助小组，对他们在生活、学习和改造等方面予以陪护和帮助。

针对刘某的情况，首先要了解其双肾结石的病情，并给予病情控制，为刘某订制病号饭；尽量选派有工作经验、有爱心和责任心、有心理咨询师资格证的民警负责刘某的管教；安排有医学常识、心理健康、有劳动能力和有爱心的罪犯与刘某成立健康互助小组，在刘某的生活、学习和改造等方面予以陪护和帮助。

3. 制定老弱病残犯教育方案。老弱病残犯的教育方案要体现四个注重：注重基础教育，强化社会适应性教育，提高心理健康水平；注重亲情教育，加强感化教育，增强生活自信心；注重自我教育，激发自我矫正内驱力；注重心理教育，通过个别心理咨询，建立心理危机干预档案。

在制定针对刘某的教育方案时也要遵循上述四个注重的要求，强化刘某的基础适应性教育，为刘某搭建自我教育的平台，通过不同罪错类型罪犯的现身说法教育，在经历自我认识、自我要求、自我评价阶段后，时时关注其服刑中自我教育的感触；注重个别教育，民警通过关心身体健康为切入点，鼓励刘某战胜病魔，战胜自我，加强与刘某的心理沟通，面对刘某的心理症结，心理咨询与矫治人员应协同管教干警进行疏导和干预；通过相应途径尽量争取到刘某丈夫尤其是儿子的亲情会见；多举措进行人生价值观教育，引导刘某树立改造自信。

4. 实施老弱病残犯教育方案。根据刘某情况制定教育矫治方案，落实开展方案的项目、内容、时间、人员和方式等，并分步骤实施，及时总结反馈并做适当调整。

 学以致用

沈某原在阜新矿务局的一个矿上上班，退休后有点退休金，这是老两口的唯一收入。好吃懒做的儿子沈小某对沈某的退休金早就垂涎三尺。某日晚上，沈小某不让父亲睡觉，非要父亲写下保证书，称今后的退休金全部由他支配。沈某写了几遍，沈小某都不满意，到了午夜时分，在母亲的苦苦哀求下，他才放过了父亲。次日下午，沈小某在外边喝得酩酊大醉，一进屋又逼着父亲写保证书，沈某无奈只得含泪写下了一份保证书。沈小某将保证书揣进怀里，就来到院子里坐在自家菜窖边上吸烟。沈某看在眼里，想想自己被儿子打得遍体鳞伤，老伴眼睛也被儿子害瞎了，老泪流在心间，一时怒火胸中烧，便悄悄地走到沈小某身后，一脚把其踢入2米深的菜窖内，沈小某当即昏迷过去。沈某自知这个逆子醒来后一定不让他好过，就从地上拾起一根木棒下到菜窖内，在沈小某的头部猛一顿乱打，直到沈小某一动不动为止。因涉嫌故意杀人罪，沈某被判处有期徒刑10年。入狱后，沈某万念俱灰，意图自杀，幸亏被同监室罪犯及时发现。

问题：根据案例情况制定并提交针对该犯的教育改造方案。

要点提示：应以沈某自杀情况为要点，对沈某严密监护，对监舍等进行检查；开展预防罪犯自杀教育活动，关注对沈某的个别心理咨询；协同管教民警进行疏导和干预，了解其自杀原因，开展生命教育；符合老弱病残犯教育方案的要求。

 拓展学习

深圳监狱把好"五关"强化老弱病残犯管理

随着新《刑法》《刑事诉讼法》和《监狱法》的实施，监狱收押的短余刑罪犯、老弱病残罪犯日益增多，为监狱管理带来新的挑战。特别是老弱病残罪犯的增多，不仅加大了监狱管理的难度，也易引发医疗纠纷。为此，深圳监狱积极采取措施，把好五个关口，加大老弱病残罪犯的管理治疗力度，预防潜在风险。

第一，把好入监体检关。制定出台《收监工作方案》，明确体检医生资格、体检内容、时间要求等相关事项，切实加强入监体检工作，确保第一时间掌握新收押罪犯疾病情况，为后续管理医疗措施打好基础。

第二，把好医疗救治关。对重大疑难疾病，建立与社会医院的常态化专家会诊制度，引入专业社会医疗资源。对常见病和多发病，由医院监区每日对诊疗情

况进行小结，及时掌握倾向性的疾病情况，并在流行病多发季节前提前做好应对措施，做到早预防、早发现、早处置。

第三，把好日常管理关。对老弱病残罪犯进行集中关押，选取责任心强、业务精通的警察进行管理，并在集中关押的非医院监区安排具有医疗资格的警察，做到管教、医疗业务协同，确保掌握该类罪犯的日常心理和行为特点，提高管理教育的针对性和实效性。

第四，把好病情告知关。印发《关于进一步明确罪犯病情告知程序的通知》，细化病情告知的对象、时间、方式等具体要求，特别是对尚未达到一级或二级疾病标准、但存在疾病恶化风险的新收押罪犯，要求及时告知，确保罪犯本人及其亲属第一时间知晓疾病的产生、发展和诊治情况，增信释疑。

第五，把好证据固定关。新收押罪犯中有残疾、生活不能自理以及其他疾病外在表现的，入监时录音录像，并固定保存。加大医疗文书的规范化力度，做好病犯诊疗记录及保存。履行告知程序时，如罪犯不愿意提供亲属住址及联系方式，做好录像、录音及文字材料证明，同时与当地居委会或派出所取得联系，将相关情况告知。

（来源：深圳市司法局）

任务 24 邪教犯的教育

学习目标

了解掌握邪教犯的特点和教育改造方法，能够针对邪教犯的特点，进行有效改造。

案例导入

服刑人员李某，女，1966 年 8 月生，山东省某市人，患有高血压和糖尿病。1999 年，她抱着治病强身的目的开始习练"法轮功"，并逐渐入迷。随着时间推移，治病的目的渐渐远去，而在李洪志的精神控制下，她逐步陷入邪教的泥潭中不能自拔，离正常的社会、家庭生活越来越远。她不顾任何人的规劝和反对，疯狂地崇拜李洪志及其"法轮功"的歪理邪说。她天天捧着《法轮大法》《转法轮》等邪教书籍，模仿李洪志在照片里的动作"打坐"练功。慢慢地，她对李洪志的"消业""长功""上层次"，最后进入"天国世界"等邪说深信不疑。

2000年7月24日，李某因进北京"护法"，扰乱社会秩序被劳动教养1年。2002年4月21日晚，她以小鬼跑到其女儿身上为由，与其他"法轮功"痴迷者将女儿掐死。2002年10月12日，人民法院依法判决李某犯故意杀人罪判处死刑缓期二年执行，剥夺政治权利终身。入监以来，李某抗拒改造，公然信奉"法轮功"。当监狱民警教育她时，她却说："队长，我劝你别费劲了，我是学物理的，我身上的分子排列顺序与别人不一样，死也不会转化。"身体患病时，李某也拒绝救治，声称要死在监狱里。

　　问题：请思考对邪教犯李某实施教育转化的工作流程？

 理论导航

　　邪教犯，系邪教罪犯的简称，这里是指利用宗教、气功或者其他名义实施危害社会的行为，并触犯我国《刑法》，经人民法院判决，被依法收入监狱改造的罪犯。邪教是危害社会的非法组织，是世界性的公害，它与恐怖组织、黑社会并称当今世界三大毒瘤，防范和抵制邪教是21世纪人类面临的一项共同的艰巨任务。随着我国打击邪教组织的力度不断加大，监狱承担关押和改造邪教犯的任务也不断加大，教育转化邪教犯面临严峻的挑战。为此，我们需要认真分析狱内关押的邪教犯的特点，严格把握政策，始终秉持认真负责的教育态度，坚持不断研究，文明施教，瓦解邪教犯业已形成的反社会、反政府、反科学、反人类的心理定式和思维体系，重塑其人生观、价值观、道德观，培养其责任感。

一、狱内关押邪教犯的特点

（一）罪犯构成多样化

1. 邪教派别多样化。当前，我国监狱关押的邪教犯的派别构成多样化。我国监狱关押的邪教犯的派别种类比较多，如"法轮功""呼喊派""门徒会""主神教""全能神"等。随着我国惩治邪教犯罪的力度加大，监狱教育转化邪教犯的工作对象已经由以前的以"法轮功"犯为主，发展到现在各个邪教派别罪犯并重的状态。

2. 罪犯结构多样化。当前，我国监狱关押的邪教犯的罪犯结构多样化。以往监狱在押的邪教犯以青壮年居多，中年人少，老年人更少。而现在大多数监狱关押的邪教犯中中老年犯人多，女性多，无业人员多，文化层次差异较大。

（二）犯罪心理复杂化

邪教犯的犯罪心理表现比较复杂，有祛病强身，锻炼身体而痴迷邪教的；有精神空虚，想得道成仙，祈求神灵保护而修炼邪教的；有借机敛财，从中获利，搞非法经营的；还有仇视社会，煽动群众攻击政府的；等等。

（三）思想极其顽固

邪教犯的犯罪思想极其顽固，而且教育转化后容易反复。多数邪教犯往往被邪教组织所谓的"真""善""忍"所蛊惑，且中毒较深，不能辨明是非，从而形成一系列错误的人生观、价值观、道德观，犯罪的思想极其顽固。监狱在教育转化邪教犯的过程中，有少数痴迷者顽固不化，个别骨干分子由明转暗，偷偷修炼。

（四）具有反社会倾向

邪教犯的罪责感不强，往往具有明显的反社会性。由于深信邪教的歪理邪说，邪教犯将自己看作是为"信仰"而坚强不屈的战士，在监狱服刑的罪犯身份意识不强，对政府取缔邪教组织心怀不满，对政府有抵触情绪，反社会意识强烈。

二、邪教犯的教育主要内容

邪教犯的教育转化是一项非常艰巨的工作，选择恰当有效的教育内容对于教育转化邪教犯起到重要作用。邪教犯是我国监狱教育改造罪犯中的一个普通种类，不能特别化，所以，对于邪教犯的教育要遵循我国监狱教育改造罪犯的方针和原则有序进行。但是，邪教犯又有自身的一些特点，所有在教育转化邪教犯的过程中对于教育内容的适当调整是符合改造罪犯规律的，也是符合因人而异改造罪犯的现实需要的。对于邪教犯的教育内容上主要表现为以下四个方面：

（一）法治教育

邪教犯深受邪教的毒害，无视法纪。在监狱服刑初期，大多数邪教犯不认罪服法，强化法制教育是教育转化邪教犯的首要内容。邪教犯法治教育的内容主要有：基本法理、刑事法律、治安法律、宗教法律法规、刑满释放相关法律等。

（二）政策教育

邪教犯迷信邪教的歪理邪说，认为邪教组织的指令就是他们一切行动的指南。因此，对于邪教犯要加强政策教育。邪教犯政策教育的主要内容有：形势政策、宗教政策、改造罪犯政策、民生政策等。

（三）情感教育

邪教犯的生活中曾经充斥着邪教的荒谬学说，他们大多极端自私，缺乏对家庭、社会的责任感。因此，对邪教犯开展情感教育是非常必要的。邪教犯情感教育的主要内容有家庭情感教育、社区情感教育、社会情感教育等。

（四）文化教育

文化教育是我国监狱罪犯教育的一项重要内容。迷信邪教、反对科学是邪教犯犯罪的一个主要原因。因此，加大文化教育对于邪教犯改造来说尤为重要。邪教犯文化教育的主要内容有：扫盲文化教育、信仰文化教育、传统文化教育、反邪教文化教育等。

三、邪教犯的教育主要策略

（一）坚持正面教育，以法破"法"

在邪教犯的教育中要坚持正面教育，巧妙实现以法破"法"。对邪教犯灌输法治、思想、文化、情感等教育内容，组织罪犯学习我国形势政策、宗教政策、监狱改造罪犯政策等，使罪犯重新认识自己的行为。对邪教的歪理邪说进行正面的分析、批判，促使他们能够认清自己的罪行。

（二）善用典型榜样，攻破防线

在邪教犯的教育中要善于树立榜样，发挥典型揭示作用，攻破防线。邪教犯在教育转化中有三怕，一怕摆脱邪教头目的精神控制而受到惩罚；二怕站出来揭发会被称为"叛逆"；三怕认罪后受到邪教骨干的鄙视。鉴于邪教犯这种心理状态，积极培养改造典型，善用典型榜样的力量来攻破邪教犯的心理防线，会起到以点带面的效果，同时也对顽固不化的邪教犯起到一定的孤立和震慑作用。

（三）活用情感教育，唤醒人性

邪教犯的一个共同的特点是情感麻木、对他人漠视、缺乏责任感，甚至一些邪教犯为了达到个人修行的目的与家庭割裂。因此，要善于抓住机会，如邪教犯身体患病、经济困难等情况，真诚地帮助他们，以情动情、以情移情，有意识地拉近监狱警察与他们的关系，打破他们封闭的内心世界，促使人性复苏。

（四）注重科学引导，重塑人格

邪教犯的教育转化要注重科学引导，重新塑造健康人格。对邪教犯开展教育转化时大多都会采用多种综合教育方式，但是不管采用哪种教育方式，都要注重科学的引导。既要针对邪教犯的主要特征，又要考虑各个罪犯的个性特点，做到因人施教开展教育转化。比如，结合邪教犯的基本特征，开展反邪教爱国教育活动；请行业专家对邪教犯进行心理测量，长期开展心理疏导，使一些邪教犯能够运用科学的方法进行生活矛盾的化解，从而逐步塑造健康的人格。

📋 工作流程

1. 全面了解罪犯。通过查阅李某档案及有关材料，收集其家庭状况、成长经历、犯罪过程，了解罪犯犯罪的动机和入狱表现，把握罪犯的心理状态，掌握罪犯李某的基本信息。

2. 开展首次谈话。掌握李某的生活史、犯罪史、服刑态度、身体状况、心理状况等情况，有针对性地开展首次谈话。本案中，罪犯李某深受邪教的毒害，犯罪思想比较顽固，可以从家庭亲情寻找突破口，引导她认罪悔罪。

3. 建立教育档案。邪教犯的教育转化是一个系统工程，为了能够有针对性地、系统地对李某进行教育转化，结合李某的基本特征，建立罪犯李某个人教育档案。

4. 制定教育计划。选择有针对性的教育内容，采用行之有效的教育方法，制定科学的教育计划。本案中，针对李某的基本情况，采用独特的教育手段从法制、文化、心理和形势政策等方面选取恰当的教育内容，采用情感教育和科学引导的方式，制定教育转化计划。

5. 实施教育转化。根据掌握的资料和制定的教育转化计划，对李某进行教育转化，并对教育转化工作进行记录，并进行有效性分析。

6. 调整教育计划。在对罪犯李某的调查、教育、谈话、观察等基础上，综合李某在监狱服刑的表现情况，对于前期制定的教育计划进行适当的调整，使之更有利于李某的教育转化。

7. 继续教育转化。结合对罪犯李某的教育转化情况，按照新调整的罪犯教育转化计划，对罪犯李某继续实施教育转化。

8. 开展教育考核。根据教育计划，结合李某的表现情况，及时对李某开展各种教育考核，及时掌握教育效果。

9. 巩固教育成果。采用典型榜样激励等方式方法，及时对现有的教育效果进行巩固，以防止李某教育转化工作出现反复，同时，注重对李某健康人格的塑造。

 学以致用

王某今年33岁，服刑前是某公司工人。王某曾经有一个幸福的家庭，事业有成的丈夫温柔体贴，已上小学的女儿聪明伶俐，公婆的关系也相处得很好。她自从1997年习练"法轮功"开始，就打破了全家的平静。她强迫女儿练功，稍有不从，就用竹枝抽打。公婆护着小孙女，为此，关系开始恶化。丈夫气愤，甚至还动手打过她。王某习练"法轮功"日益加剧，已达痴迷的程度。1999年11月，王某伙同他人到天安门广场，被武警当场抓获。2000年2月，北京市海淀区人民法院以非法示威罪判处王某有期徒刑2年6个月。同年3月，她被遣返回原籍，押至某省女子监狱服刑改造。王某入狱初期，不仅不认罪服法，还坚持每天习练"法轮功"，大骂前来制止的监狱民警。平时，一有机会就向其他罪犯宣传"法轮功"。

问题：请写出对该邪教犯的教育转化方案。

要点提示：可以参考教育转化邪教犯的工作流程。结合罪犯王某的基本情况，分析她犯罪的原因，从家庭亲情入手，选择亲情感化教育，唤起她对家庭和社会的责任感，让她放弃对抗，认罪悔罪，积极改造。

拓展学习

浙江女大学生春节前失踪，没想到竟是被奶奶拉进深渊……千万要警惕！

当收到恢复学籍通知的那一刻，刘琳（化名）长长地松了一口气，眼睛里也噙满了泪水，考上大学、误入歧途、面临退学……回想起两年里的点点滴滴，这个19岁少女懊悔不已，曾经她信奉为"神"的组织，带给她的只有无尽的伤痛。

一、案发：女大学生春节前夕失踪

刘琳是浙江某大学的一名学生。2023年春节前夕，刘琳的母亲焦急地打110报案，称自己的女儿失踪了，音信全无。

当地公安机关立即立案调查，很快找到了刘琳的行踪。学校放寒假当天，刘琳从校门口走出后，走进了附近的一个老小区。

民警敲开了其中一家住户的门。屋子里漆黑一片，窗帘将窗户遮得严严实实。

"快，把窗帘打开！刘琳在不在里面？"听到民警的指令，屋内一名男子唯唯诺诺地答应着。窗帘拉开，阳光照进来，屋子里确实没有其他人，然而民警还是感觉到了气氛的诡异。屋内的布置、随意堆放的书和资料，以及男子闪躲的眼神都透露着一丝不同寻常。

随着调查的深入，警方找到了刘琳的最终落脚点，同时抓获了另外6人。民警回忆，刘琳住在一个典型的"老破小"居民楼里，本就采光不好的屋子窗门紧闭，没有一点亮光。屋内，两三台电脑同时播放着"全能神"的视频，床上和地上散落着一些小册子，上面写着"世界末日将至，唯'神'能够拯救世人"等字眼。民警还在床底下发现了一个个用胶带封好的箱子，里面装着大米、油、饮用水等生活物资。

种种迹象表明，这是一个"全能神"邪教组织的窝点。

果然，经审讯，被抓的6人承认，他们就是"全能神"组织的成员。

二、陷落：留守儿童被奶奶拉进深渊

刘琳从小生活在外省农村，父母常年在外打工，由奶奶将她带大。在刘琳的记忆里，奶奶经常笑眯眯地和她絮叨："我们是由'神'创造的。在'神'的指引和庇佑下，我们会获得幸福。"

奶奶不识字，常常将一些宣传册带回来让刘琳一字一句地念给她听。小时候的刘琳不知道，这些正是"全能神"邪教的资料。"全能神"的歪理邪说，就这样一点点地钻进了幼小女孩的脑中。

初二时，刘琳在奶奶的引荐下加入了"全能神"邪教组织。那里的爷爷奶奶、叔叔阿姨都表现得很友善，还让刘琳用"兄弟姊妹"称呼他们。刘琳从小就缺乏父母的关爱，内心一直十分孤独，她一下子被这些人的热情所迷惑，感觉他们真如亲人一般。成员们还送给刘琳一本名叫《话在肉身显现》的书籍，在他们毫无底线的吹捧下，书中的内容也渐渐成了刘琳心目中的"真理"。此后，"全能神"在她心里越扎越深。

但是，"全能神"的歪理邪说与科学知识相悖，让正在上学的刘琳一度十分纠结，左右脑时刻都在博弈。这名花季少女表面上和同龄女孩一样，天真无邪，无忧无虑，但内心早已被邪教组织一点一点地侵蚀。

最终，刘琳认定，"全能神"就是这个世界上唯一的真"神"，一切同"全能神"作对的都是"撒旦",她要全心全意侍奉"神",不容许有二心。她甚至和奶奶一起发了毒誓——"如果有一天背叛兄弟姊妹、背叛'神',我们要接受'神'的惩罚"。

这个毒誓,时时禁锢着这个年轻女孩的内心。

三、挽救:驱走邪念回归生活正轨

高考那一年,刘琳以优异成绩考取了浙江的一所大学。可是,收到录取通知书的那一刻,她打了退堂鼓。因为有知识、有文化,此时的刘琳已经成为当地邪教组织的骨干,一心只想宣扬和服务"全能神"。直到邪教组织同意将她所谓的"组织关系"转区,刘琳才答应父母继续求学。

来到新的生活环境,刘琳一心只想"开疆拓土"。为了逃脱学校管理,她索性搬了出去。学校放寒假时,刘琳和家里说要迟些日子回家,没过几天就彻底失去了联系,直到被警方找到。

得知刘琳参与邪教活动,学校一开始要求刘琳退学。

"退学,你甘心吗?寒窗苦读那么多年,你真的甘愿放弃吗?"反邪教志愿者问刘琳。最初,女孩沉默不言。但从女孩的眼神中,他们还是捕捉到了一丝慌乱。

为了挽救刘琳,反邪教志愿者制定了周密的帮教计划,摆事实、讲道理,一点点做她的思想工作。

"那些书和视频上说的,残害信徒的场景并没有发生。""原来,赵某山也是个普通人,他也是娶妻生子的。"被"全能神"邪教组织洗脑的刘琳一旦打开她的内心,便逐渐发现,原来真相并非"全能神"所灌输的那样。

醒悟过来的刘琳表达了对父母的思念以及对重新完成学业的强烈渴望。在相关部门的帮助下,她重新回到校园,继续她的大学生活。

工作人员说,再次见到刘琳时,女孩满脸笑容,完全看不出她曾误入歧途。

(来源:中国反邪教网)

任务 25　轻刑犯的教育

学习目标

了解掌握轻刑犯的特点和教育改造方法,能够针对轻刑犯的特点,进行有效改造。

 案例导入

2020 年 5 月 7 日 18 点 20 分,当监狱民警组织罪犯刷饭盆时,从 5 班传来骂人的声音。经过调查,发现是罪犯李某在闹事。李某,43 岁,来自河南省新蔡县,因故意伤害罪被判有期徒刑 1 年。随后,监狱民警立即要求他到楼道内等待进一步处理。监狱民警随即对他进行教育,当监狱民警说到"我跟你讲过多少次了,你怎么就是不长记性啊"时,李某情绪失控,突然起身,将饭盆摔在地上。考虑到他曾因与家人的矛盾而自残,监狱民警迅速采取行动,安排了 2 名表现积极的罪犯对他进行包夹控制,以确保他的安全。经过分监区的深入讨论,鉴于李某自入狱以来多次因骂人行为受到处理,且多次谈话教育效果不佳,决定开始对该犯采取包夹措施,并且指定专人对该犯进行转化。

问题:请结合案例思考如何对轻刑犯李某实施教育?

 理论导航

轻刑犯,系轻刑罪犯的简称,这里是指被判处 3 年以下有期徒刑,被依法收入监狱改造的罪犯。依据《刑事诉讼法》的规定,判决后余刑超过 3 个月的罪犯全部要送押监狱执行,加之减刑假释的规范执行,罪犯服刑周期延长,这势必增大监狱在押短刑犯的构成比例。短刑犯管教难问题凸显,给监狱管教工作带来新挑战。为此,研究轻刑犯的教育改造特点,提高对轻刑犯的教育改造效果,对于提升监狱教育改造罪犯质量起到了积极的促进作用。

一、狱内关押轻刑犯的特点

(一) 改造动力缺失

轻刑犯中多数属于初犯,他们在监狱服刑初期多数不能正确看待自己的罪行,在犯罪根源上过分强调外因,罪犯身份意识淡薄,改造动力明显不足,究其原因主要有以下两个方面:

1. 减刑假释的激励不足。当前,我国监狱在对罪犯刑事激励措施设置上不足以调动轻刑犯的改造积极性。大多数轻刑犯由于刑期较短很难达到减刑假释的条件,特别是在罪犯计分考核上很难在有限的刑期中积累到足够呈报减刑假释的分数。这样一来,轻刑犯失去了减刑假释的激励,大多数轻刑犯在监狱中出现了

"度日混刑"的状态。

2. 监狱处遇激励不足。当前，我国监狱罪犯的处遇政策对于轻刑犯难以起到激励作用。我国监狱罪犯的处遇的差异大多体现在罪犯的通讯次数和时间、会见次数和时间、休闲娱乐的范围和时间上，除了严管级别之外，其他处遇等级差异不大，这对于减刑假释无望的轻刑犯来说难以调动改造的积极性。

（二）监规意识淡薄

轻刑犯在监狱服刑中监规意识淡薄。多数轻刑犯缺乏良好的教育，缺乏正确的世界观、人生观和价值观，享乐主义思想严重，又无正当职业，行为养成混乱，再加上改造动力不足，对监规纪律没有深刻的领会，违纪现象时有发生。特别是"多进宫"犯，对监规有恃无恐。

（三）服刑思想复杂

轻刑犯的服刑思想比较复杂。由于多数轻刑犯在监狱服刑缺乏改造动力，多数轻刑犯改造目标不明确，无服刑改造计划。他们有对前途迷茫、无望、失去信心、悲观失望等心理状态。在这种心理的作用下，他们的思想状态也很复杂，有度日混刑的、有盲目自大的、有不服管教的、有对抗改造的，当然也有踏踏实实服刑的。

二、轻刑犯的教育主要内容

轻刑犯的教育改造是一项容易被忽视的工作。重视轻刑犯的教育改造是提升罪犯改造质量的重要渠道。对轻刑犯的教育改造首先要选择恰当有效的教育内容。结合轻刑犯自身的特点，开展分类教育。对于轻刑犯改造的教育内容主要表现为以下四个方面：

（一）法治教育

强化法治教育是教育轻刑犯的首要内容。轻刑犯的法律意识淡薄，无视法纪。由于轻刑犯在监狱改造动力不足，服刑中往往对自己要求不高，甚至对监规纪律有恃无恐。轻刑犯法治教育的内容主要有基本法理、刑事法律、治安法律、民事法律、刑满释放相关法律等。

（二）情感教育

情感教育是教育改造好轻刑犯的法宝之一，应该贯穿于整个服刑的始终。虽然轻刑犯入狱服刑，但是他们仍然与社会保持着千丝万缕的联系，其中情感是纽带。这也正是我们教育改造轻刑犯的有力武器。轻刑犯情感教育的主要内容有：家庭情感教育、社区情感教育、社会情感教育、被侵害人情感教育等。

（三）文化教育

文化教育是轻刑犯教育的一项重要内容，但往往不被重视。轻刑犯的文化教育内容的选择更应该分类开展。分析轻刑犯的不同需求，结合他们的基本特征，有选择地分类选取文化教育内容。比如，依据处遇级别选择文化教育的内容，对于严管级别的轻刑犯重在进行法治文化教育、传统文化教育；对于宽管级别的轻刑犯重在进行礼仪文化教育、社交文化教育等。

（四）技能教育

轻刑犯的技能教育要综合考虑，因人而异地选择技能教育的内容。轻刑犯技能教育要考虑罪犯的刑期、性别、爱好、效益等方面，从轻刑犯回归社会的发展出发，真正能够培养具有一技之长、能够自食其力的刑释人员。轻刑犯技能教育的主要内容有：家政管理培训、安全管理培训、业务技能培训等。

三、轻刑犯的教育主要策略

（一）科学分类，实施分押分教

轻刑犯的自身特点，特别是难管难教的情况，更适合对轻刑犯科学分类，实施分押分教。依据我们《监狱法》的规定和监狱的实际情况，可以对轻刑犯进行科学分类，分类关押，并施以不同类型的教育。这样能够很好地避免交叉感染，传播犯罪恶习的现象。

（二）科学教育，实行因人施教

对于轻刑犯要进行科学教育，因人施教。传统的说教对于轻刑犯来说往往不能引起足够的重视，也很难调动他们的积极性。要破除教育内容雷同、教育形式一刀切的模式，就必须认真分析研究轻刑犯的群体特征，并加以科学分类，找出适合轻刑犯需要的教育内容和方式方法。结合轻刑犯的年龄、性别、兴趣、健康状况等，寻找轻刑犯喜闻乐见的教育内容，选择不同的教育方式及激励措施，进行科学教育，因人施教。

（三）文化感染，施教入心入脑

轻刑犯的教育中文化感染的作用不可忽视，施教要入心入脑。打造独具特色的监区文化是文化感染罪犯的重要渠道。利用监区文化营造积极向上、健康的文化氛围；开展形式多样的文体活动，丰富服刑生活；丰富并规范视听内容，引领轻刑犯新思想的发展。增强对轻刑犯的文化吸引力、感染力和渗透力，达到入心入脑的教育效果。

（四）创新模式，拓宽教育资源

轻刑犯的教育要创新模式，拓宽教育资源。传统的教育倾向于强调集体利益和国家利益，而较少涉及对罪犯个人品行的教育；过去的教育中过多依赖干警的说教，而忽视了社会资源。监狱可以充分利用社会资源，邀请道德模范、时代楷模等人物对轻刑犯进行教育。

工作流程

1. 查阅资料。通过查阅李某档案及有关材料，收集其家庭状况、成长经历、犯罪过程等基本信息，做到充分了解罪犯。

2. 掌握动向。通过查阅资料了解罪犯，掌握罪犯的思想动向。本案中，李某因为袭击执勤公安民警而判刑，应该是对警察存有仇恨心理。

3. 制定计划。考虑到李某的犯罪动机，对于李某的教育改造首先要从转变对警察职业的误解开始。在制定教育计划时，一定要注重执法的公正性，增强李某对监狱民警工作的信任。

4. 教育评估。对即将实施的教育进行初步的效果评估，看能否达到预先设计的教育目的。本案中，李某违反监规，必将受到惩罚，但仅仅惩罚是不够的，采取教育感化是标本兼治的关键。考虑按照制定的教育计划实施教育，能否达到教育效果，就要进行教育前的预评估。

5. 实施教育。根据掌握的资料和制定的教育计划对李某进行教育，并对教育转化工作进行记录，并进行有效性分析。

6. 调整计划。对已经进行的教育工作进行分析，结合对罪犯李某的教育情况恰当调整教育计划。调查事实发现，是因为罪犯王某明明看见罪犯李某没吃完饭，却叫大家一起去刷碗，罪犯李某才骂王某的。

7. 继续教育。结合对罪犯李某的教育情况，消除李某对于惩罚的抵触和对干警的不满，引导他正确地看待自己的行为。

8. 巩固成果。本案中，由于罪犯李某在监狱中屡教屡犯，加之对监狱民警的抵触，可以从执法公正、家庭亲情等方面对李某进行教育，以巩固前期教育成果。

 学以致用

王某，男，今年 33 岁，服刑前是农民。因故意伤害罪被判处有期徒刑 3 年。罪犯王某脾气很大，隔三岔五就要和别人发生冲突、打架。据了解，他妻子和他的父母闹矛盾，每次接见的时候要和他吵闹，搅和得他没心思劳动，成天老想着家里的事。别的罪犯一点不合适的举动也会惹得他大动肝火，大打出手。

问题：写出对该轻刑犯的教育方案。

要点提示：可以参考教育轻刑犯的工作流程，并结合罪犯王某的基本情况，找出对罪犯王某教育的突破口。家庭的不和谐给罪犯王某带来了很大的思想包袱，是王某狱中改造的一大障碍。首先，要教育王某遵守监规纪律，要有服刑意识；其次，帮助王某化解家庭矛盾，可以以家访的形式；最后，典型榜样激励，教育王某在希望中改造，争取早日出狱。

 拓展学习

监狱里的图书馆

哈佛大学毕业生阿维·斯坦伯格在波士顿附近一家监狱做了两年半的图书管理员，他在回忆录中介绍了犯人都爱看什么书，并指出他们应该看什么书。

阿维·斯坦伯格从哈佛大学毕业后成为《波士顿环球报》的自由撰稿人。有一天，他看到一份全职工作的招聘启事，职位是波士顿一家监狱的图书管理员。斯坦伯格递上简历，随后在该监狱工作了两年半。他在回忆录《管理图书》中记述了他的这番经历。

他的书写得很有趣。全书开头说："强盗、军火走私犯、银行劫匪擅长小范围协作、精心制订计划和强压着怒火地执行计划——他们都拥有图书管理员的基本技巧。"一位犯人得知有一本书叫《酷儿理论简介》后痛苦地怒吼道："他们现在都有理论了？"

斯坦伯格发现，监狱里的官员往往不信任图书馆，因为那里的巡逻难度大。图书馆还是传纸条和计划犯罪行为的好地方。精装书可以用于制造武器——书籍本身有些重量，边缘又很锋利，用胶带把书或者杂志缠成棍子后，可以用它们捅洞或打人；磁盘可以做成弹簧刀；书架是很多无法投递的信件的信箱，是犯人中间的朋友或恋人藏信的理想地点，这样的信件被叫作"风筝"。被用作信箱的是那些又厚又枯燥的书——有一个犯人写道："我会在另一本枯燥的书里再给你留

一封信。"他指的是《大英百科全书》。

监狱图书馆里最重要的书也许是法律类图书。但是在监狱中，最流行的书是通俗小说、星座和房地产方面的书。在经济危机之前，犯人认为可以选择加入从事房地产业的犯罪集团。犯人们也经常要求借阅关于真实案例或关于连环杀手的书。图书管理员会回答说没有这类书，但是监狱图书馆里有诺曼·梅勒的《刽子手之歌》和卡波特的《冷血》偶尔也有人借阅。

经常被借阅的还有释梦的书，作者揣测，这大概跟《圣经》中约瑟的故事有些关联：约瑟曾受人陷害被关在埃及的监牢里面，法老做了一个梦，所有埃及的术士和博士都不能解，但约瑟解了法老的梦。法老梦见 7 头瘦牛把 7 头肥牛全都吃光了，约瑟说这个梦是说埃及将有 7 个丰收年，随后又将有 7 个歉收年，国王应该把丰收年的粮食全都存入国家粮仓，以备歉收年食用。

很多犯人爱看马基雅维里的《君主论》，他们还想借阅《权力的 48 条法则》，但是监狱图书馆有意不收藏这本书，因为这本书是马基雅维里主义的更新版，其中的 48 条法则以直白、实用的方式，教读者如何控制他人以得到自己想要的东西。这些法则有的说要隐藏你的意图，有的说行动时要大胆，要彻底根除你的敌人，这显然不适合刑事犯阅读。有犯人偷偷把这本书带进了监狱，他们中间还传播着只写有这 48 条法则名字的精简版，只有两页纸。

斯坦伯格在监狱中开设了写作课，向犯人介绍托妮·莫里森、菲利普·拉金等人的书。他认为，所有的监狱都应该收藏 6 本书：普里莫·莱维的《死缓时日》、约翰·契弗的《猎鹰者监狱》、卡夫卡的《变形记》、约瑟夫·海勒的《第 22 条军规》、特德·柯诺瓦的《监狱风云》和"孤独星球"的《罗马》。

（来源：新浪博客）

任务 26　限制减刑犯的教育

学习目标

了解掌握限制减刑犯的特点和教育改造方法，能够针对限制减刑犯的特点，进行有效改造。

案例导入

张某，男，38 岁，山东人，现在山东某监狱服刑。2011 年 5 月 10 日凌晨 2

时许，张某路过某街道棋牌室时，见店门半开便进入室内。张某发现被害人郑某1人在室内睡觉，便掏出折叠刀，将郑某残忍杀害。随后，张某把郑某的1部手机及钱包拿走，并从棋牌室钱柜内拿走两板硬币，逃离现场。6月13日夜，公安机关将张某抓获。后法院以抢劫罪判处张某死缓并限制减刑。入狱期间，张某患有严重的抑郁焦虑症，他整天沉默寡言，有时候拿着自己女儿的照片流泪不止。他经常对监狱民警说："我的脑子里经常塞满了伤害被害人时的情景，悔恨与不安经常交织在一起，晚上时常失眠，起床小便也要至少4至5次。"一天晚上，他突然把自己的东西整理分类，并逐一送给监舍的狱友，并和大家说珍重。

问题：对限制减刑犯张某应如何进行教育？

 理论导航

限制减刑犯，系死刑缓期二年执行并且限制减刑的罪犯的简称。这里是指被判处死刑缓期二年执行，经监狱改造，若后期有减刑，也必须服满一定期限的罪犯。根据《中华人民共和国刑法修正案（八）》对被限制减刑的死缓犯罪分子实际执行的刑期的规定：最低服刑时间，如缓期执行期满后被依法减为无期徒刑的，将不能少于25年；如缓期执行期满后被依法减为25年有期徒刑的，将不能少于20年。也就是说，无论如何，被限制减刑的死缓犯罪分子都要服满至少20年的徒刑。对罪犯服刑最少时间做出了限制，这势必增大监狱改造限制减刑犯的难度。限制减刑犯管教难问题凸显，给监狱管教工作带来新挑战。为此，研究限制减刑犯的教育改造特点，提高对限制减刑犯的教育改造效果，对于提升监狱教育改造罪犯质量起到了促进作用。

一、限制减刑犯的特点

（一）多为暴力犯罪

限制减刑犯的犯罪过程往往充满着暴力性，多数罪犯都有命案在身。《中华人民共和国刑法修正案（八）》对死缓限制减刑犯的适用对象作了明确的规定，即死缓限制减刑适用于被判处死刑缓期执行的累犯以及因故意杀人、强奸、抢劫、绑架、放火、爆炸、投放危险物质或者有组织的暴力性犯罪被判处死刑缓期执行的犯罪分子，人民法院根据犯罪情节、人身危险性等情况，可以在作出裁判的同时决定对其限制减刑。因为其他犯罪行为被判处死缓的，一律不得适用限制减刑。因此，暴力犯罪为限制减刑犯的一个主要特征。

(二) 改造动力丧失

限制减刑犯的产生是我国宽严相济刑事政策中"严厉"的体现。受到法律和奖惩制度的限制，限制减刑犯的刑期变更为有期徒刑后，已经不可能受到刑事奖励——减刑和假释了。减刑假释的机会丧失让他们在漫长的监狱服刑生活中看不到希望，其中有不少罪犯甚至根本就没有信心活着离开监狱，更别提等到刑满释放"新生"的日子。他们在服刑过程中得过且过，混刑度日的现象十分普遍。

(三) 心态十分消极

限制减刑犯在监狱服刑中心态十分消极，大多数限制减刑罪犯的犯罪恶习较深，多数充满暴力性、性情冲动，但是内心孤僻，沮丧悲观，又因激励作用的缺失，限制减刑犯的心态十分消极。有的限制减刑犯考虑到自己无法孝敬老人，抚养子女，婚姻关系即将解除，不免会失望至极；还有的限制减刑犯考虑到犯罪时引起的民愤极大，担心家人的生活受到影响，不断向政府提出对自己立即执行死刑。

(四) 违纪时有发生

限制减刑犯在狱内服刑违纪现象时有发生。因刑期长且减刑假释无望，不少限制减刑犯悲观绝望情绪蔓延，伺机寻找自杀的机会。还有一些限制减刑犯法律意识淡薄，对监规纪律视而不见，服刑中稍有不顺便大打出手。少数限制减刑犯对自己的罪行不能准确认识，认为法院的判决过重，以申诉为由不断违纪。

二、限制减刑犯教育的主要内容

限制减刑犯的教育改造是当前监狱工作面临的一个新挑战。选择恰当的教育内容是有效改造限制减刑犯的一项重要工作。结合限制减刑犯自身的特点，教育内容主要有以下几个方面：

(一) 生命教育

生命教育是对限制减刑犯教育的首要内容。生命教育要让限制减刑犯感悟生命的有限性、唯一性，从而思考个体生命的存在价值，并在人生实践中实现生命价值。生命教育是要教会他们接受与认识生命的意义，尊重与珍惜生命的价值，热爱与发展每个人独特的生命，并将自己的生命融入监狱改造生活之中，使他们树立起积极、健康、正确的生命观、服刑观。珍惜生命、热爱生命，自立自强的观念要渗透到限制减刑犯的内心世界中。限制减刑犯生命教育的主要内容有：热爱生命、尊重生命、呵护生命、感恩生命等。

（二）法治教育

法治教育是对限制减刑犯教育的重要保障。要让限制减刑犯从主、客观方面分析自己的犯罪原因，能够对犯罪行为做出准确的归因。同时，通过法治教育要让限制减刑犯认识到法律的威严性和惩罚性。限制减刑犯法治教育的内容主要有：基本法理、刑事法律、治安法律、民事法律、监规法纪等。

（三）忏悔教育

忏悔教育是对限制减刑犯教育的重要前提。限制减刑犯只有在认罪悔罪的基础上才能认真积极改造。通过忏悔教育使罪犯学会换位思考，认清自己的罪行给国家、社会、被害人带来的危害，同时也给自己的亲人带去了严重的伤害，自己在监狱认真服刑正是给国家、社会、受害人和家庭回报的最好表现。忏悔教育的主要内容有：认罪教育、悔罪教育、自新教育等。

（四）感恩教育

感恩教育是对限制减刑犯教育的有益补充。感恩教育是教育限制减刑犯学会知足、惜福和感恩。要让限制减刑犯认识到限制减刑是国家刑事政策对生命的爱护，让自己有机会把刑期作为承担罪责、洗心革面、脱胎换骨的过程；要让限制减刑犯用实实在在的行动感谢政府的"活命之恩"，感谢社会的"关怀之恩"，感谢民警的"挽救之恩"，感谢家人的"不弃之恩"。感恩教育的主要内容有：感恩国家教育、感恩社会教育、感恩家人教育、感恩政策教育、感恩民警教育等。

三、限制减刑犯教育的主要策略

（一）落实个案矫治，深化教育攻心为本

根据限制减刑犯的基本特征和具体情况，分析、研究、寻找教育改造规律，采取灵活的教育手段，帮助和指导他们制定改造目标和改造方案，并适时进行教育。可以把限制减刑犯以小组形式进行分组，安排具有心理咨询资格证的警务人员和管教经验丰富、处理突发事件能力强的监狱民警分别对不同小组的限制减刑类罪犯进行教育工作，进一步强化谈话教育的重要性。要求各负责人员全面落实对限制减刑犯的谈话教育工作，每月定时抽时间开展，从而达到强化谈话教育的目的。同时，选定一些改造表现突出、行为良好、思想素质高的罪犯对限制减刑

犯实施多帮多的帮教行动，以真实行动说明改造的积极作用。通过树立积极改造的言行榜样，以言传身教的教育方式，感染限制减刑犯积极投入改造行动，使他们能尽快明确自己的身份，认真改造、重新做人。

（二）强化心理矫治，扎实心理咨询工作

指派心理咨询师主动介入，及时进行心理疏导、心理矫治和心理危机干预，对心理测试、心理状态动态跟踪、评估；对限制减刑犯的心理关注力度要全面，进行心理测试时要保证测试率达到100%，不允许以偏概全现象的出现。并且要根据测试数据建立心理矫治档案，对档案进行科学分类，针对不同的问题进行人性化处理。从源头上缓解罪犯的心理危机，化解影响监狱安全稳定的最大问题。

（三）落实帮教帮扶，挖掘拓宽教育渠道

有效利用社会公益教育资源，努力构建帮扶限制减刑犯的架构。一是通过与各地区政府机关、公益团体建立帮扶部门，尽可能地帮助罪犯家庭解决一些生活实际问题，消除罪犯对家庭的牵挂，增强改造积极性。二是建立绿色通道，建立帮扶网络渠道，让他们能经常与家人进行沟通和互报情况。

工作流程

1. 查阅资料。通过查阅张某档案及有关材料，收集其家庭状况、成长经历、犯罪过程等基本信息，做到充分了解罪犯。

2. 掌握动向。通过查阅资料和仔细观察，掌握罪犯的思想动向。本案中，张某患有严重的抑郁焦虑症，并且有轻生迹象，这一情况应该引起狱警足够的重视。

3. 制定计划。采用行之有效的教育方法，采用独特的教育手段，量体裁衣制定教育计划。本案中，张某狱中服刑出现了非常明显的信号，可能有轻生的危险。可以从家庭亲情感化入手，唤起他对生命的珍惜；开展法治政策教育，让其学会感恩；教育计划必须认真研究、反复讨论，科学制定教育计划。

4. 教育评估。对即将实施的教育计划进行初步的效果评估，看能否达到预先设计的教育目的。

5. 实施计划。根据掌握的资料和制定的教育计划，对张某进行教育时，要不断进行动态分析，并对教育转化工作进行记录，并进行有效性分析。

6. 调整计划。对已经进行的教育工作进行分析，逐一化解张某的心结，恰当修正教育计划。

7. 继续教育。结合对罪犯张某的教育情况，采取措施，消除张某的焦虑、悲观、自责心理，缓解他对家人的过分牵挂。

8. 巩固成果。本案中，由于罪犯张某在监狱中表现出较高的风险，应进行长期跟踪，系统教育引导。可以抓住张某对犯罪的忏悔和对亲人的牵挂，适当运用亲情的力量来挽救、教育张某。

 学以致用

王某，男，今年45岁，服刑前是某工厂下岗职工。因工作下岗，本来就闷闷不乐，还时常遭到妻子的嘲笑。一天，王某在得知妻子有外遇后，终于无法忍受，将妻子残忍杀害。人民法院以故意杀人罪判处王某死缓并限制减刑。2012年5月，王某被收入监狱服刑。刚入狱时，王某烦躁郁闷，万念俱灰，他不服法院的判决，不服监狱干警的管理，在监舍经常大喊大叫，认为妻子有错在先，法院判刑过重，为此不断进行申诉。

问题：请写出对该限制减刑犯的教育方案。

要点提示：可以参考教育限制减刑犯的工作流程，并结合罪犯王某的基本情况，找出对罪犯王某教育的突破口。有两个方面要引起重视：第一个方面，坚持对罪犯王某进行法治教育，促使他认罪服法；第二个方面，保障罪犯王某申诉的权利，对罪犯王某进行申诉知识教育，引导他正确进行申诉，同时强调要遵守法律法规和监规纪律。

 拓展学习

为自己减刑

余秋雨

一位朋友几年前进了监狱。有一次我应邀到监狱为犯人们演讲，没有见到他，就请监狱长带给他一张纸条，上面写了一句话："平日都忙，你现在终于获得了学好一门外语的上好机会。"几年后，我接到一个兴高采烈的电话："嘿，我出来了!"我一听是他，便问："外语学好了吗?"他说："我带出来一部60万字的译稿，准备出版。"他是刑满释放的，但我相信他是为自己大大地减了刑。茨威格在《象棋的故事》里写一个被囚禁的人无所事事时度日如年，而获得一本棋谱后日子过得飞快。外语就是我这位朋友的棋谱，轻松愉快地几乎把他的牢狱之灾全然赦免。真正进监狱的人毕竟不多。但我却由此想到，很多人正恰与我

的这位朋友相反，明明没有进监狱却把自己关在心造的监狱里，不肯自我减刑、自我赦免。我见到过一位年轻的公共汽车售票员，一眼就可以看出他非常不喜欢这个职业，懒洋洋地招呼，爱理不理地售票，时不时抬手看着手表，然后满目无聊地看着窗外。我想，这辆公共汽车就是他的监狱，他却不知刑期多久。其实，他何不转身把售票当作棋谱和外语呢，满心欢喜地把自己释放出来。对有的人来说，一个仇人也是一座监狱，那人的一举一动都成了层层铁窗，天天为之而郁闷愤恨、担惊受怕。有人干脆扩而大之，把自己的嫉妒对象也当作了监狱，人家的每项成果都成了自己无法忍受的刑罚，白天黑夜独自煎熬。听说过去英国人在印度农村抓窃贼时方法十分简单，抓到一个窃贼便在地上画一个圈让他待在里边，抓够了数字便把他们一个个从圆圈里拉出来排队押走。这真对得上"画地为牢"这个中国成语了，而我确实相信，世界上最恐怖的监狱并没有铁窗和围墙。人类的智慧可以在不自由中寻找自由，也可以在自由中设置不自由。环顾四周，多少匆忙的行人，眉眼带着一座座监狱在奔走。老友长谈，苦叹一声，依稀有银铐之音在叹息中盘旋。舒一舒眉，为自己减刑吧。除了自己，还有谁能让你恢复自由？

项 目 七
场所文化教育

图 2-7-1 润物无声育新人[1]

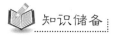知识储备

一、监狱文化

(一) 监狱文化的概念

监狱文化是在监狱建设发展过程中形成的独具行业特色的价值观念、治监理念、群体意识和行为规范，以及承载这些精神产物的物质载体的总和，具有导向熏陶、管理约束、团结凝聚、激励鼓舞等多种功能。

监狱文化是社会主义文化的有机组成部分，它产生于监狱这一特定的社会组织之中，有其特别的属性，它既要遵循社会主义文化发展的客观规律、基本原则和共同准则，又具有自身的特色。监狱文化是监狱工作的灵魂，是监狱建设发展的"软实力"。

监狱文化是监狱的"魂"。当先进的监狱文化潜移默化地渗透到监狱工作的

---

〔1〕 图片来源于山东省监狱。

各方面、各环节、全过程，监狱的一切活动就有了灵魂，有了品位，有了经久不衰的活力；就能使监狱人民警察不仅是刑罚执行者、罪犯管理者，而且是教育挽救者、社会公平正义践行者；就能使监狱不再只有监禁自由、惩罚犯罪的作用，而且还有涅槃重生、化蛹为蝶的功效。监狱文化建设，最终就是培植监狱灵魂，因此需要长期探索、实践和提炼。

（二）监狱文化的特征

《教育改造罪犯纲要》明确规定："发挥改造环境和监狱文化氛围对罪犯的熏陶作用。要为罪犯营造好的改造环境，做到规划合理，设施齐全，环境美化，监区整洁。要广泛开展丰富多彩的文化、体育活动，定期举行文艺演出、体育比赛，组织罪犯学习音乐、美术、书法等，丰富罪犯文化生活，陶冶罪犯情操，使罪犯在文明、人道，有利于身心健康，有利于矫治恶习，有利于重返社会的氛围中得到改造。"

1. 发展的动态性。文化是一种历史现象，每一个社会都有与其相适应的文化并随着社会物质生产的发展而发展。作为意识动态的监狱文化，则是一定社会的政治和经济在监狱工作中的具体反映，必须随着外界条件的变化而变化。监狱的环境、地位发生变化的时候，它的发展战略、监管手段、管理哲学也要随之而有所变化，这样才能不断适应新的形势对于监狱工作的新要求。因此，它总是随着时间的推移和监狱实践活动的深入而不断地丰富和发展。

2. 主体的特殊性。监狱文化的主体特殊性表现在两个方面，一是监狱人民警察，二是服刑罪犯。一方面，监狱人民警察肩负着教育改造罪犯的神圣使命，是特殊的"教师"。而教育者必先受教育，这就需要我们监狱人民警察必须加强自身的文化建设，做到与时俱进。另一方面，服刑罪犯将各种不良的亚文化都带到监狱内来，使监狱成为一个亚文化非常集中的地方，而这种亚文化通过不同身份的罪犯体现出来，以不同的形式表观出来。

3. 主动进攻性。这是监狱文化不同于其他行业文化的特点，即主动进攻性非常明显。监狱文化是各种亚文化最集中的地方，是监狱优良文化与罪犯亚文化冲突最激烈的地方。监狱民警要善于观察和识别服刑罪犯中不良的亚文化，不能任其发展，必须主动进攻，采取针对性的教育，转化其思想观念。这主要包括以下几种做法：一是引导罪犯正确评价自己，摆正自己的位置。二是运用团体具有趋向一致性的压力，发挥集体影响的积极作用。三是注重法律文化的调节功能，抑制与优良文化相冲突的、不符合时代精神的亚文化。一个好的集体中充满着丰富的教育因素，灌输和传播健康向上的社会主义精神文化。通过不懈的努力，营造积极改造、自觉改造的良好监狱文化氛围和环境，使罪犯在这种文化氛围和环境的熏陶下积极改造自我，重塑新的世界观。

二、场所文化教育

（一）场所文化教育的概念

场所文化教育是指教育者自觉地利用场所环境对受教育者进行积极影响，即有目的、有计划地设置和利用各种情感和环境因素，让受教育者受到潜移默化、耳濡目染的影响、感化和熏陶。场所文化教育是监狱在执行刑罚的过程中，为矫正罪犯不良习气、培养罪犯健全人格、促进罪犯身心健康和发展、提高罪犯改造质量，而开展的文化宣传活动、文艺体育活动、艺术和美术活动，以及监狱主体建筑、文化设施、美化物态、规章制度建设等。

（二）场所文化教育的作用

场所文化教育工作的作用主要有：对罪犯的认识导向、情感陶冶和行为规范等三个方面。

1. 认识导向。健康文明的监区文化蕴藏着明确的改造目标、良好的道德规范和抑恶扬善的改造风尚。将罪犯置身于这种氛围中，可以激发其对改造与生活的信心，减少或消除消极情绪，从而树立正确的人生观、价值观和荣辱观。通过借助语言、文学、体育、艺术等工具，开展丰富多彩的群体活动，倡导优良的风气，对罪犯进行熏陶和感染，使他们在一种潜移默化的氛围中，自我感受和领悟"做什么"和"怎么做"，从而发挥环境陶冶的认识导向作用。

2. 情感陶冶。一个环境建设好的监狱，透露出浓烈的文化气息和生机活力，体现出罪犯教育者的价值取向、志趣爱好及文化素养。这不仅使罪犯得到美的享受，而且使罪犯获得熏陶和感染，深刻地影响着罪犯的思想品德和对生活、行为方式的选择。通过美化监区环境，开展丰富多彩的文化体育活动，借助美的事物、美的情境，激起罪犯对美的情感体验，净化心灵，陶冶情操，并自觉约束自己不合乎道德的行为。

3. 行为规范。监狱建立的包括学籍管理制度、活动管理制度、生活秩序和环境管理制度、考核奖惩制度以及"三课"教育管理制度在内的制度体系和制度文化形成的罪犯教育氛围，必然对罪犯起到指向、约束、矫正、激励、整合与保障作用。同时，监狱一系列健康的、积极的、丰富多彩的监区文化，对罪犯健康人格的形成和身心健康的发展起到潜移默化的作用。一方面，狱内各种文化载体所迸发的启迪能量，对罪犯不仅能起到警示、教育、引导和抑制作用，而且也能激发其上进心理，促使他们积极改造，早日成为守法公民和有用之人。另一方面，通过监区文化建设，因势利导地疏导罪犯心理，逐渐淡化或减轻因刑罚而造成的紧张与痛苦心理，从而使罪犯逐步适应狱内的改造生活，规范其服刑行为，使其走上改恶从善之路。

任务 27 营造监区环境

学习目标

了解监区环境熏陶的内涵和任务，了解监区改造环境布置的特点和注意事项。能够组织开展监区环境熏陶教育活动，布置适宜罪犯改造的监区环境。

案例导入

某监狱刚刚建成并投入使用，监区环境还不完善，在监狱文化建设方针的指导下，各个监区根据本监区在押犯的特点提炼本监区文化主题，打造本监区改造环境。

某监区为打造规范、独特的监区改造环境，征集干警意见和建议。

问题：请思考监区文化建设需要考虑哪些因素？

理论导航

一、布置监区建筑环境

监区环境内容主要有：监狱主体建筑、监狱文化设施和监狱美化物态。监狱主体建筑包括大门、岗楼、道路、教学楼、监房、厂房、食堂、家属会见室、心理健康中心等；监狱文化设施包括各种教学设施、文艺体育设施、交流会展设施等；监狱美化物态包括草坪、花木、假山、喷泉、雕塑、楹联、亭台、名言、警句等。

（一）监区建筑建设标准规范

为罪犯营造良好的改造环境，应做到建筑设施规划合理、设施齐全、环境美化、监区整洁。根据《监狱建设标准》第 30 条的规定，监狱内医疗用房、教学用房、伙房、餐厅等应根据建设规模和监狱管理体制，参照国家现行有关规范、标准，按实际需求设置。因此，监区改造环境的布置，特别是监狱主体建筑和文化设施的建设，必须符合相关的法律、法规和监狱监管改造的要求，做到以人为本。

（二）突出文化性

监区文化的出发点和立足点，就是通过先进文化的灌输、教育、熏陶、引导，提高服刑人员的文化素质，逐步转变服刑人员原有的价值观、思维模式和行为方式，使他们在不同层次上联系起来、凝聚起来。因同一文化渊源而形成一种强大的凝聚力量，使服刑人员在文明、人道的环境中得到有效加速改造。监区文化对于提高服刑人员的教育改造质量有着积极的、不可低估的作用。

文化阵地建设，也即基本硬件建设，是监区文化建设中最基本的要求。各监狱应根据实际情况，普遍建立"四室"（图书室、展览室、电化教育演播室、广播室）、"二场"（文艺演出场、体育运动场）、"二队"（文艺表演队、体育运动队）、"一楼"（教学楼）、"一报"（监狱改造小报）、"一中心"（服刑指导中心）；监区建立"三室"（学习阅览室、心理咨询谈话室、文体活动室）、"二栏"（阅报栏、宣传栏）、"一报"（墙板报）、"一园"（学习园地）、"一牌"（亲情寄语牌）。

为增添监狱的文化气息和文化底蕴，可将文化的创始人、传播者的雕像请进监狱。

（三）讲究艺术性

建筑其实是一种实用艺术，即通过建筑群体、建筑物的形体、平面布置、立体形式、结构造型、内外空间组合、装修和装饰、色彩、质感等方面的审美处理，形成一种综合性实用造型艺术。

监区是罪犯日常生活、学习和劳动的场所，监区环境的布置也应具有极强的艺术性。监区改造环境直接给罪犯诸如轻灵或沉思、宁静或活泼、淡薄或威严、清丽或庄重等不同的感受，以便激起罪犯强烈的感情火花。因此，在布置监区改造环境时要讲究艺术性。

（四）稳定性与灵活性相结合

监狱是刑罚执行场所，布置监区改造环境应充分考虑对罪犯所起到的威慑和警示作用，使罪犯时刻不忘自己服刑改造的身份，如标准的监狱高墙和电网、威严的哨楼、醒目的标语和警句。这些时刻都在提醒罪犯，积极改造有前途，抗拒改造无出路。这是监区的硬件设施建设，具有不容置疑的稳定性。

监区环境建设的动态性体现在随着文化发展、载体更新，监区环境建设也呈现出与时俱进的特点。

1. 绿化环境建设。建立卫生、整洁、文明的监区文化环境，把绿化、美化、净化贯穿于监区文化建设的始终。加大绿化建设力度，大力美化监区环境。在适宜位置可栽种观赏植物和花卉盆景，在罪犯中实行树木花草认养、挂牌管理制度，充分调动罪犯参与监区文化建设的自觉性。具备条件的监区可在监区院内建设小型雕塑、喷泉、亭台等景观，并配备相应的照明灯饰。

2. 人文文化建设。净化监区人文文化环境，统一制作名言警句并上墙、上报、上栏。根据罪犯不同教育阶段的教育特点，在罪犯学习、劳动、生活"三大现场"，分别制作不同内容的名言警句上墙、上报、上栏。在监舍内外的合适位置，可悬挂具有人文底蕴和教育意义的墙壁画、宣传牌、格言警句。

3. 节日、活动载体建设。根据节日情况和社会重大活动的需要，将吉祥物、活动标志、时尚代言物等通过剪纸、绘画、根雕、书法等艺术形式，悬挂和张贴在监狱内的醒目位置。在国庆节、国际劳动节、元旦、春节和重大庆祝、纪念活动之日以及每月的第一天，组织罪犯参加升挂国旗仪式。

（五）突出特色

入监监区、出监监区、邪教监区等特殊监区，在监区环境建设的过程中，有着独特的要求；女子监狱和未成年犯管教所，可根据女性和青少年的特点，在建筑设计、建筑风格、建筑颜色、活动载体等建设中，突出女性特点和对未成年后续发展的保护与引导。

二、建设监区文化设施

监区文化设施是罪犯教育、文化活动的主阵地，是提高罪犯文化水平和文化素养、传播社会主流文化的场所和载体。监区文化设施大体分为五类：室、栏、报、园、牌。

室，是指学习阅览室、心理咨询谈话室、文体活动室、广播室。监狱图书室的藏书不少于人均10本，罪犯在闲暇时光可以在阅览室读书；每个监区建立独立的心理咨询谈话室，需要寻求心理问题宣泄和疏导的罪犯可以到心理咨询室与心理咨询师交流；罪犯可在文体活动室锻炼身体、挥毫泼墨、陶冶情操；建立电化教育系统、广播室，各分监区要配备电视，组织罪犯收听、收看新闻及其他有益于罪犯改造的广播、影视节目。广播站每天至少播音 1 次（应由干警播音），内容包括狱内新闻、狱园文化等。

栏，是指阅报栏、宣传栏。监区应设置宣传橱窗、阅报栏，以图文并茂的形式，直观地宣传党的监狱工作方针、政策，法律，国际国内形势，狱内改造、生产最新动态及典型人物、事件。宣传橱窗、黑板报应定期更换内容。

报，是指墙板报以及狱内报纸。根据季节、节日等定期更新墙板报内容；报纸开辟罪犯改造专栏，刊登罪犯来稿。开展经常性的读书、评报活动。

园，是指学习园地。学习园地用于展示学习内容，以及优秀与进步信息。

牌，是指亲情寄语牌。亲情寄语牌用来写送给家人、朋友与自己的寄语。鼓励、支持女犯和未成年犯自己动手制作个性化的"亲情寄语牌"；在床头挂上孩子或母亲的照片和生日时间，唤起他们的爱心；用手工艺品装饰监舍，一舍一景，温馨优雅。

建设充满人文关怀和有助于服刑人员完善人格的阳光环境，有利于服务服刑人员在优秀文化的环境中实现自我改造的总目标。因此，应精心规划建筑风格、环境美化和教育内容，完善监区文化设施。

三、提炼监区文化主题

监区要紧密结合自身的实际，根据专项文化建设资金额，按照因地制宜、量力而行的原则，尽量满足不同层次罪犯的文化需求，拓宽思路，合理规划，分步实施，打造"一区一品一主题"监区文化主题。例如，山西省沁水监狱以"善文化"点燃罪犯新生梦想。在以"善"为核心的监区文化建设过程中，沁水监狱紧紧围绕"与善同行"教育主题，先后完成了大墙文化、道路文化、广场文化、通道文化、床头文化、活动室文化、墙面文化等区域建设，狱园、监舍、床头处处充满文化气息。一是监内"善文化"设计。进入监内大门，"善文化"标识与这里的花草树木交相辉映，形成一道道独特亮丽的风景。"根植于内心的修养，无需提醒的自觉，以约束为前提的自由，为别人着想的善良。"著名作家梁晓声关于文化的阐述格外引人注目。"沁水监狱监区文化建设简介"，言简意赅地介绍了监狱文化建设核心；监内主要岔路口古朴典雅的指路牌，清晰标示出监内主要场所布局；"忠和""爱德"四个大烫金字醒目地悬挂在监舍外墙，分别代表着监区文化特色名片。二是监舍内"善文化"设计。监舍内，以座右铭、心语、愿景、亲情寄语、亲情照片为内容的"床头文化"温情满满，催人励志，召唤迷途囚子早日回归；监舍通道悬挂了各种励志名言警句标语，"走廊文化"润物无声；活动室图书琳琅满目，罪犯在民警指导下，浸润在国学文化的海洋中。甚至于监舍每层楼道地板上，都由 LED 灯光透射着以"善文化"为内容的名言警句。它们犹如黑夜中的灯塔，照亮罪犯改造前行的道路。浓浓的文化氛围，将"学善、知善、向善、行善"的改造观念深深植入罪犯心田，用经典文化沁润其贫瘠的心灵。在这样的文化环境中，罪犯的心智、认知、思维在潜移默化地发生着变化。

四、开展监区文化活动

监区开展文化活动既要反映和体现主流意识形态的要求，又要为服刑人员所喜闻乐见，贴近服刑人员生活，让服刑人员在日常改造中感知它、领悟它，并带给服刑人员春风化雨般的心灵滋润和寓教于乐的精神。

（一）组织罪犯读书

在罪犯中开展读书活动，通过读、写、感，提升罪犯自身的素质和形成对社会生活的新认识。这是鼓励罪犯自觉改造，稳定罪犯情绪，提升罪犯服刑素质和培育良好情操的有效途径。主要工作环节有：

1. 确定主题，制定计划。监区应建立相应的组织领导机构，加强组织、协调、引导和活动的评价工作。机构成员要经常深入罪犯之中，通过个别交流、座谈讨论等途径切实掌握罪犯的需求动态，确定读书活动主题，制定切实可行的计划。在具体实施上，既可以以监舍成员或互监小组为单位，组织所有罪犯读书，由文化程度较高，语言表达能力较强的罪犯负责朗读，其他罪犯认真倾听；也可以通过成立读书兴趣小组的形式，由罪犯自发成立相应的读书兴趣小组，开展读书活动。

2. 加强宣传，引起关注。由于绝大多数罪犯文化程度较低，不会主动热情投入，应借助宣传栏、横幅、标语、广播、电视等媒介，广泛宣传发动，营造读书氛围，并通过阶段性的评比，把活动引向深入，提高罪犯的积极性和集体荣誉感。

3. 作品展示，提升效果。通过举办读书演讲比赛、辩论比赛、写作比赛等竞赛活动，为罪犯提供展现自我的平台，使其尽情抒发感情，探讨个人的社会认知，悔悟罪行，促进正确的世界观、价值观和人生观的形成。

4. 总结提高，普及推广。通过组织罪犯读书汇报会，让罪犯交流读书心得体会，普遍受到教育。

(二) 组织罪犯收听、收看广播、影视节目

1. 组织罪犯收听广播新闻、广播节目、监狱（监区）领导讲话或通过广播对罪犯进行教育和心理辅导等，都必须由当班民警组织罪犯集中收听，罪犯应严格按规定的位置就座。收听结束后，当班民警应作简明扼要的小结，然后布置罪犯进行小组讨论。

2. 每天晚上 7 点，应由当班民警准时组织罪犯集中收看中央电视台新闻联播节目。罪犯在收听、收看广播、影视节目时，应严格按规定的位置就座。

3. 应有选择性地组织罪犯收看电视节目和电影。这些影视节目既包括对罪犯有教育意义、能激发罪犯积极向上的，也包括能使罪犯学到职业技术和职业技能的，当然也包括一些纯娱乐性的，从而丰富罪犯的业余生活。在组织罪犯收听、收看后，还可以组织罪犯写心得、谈体会、开展小组讨论，以巩固和扩大教育的效果。

(三) 组织罪犯参加升挂国旗仪式

1. 各监狱和监区必须相应组织成立一支专业的升挂国旗的旗队。有条件的监区最好选择一些年富力强的民警担任旗手和护旗手，旗队必须进行定期的、严格的训练，训练内容和方法可以参照北京天安门广场国旗护卫队的训练内容和方法来实施，以满足升挂国旗仪式的需要。

2. 入监队和各监区每周都应组织罪犯唱国歌，并把国歌作为每次大合唱比赛的指定歌曲。这样在升挂国旗仪式时，就可以同时唱国歌升国旗，并确保每个罪犯都会唱国歌。

3. 升挂国旗仪式应根据各监狱的实际情况具体组织实施。升挂国旗仪式根据各监狱具体情况在同一场地组织全监狱罪犯升挂国旗或在各监区分别组织。升旗仪式结束后，主持升挂国旗仪式的领导应作简要的讲评，然后再由各分监区（或管区）民警将罪犯集队带回各分监区（或管区）。

（四）组织开展罪犯美育活动

监狱通过组织罪犯学习音乐、美术、书法、绘画等，开展艺术和美育活动，培养罪犯树立正确的审美观念，提高罪犯的审美情趣，让罪犯真正能够感受美，懂得鉴赏美和学会创造美，从而有利于罪犯身心健康的发展，达到教育改造罪犯，使其成为社会主义守法公民的目的。可以邀请社会上的专家学者作专题讲座，开展书法作品展、美术作品展、手工艺作品展等竞赛达标活动，营造积极向上的改造氛围。

工作流程

一、美化监区外部改造环境

可根据监区的具体情况，提出绿化建议，比如草坪、花草种植等；提出文化雕塑建议，如文化名人雕塑等；建议对监区内的道路命名；提出路灯、宣传栏的建设方案。

二、制作监狱内的标语和警句

规范、统一制作监狱内的标语和警句。主要内容包括两方面：一方面，提醒罪犯时刻牢记自己的身份，如在醒目的位置书定"你是什么人？""这是什么地方？""你来这里干什么？"等等；另一方面，激励罪犯奋发向上，提醒罪犯积极改造有前途，抗拒改造无出路。

三、装饰监舍环境

分别悬挂名人名言、警句，书法、绘画作品和摆设手工艺作品等。

四、布置、装饰会见室

对监狱的罪犯家属会见室进行布置和装饰。根据罪犯的不同处遇等级进行设计，对于严管级罪犯的家属会见室，在布置和装饰上既充分体现监狱的威严，又充分体现以人为本的亲情；对于宽管级罪犯家属的会见室，在布置和装饰上多体现关爱、和谐。在监狱的罪犯家属会见室可以设置罪犯改造表现情况和狱务公开宣传栏（或安装电子屏幕触摸查找系统），让罪犯家属能直观了解和适时掌握自己亲人在监狱服刑期间的改造表现。

五、装饰展览室、活动室

对罪犯开展书法、美术、手工艺作品展的展览厅进行布置和装饰，充分体现艺术性。在展厅的布置和装饰上给罪犯诸如沉思、宁静或活泼、激动或威严、庄重等不同的感受，以便激起罪犯强烈的感情火花；给罪犯真、善、美的感受，使罪犯在潜移默化中受到教育和启迪。

 学以致用

为了实现罪犯教育的功能，监狱往往分为入监监区、出监监区、邪教监区、重刑犯监区、限减犯监区等特殊监区以及普通监区，因此，需要对其中服刑罪犯进行不同内容的教育。为提升罪犯改造效果，监区环境建设亦应当独具风格。

问题：如何布置健全环境，提升监区环境熏陶效果？

要点提示：根据监区功能，提炼监区文化主题，装饰监区外环境和监区内环境，组织文化活动。

 拓展学习

山西省沁水监狱以"善文化"点燃罪犯新生梦想

走进山西省沁水监狱大门，扑面映入眼帘的是一副巨幅对联：依法治监传承国学播善念，以文正心景仰先哲做善人。这不仅是监狱长期以来致力"善文化"教育的目标，也是多年来对罪犯推进"善文化"教育的真实写照。

一、营造浓厚氛围，陶冶罪犯情操

在以"善"为核心的监区文化建设过程中，沁水监狱紧紧围绕"与善同行"教育主题，先后完成了大墙文化、道路文化、广场文化、通道文化、床头文化、活动室文化、墙面文化等区域建设，狱园、监舍、床头处处充满文化气息。

进入监内大门，"善文化"标识与这里的花草树木交相辉映，形成一道道独特亮丽的风景。"根植于内心的修养，无需提醒的自觉，以约束为前提的自由，为别人着想的善良。"著名作家梁晓声关于文化的阐述格外引人注目。"沁水监狱监区文化建设简介"，言简意赅地介绍了监狱文化建设核心；监内主要岔路口古朴典雅的指路牌，清晰标示出监内主要场所布局；"忠和""爱德"四个大烫金字醒目地悬挂在监舍外墙，分别代表着监区文化特色名片。

监舍内，以座右铭、心语、愿景、亲情寄语、亲情照片为内容的"床头文化"温情满满，催人励志，召唤迷途囚子早日回归；监舍通道悬挂了各种励志名言警句标语，"走廊文化"润物无声；活动室图书琳琅满目，罪犯在民警指导下，浸润在国学文化的海洋中。甚至于监舍每层楼道地板上，都由 LED 灯光透射着以"善文化"为内容的名言警句。它们犹如黑夜中的灯塔，照亮罪犯改造前行的道路。

浓浓的文化氛围，将"学善、知善、向善、行善"的改造观念深深植入罪犯心田，用经典文化沁润其贫瘠的心灵。在这样的文化环境中，罪犯的心智、认知、思维在潜移默化地发生着变化。

二、多彩活动，厚植善念善行

"沁润心灵，上善若水"是沁水监狱"善文化"建设长期秉承的理念。近年来，在强化文化环境建设的同时，沁水监狱坚持不懈地开展了"圣言点亮心灯，经典沁润心灵"主题教育活动，力求通过特色文化教育，培育罪犯的善德、善念、善行，激发内生改造动力。

每季组织举办一场"与善同行"专题讲座。每个季度特别邀请社会学者、教授以及知名人士，系统地给罪犯讲解中华传统文化与幸福人生的关系，进一步促使罪犯感受"善"文化的现实意义，善文化与改造的关系等；定期举办"善"文化经典诵读比赛。通过对《弟子规》《三字经》的诵读、歌唱、队形变换等不同的演绎形式，表达罪犯向善、学善、行善的决心和信心；定期在文化广场举办以"感恩、尚美、向善"为主题的大型手语舞比赛活动。罪犯以不同的表现形式、表演风格，将《国家》《相亲相爱的一家人》《三德歌》等这些耳熟能详的曲目以手语舞形式进行激情演绎，传递了他们改过向善的良好愿望。

别具特色的"善"文化学习活动是罪犯最为称道的学习形式。根据善文化的内涵，结合罪犯文化特点，监狱自行编印了"善文化"学习教育读本、印制了专门的"善文化"学习笔记，并做到了罪犯人手一册。在组织学习的基础上，定期开展"善文化"学习交流活动，为善文化注入了活力。

监狱还紧密结合"逢节必教"活动。每逢节日，都要举办大型活动。近年来，先后成功举办了卡拉 OK 歌咏比赛、迎新春"门楼装饰"评比、庆新春"善"文化系列趣味活动、"欢庆元宵"文艺节目汇演、"一封家书"征文等寓教于乐的活动。利用文艺搭台的形式，让罪犯通过歌舞、小品、相声、游戏等多种形式尽情感悟"善"文化的丰富内涵，促使罪犯在艺术的熏陶中体验乐趣、激发热情，传递改造正能量。

三、沁润心灵，绽放生命之花

"习惯了善良，也许会被人伤害，但唯有善的力量才能抚平心灵的伤痛。有了善，心里才会有光明，有了善，世界才会有温暖、美好和希望。"这是该监罪犯赵某在日记中写到的一段话；罪犯张某在监狱汇编的《学善笔记》中写道："近日，监狱多次组织我们开展'善文化'学习讨论，让我明白'善文化'就像一盏明灯，照射着我们在重塑人生的路途上自信前行。"监狱自行编印的《学善笔记》《明善家书》《微善故事》系列教育丛书在狱内广受欢迎，推动"善文化"建设在狱园内持续绽放出希望之光。

通过对罪犯持续不断地推进"善文化"特色教育，"文化立监，环境育人"的教育理念已深深扎根。罪犯主动自我改造意识显著增强，学善、向善、行善蔚然成风，违规违纪率明显下降。

（资料来源：司法部网站）

任务 28　组织文体活动

 学习目标

了解文体活动类别和组织方法，能够组织专题性文体活动和综合性文体活动。

 案例导入

某监狱，分为 12 个监区，共关押罪犯 5000 余人。监狱为增强罪犯的体质、活跃业余生活，拟组织开展一次监区与监区之间的篮球比赛。篮球比赛是对抗性比较强的集体运动项目，比赛过程中罪犯之间的碰撞在所难免。比赛前，监区长强调比赛过程中要注意安全，同时要保证比赛的公正、公平。

问题：在组织比赛过程中需要注意的事项有哪些?

理论导航

监狱文体活动是指在监狱内开展的，内容健康向上的，旨在引导罪犯悔罪塑德、提升素质、活跃监狱内文化生活、维持和完善监管改造秩序的文艺体育活动。

监狱愈来愈重视对罪犯的人文关怀，在法律的框架内进行素质教育，开展丰富多彩的文体活动，活跃监区文化生活。例如，在升国旗仪式、重大纪念日、民族传统节日等纪念、庆典活动中，传播主流价值，不断增强服刑人员的荣誉感、归属感及集体观。以重大节日为契机，组织服刑人员精心创作、编排各类主题突出的文艺节目，举办大型文娱汇演，开展监区文娱节目比赛，使监区自编自演的原创文艺节目质量日渐提高。要不断拓展文化教育渠道，将先进的文化与弘扬社会主旋律的文化请进来，也可以经常邀请社会知名人士来监区作报告。

一、文体活动类型

1. 根据内容形式，罪犯文体活动大体分为以下五类：一是文化科技类，如书法、绘画、写作、演讲、读书会、咏诗会、知识竞赛以及日常的文化教育等；二是娱乐欣赏类，如电视、电影、歌咏比赛、戏曲演唱、舞蹈表演、联欢晚会、音乐会、民间艺术、手工制作等；三是体育竞技类，如球类、棋类、田径、队列、拔河、综合性运动会等；四是舆论宣传类，如狱内广播、报纸、宣传橱窗、墙报、黑板报、标语、口号、宣传画等；五是环境熏陶类，如监区绿化、美化、壁画、雕塑、环境净化、监舍规范、语言净化等。

2. 根据活动组织形式，罪犯文体活动可以分为四类：一是主题活动形式，以文体活动为载体，烘托、展示、强化某种主题；二是专题活动形式，监狱在一定时间里，针对一定的问题，采取一些专题方式，对罪犯开展教育；三是娱乐活动形式，在业余时间，开展一些喜闻乐见的文体活动，引导主流文化，构建阳光气息，调动罪犯积极性，展示罪犯的才艺；四是竞赛活动形式，倡导团队精神，增强集体观念，以体育活动为主。

3. 根据活动的时间，罪犯文体活动大体分为两类：一是日常固定类，如日常文化教育、早操、队列、收看新闻、狱内广播、体育课、升挂国旗仪式等；二是节假日综合展示类，如联欢会、音乐会、歌咏比赛等。

二、组织文艺活动

(一) 组建队伍

监狱应根据各监区的实际和罪犯的特长，统筹安排，分别在各监区成立各式各样的文艺活动兴趣小组，如声乐小组、器乐小组、相声小组、小品小组、合唱团、舞蹈队、舞狮队、秧歌队、手工艺制作小组、书画社等。这些兴趣小组的成员，既可以是入监前就有文艺特长的罪犯，也可以是入监后有文艺兴趣、爱好的罪犯。有条件的监狱可成立罪犯艺术团。为此，首先，应抓好艺术团骨干队伍的建设，一方面，在全监狱范围内抽调有文艺特长的民警进行培训，进一步提高民警的文艺专业素质和文艺活动组织能力；另一方面，在全监狱范围内抽调有各种各样艺术特长或在艺术方面有培养前途的罪犯，集中时间进行罪犯文艺创作、演艺技能培训。其次，应投入足够的资金，购置适宜罪犯艺术团正常演出需要的音响、灯光、乐器、服饰、道具等文艺演出用品。再次，邀请社会上的专家、学者对艺术团的民警和罪犯进行定期或不定期的业务培训，以提高他们的文艺组织能力、文艺创作能力和演艺技巧。最后，应确保有足够的时间和空间，让艺术团进行专心的创作和训练。

（二）开展活动

定期或不定期地邀请社会上的文艺工作者到监狱开讲座，向罪犯传授文艺方面的知识，教罪犯如何进行文艺欣赏，指导监狱开展形式多样、丰富多彩的文艺活动。也可以邀请社会上的文艺工作者到监狱进行文艺演出或举办手工艺作品展等，启迪罪犯的文艺创作思维，丰富罪犯的业余文艺生活，陶冶罪犯的情操。

（三）注意事项

在组织开展罪犯文艺活动时，既要考虑活动内容的健康性、教育性、可操作性，又要考虑娱乐性、可观赏性和现实性，最好选择一些贴近罪犯现实生活的体裁，使罪犯在娱乐活动中受到潜移默化的教育并能最大限度地丰富罪犯的改造生活，陶冶罪犯的情操。当然，最主要的是在确保监管安全的前提下组织开展罪犯文艺活动。

三、组织体育活动

罪犯体育活动是指监狱通过对罪犯进行体育知识教育，并组织开展体育活动，以丰富罪犯生活，增强其体质，促进其改造的教育活动。它是罪犯监狱生活中的重要内容，对罪犯教育改造有着积极的促进作用。

（一）罪犯体育活动的具体形式

1. 常规体育活动。

（1）早操。早操内容可根据季节气候的变化采用慢跑、徒手操、器械操、柔韧练习、呼吸练习等形式。早操的运动负荷不应过大。组织多以分监区、班、组为单位，进行集体操练。

（2）正课。正课应按照训练计划规定的时间、内容和要求进行。正课的主要内容可以从以下活动中选取，如球类、田径、单杠、双杠、徒手体操、轻器械操、乒乓球、羽毛球等，通常以分监区、班、组为单位组织实施。教学过程由准备、实施、结束三部分构成。准备部分主要有组织工作，组织工作的内容有：整理队伍；检查人数、场地、器材；下达课目、提出要求等。实施部分是一堂课的主体，主要通过讲解要领，传授各种技术动作，反复练习达到锻炼身体和掌握体育知识、技术和技能的目的。结束部分主要是做一些放松性的活动，以及简单的讲评。

2. 闲暇期的体育活动。

（1）以锻炼身体为目的的体育活动。利用闲暇休息期间进行的体育锻炼，其内容和形式不限，可以单独或集体进行。运动形式多样，如球类、棋牌游戏、单杠、双杠等。

（2）以比赛为目的的体育活动。监区可以组织以竞赛为目的的体育活动，以正面对抗的形式释放罪犯过多的体能和精力，同时增强团队精神和集体荣誉感，释放压力，培养正向情感。

（二）竞技类罪犯体育活动的流程

1. 成立领导小组。在举行监狱范围的篮球比赛、足球比赛、排球比赛、队列比赛等活动时，应当首先成立领导小组。领导小组成员可由分管罪犯教育的副监狱长为组长，成员包括教育科、狱政科、生活卫生装备科、侦查科、心理矫治科的领导和各监区分管罪犯教育工作的副监区长。

2. 设立专门办公室。办公室主任由教育科科长担任，成员包括教育、狱政、侦查、心理矫治、生活卫生装备科等有关部门的民警和各监区教育民警、医护人员及有关工作人员，具体负责制定比赛的规则、赛事安排和组织实施方案。

3. 因地制宜制定详细的体育比赛方案。

4. 成立裁判组和仲裁委员会。为了比赛的公平和公正，应成立裁判组和仲裁委员会。裁判组可由有裁判员资格的民警和罪犯共同组成。

5. 广泛动员。组织有一技之长，且改造表现较好，没有明显的抗拒改造言行和破坏情绪的罪犯报名。

6. 精心组织。为合理安排、科学指导好每一场比赛，应教育参赛罪犯要发扬"友谊第一，比赛第二"的精神，赛出水平、赛出风格。同时，还应组织和引导好罪犯观看比赛，做文明观众。

7. 总结评价。对于大型竞赛类活动，活动结束后，应当认真总结比赛的经验教训。

8. 注意事项。要注意确保比赛秩序的稳定，争取处理好比赛中出现的争吵、斗殴、受伤等突发事件。

 工作流程

一、成立领导小组

根据组织活动的范围大小，由不同层次的领导担任领导小组，具体负责活动期间人员、器材、时间等比赛要素的协调与处置突发事件。

二、成立专门办公室

该组织视活动范围而定，可以由多人组成，也可由一人组成，具体负责活动的组织实施。

三、制定活动方案

比赛活动牵扯监狱机关科室、监区及生产部门，需要制定详细的活动方案，将人员配备、活动组织、比赛规则、比赛用具等进行设计，方便赛前准备，确保比赛顺利进行。

四、组织动员选拔队员

选拔参赛人员，既要考虑个人技能，又要考虑精神状态和情绪控制能力，防止借助比赛哄闹斗殴事件的发生。

五、精心组织比赛

按一定规则确定比赛队伍及其出场顺序，教育参赛队员要尊重裁判、尊重比赛规则；同时，组织好观众，维持比赛现场秩序。

六、总结评价

视情况开展全员总结评价大会或民警干部总结大会，总结先进经验并进行推广，查找不足以防再犯。

 学以致用

某监狱关押 6000 余名罪犯。在春节来临之际，该监狱拟开展"贺新春"系列文艺活动，包括通过各种途径营造节日气氛，组织服刑人员举行春节文艺汇演与篮球比赛，各个监区独立组织积极向上的娱乐活动。

问题：组织文体活动应当如何把握活动主题、活动形式？

要点提示：把握春节主题、文艺活动内容、文艺活动形式。

 拓展学习

仓山监狱："迎新·感恩"庆新春文艺拜年送祝福

除夕夜，伴随着喜庆的锣鼓和炮竹声，仓山监狱罪犯文艺队带着新年的美好祝愿，逐一为各监区罪犯献上精彩的表演，高湖舞龙、黄石舞狮、特色街舞等节目赢得了罪犯的一致好评。近年来，监狱将教育改造与传统文化相结合，既有利于传统文化的传承，又丰富了监区文化建设，取得了良好成效。

一、纸短情长话感恩

为缓解罪犯思乡、思家、思亲之情，监狱组织罪犯在狱内特殊的"亲情电话亭"里，定格下他们对家人、对民警、对朋友的真挚笑容和深情厚意。他写下"身体健康、生活平安、笑口常开"，感恩父母的无私付出；他写下"对不起，让你面对这一切，请再给我一次机会，我会证明自己，不会让你失望"，感恩妻子的不离不弃；他写下"谢谢您让我明白，我心里受伤了，想要关心，这没什么羞耻的，我只需要自己平静"，感恩民警的谆谆教诲……一张张贺卡在高墙内插上翅膀，承载着罪犯对家庭的牵肠和挂肚、对新生的憧憬和渴望、对未来的遐想和向往，飞往全国各地和四面八方。

二、读书分享促改造

为引导罪犯好读书、读好书、促改造，在春节假日期间，仓山监狱组织罪犯开展新春读书分享会，鼓励他们结合自身改造心路历程，从感恩亲情、认罪悔罪、困境励志等方面分享读书心得。分享会气氛热烈，内容感人，让罪犯体会到阅读的力量。春节期间，监狱共组织各类读书活动 9 场，真正让阅读浸润罪犯心灵，激励罪犯悔过自新、积极改造，早日回归社会。

（来源：福建省监狱网）

项目八

社会帮教

图 2-8-1　社会教育资源的整合〔1〕

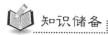 **知识储备**

我国《监狱法》第 61 条规定，教育改造罪犯要实行"狱内教育与社会教育相结合的方法"。当前，我国监狱的建设和管理具有新的时代特点。同时，监狱管理的过程中也要摒除传统封闭的管理模式，适应新时代监狱发展的需要，尽可能凝聚全社会的力量参与提高罪犯改造质量。为此，需要研究适应当前监狱社会帮教的特点，寻找灵活高效的帮教内容，完善帮教的形式，提高监狱的社会帮教水平。

一、社会帮教的概念

社会帮教是指监狱积极争取社会各个方面和社会各界人士的支持，使其配合监狱开展有益于罪犯改造的各种帮助教育活动，如文艺帮教、知识帮教、技术帮教、就业帮教等各种社会帮教活动。通过社会教育资源的整合，来实现教育改造的个别化、社会化和科学化。社会帮教是监管改造机关普遍采用的一种行之有效的基本教育手段。

二、社会帮教的特点

社会帮教不像"三课"教育那样，有统一的教材、教学大纲和严格的教学

〔1〕　图片来源于山东省女子监狱。

要求，甚至固定的教学师资。社会帮教的内容丰富，形式多变，既帮又教，帮教结合，以帮带教，寓教于帮。

（一）综合性

监狱的社会帮教工作具有综合性。《监狱法》第 68 条明确规定："国家机关、社会团体、部队、企事业单位和社会各界人士以及罪犯的亲属，应当协助监狱做好对罪犯的教育改造工作。"由此可见，社会各界对教育改造罪犯负有帮教职责。同时，监狱积极动员社会力量参与，因此，社会帮教具有综合性的特征。参加帮教的人员广泛，包括：党政机关的领导；人大代表；政协委员；政法机关人员；工会、青年团、妇联的代表；各行业的英雄模范；社会知名人士；社会上的老干部、老教师；等等。

（二）开放性

监狱的社会帮教工作具有开放性。监狱的其他教育活动大多在监狱中进行，参与的人员都比较固定，教育的方式也有局限性，而社会帮教与监狱的其他教育方式最大的不同就是开放性。社会帮教打破以往监狱的封闭性，真正实现了"走出去、请进来"的教育理念。"走出去"，即主动邀请社会力量参与到监狱罪犯教育活动中，有益的社会力量也积极跨进监狱，对罪犯伸出挽救之手。

（三）易受性

社会帮教在监狱教育改造中发挥着重要作用，更易于得到罪犯的接受。传统的监狱教育方法内容固定、形式单一，对罪犯的吸引力不足，导致部分罪犯仅因强制力而被动接受，从而影响了教育效果。相比之下，社会帮教能够从罪犯的实际需求出发，灵活选取他们感兴趣的教育内容，采用多样化的教育形式。这种帮教方式能激发罪犯的积极性，使他们从"被动学习"转变为"主动学习"，真正实现教育改造的目标。

（四）实效性

监狱的社会帮教工作的实效性强。由于社会帮教打破了传统的教育理念，弥补了原有教育的不足，注入了新鲜血液，改善了教育环境，从罪犯的实际生活出发，有针对性地设计教育内容，大大提高了罪犯教育的吸引力。罪犯参与性高，教育的实效性强。

三、社会帮教的任务

监狱履行好教育改造罪犯的职责离不开社会帮教工作的开展。社会帮教是我国罪犯教育工作的重要力量，是必不可少的。它在增强罪犯改造信心，促使罪犯认罪服法，促进罪犯顺利回归等方面起着不可替代的作用。

社会帮教的目的在于能够使罪犯体验到国家、社会和家庭的温暖，增强罪犯的改造信心，鼓励罪犯在希望中改造；能够使罪犯感受到犯罪行为对受害者的伤害，正确认识量刑，促进罪犯责己思过，认罪服法。同时，它还有利于争取社会对监狱工作的支持，促进监狱工作的整体进步，树立社会主义新型监狱的良好形象。

（一）增强罪犯改造信心

社会帮教工作能够增强罪犯改造信心。教育改造罪犯是全社会的共同任务，社会帮教工作融合了各种教育力量，发挥教育的综合优势，在法律允许的范围内以各种恰当的方式参与到罪犯的教育活动中。它能够使罪犯感悟到国家、社会和家庭的温暖，鼓励罪犯在希望中改造，增强罪犯改造的信心。

（二）促进罪犯认罪服法

社会帮教工作能够促使罪犯反省自身罪行，认罪服法。社会帮教虽然内容丰富，形式多样，但是它时刻渗透着遵纪守法的教育，感染着每一个参与帮教的罪犯，使他们能够感受到自己的犯罪行为对受害者和社会的伤害，正确认识量刑，促进罪犯责己思过，认罪服法。

（三）促进罪犯再社会化

社会帮教工作能够丰富罪犯的精神生活，促进罪犯再社会化。相对于封闭的监狱来说，社会帮教的确像一股新鲜的血液，为监狱教育改造工作带来了勃勃生机。每一次的帮教活动，都能改变罪犯的服刑生活。社会帮教能够使罪犯及时感受到时代信息，开阔罪犯的眼界，调节罪犯狱内的单一生活节奏，丰富罪犯的精神生活，对他们的再社会化起到了积极的作用。

四、社会帮教的主要形式

（一）亲情规劝教育

亲情规劝教育是社会帮教工作的重要形式之一。它利用亲情的力量来感化罪犯、鼓舞罪犯，给罪犯在监狱服刑带来新的动力。它的主要形式有亲情通讯、亲情会见、亲情会餐、亲情文艺活动等。

（二）社会救助服务

社会救助服务是社会帮教工作的主要形式之一。它从罪犯的实际需要出发，为罪犯提供帮助，或帮助他们解决生活上的困难，或帮助其减轻精神上的负担。社会救助服务的主要形式有法律援助、贫困救助、教育救助等。

（三）罪犯外出参观

罪犯外出参观是社会帮教工作的补充形式。通过层层选拔，选取狱内表现优秀的罪犯到具有教育意义的狱外机构进行参观，如抗战纪念馆、博物馆等。通过外出参观的罪犯谈自己的亲身体会，对其他罪犯进行深刻的教育。通过外出参观，让"罪犯教育罪犯"，从而激发其他罪犯积极改造的热情。

任务 29　亲情规劝教育

学习目标

了解亲情规劝教育的特点和方法，提高亲情规劝活动的组织、协调和管理能力。

案例导入

王某，男，42 岁，因盗窃罪被人民法院判处有期徒刑 7 年，2014 年 4 月 24 日入狱服刑。王某在监狱中和同舍罪犯关系不好，稍有不如意便辱骂监舍里的罪犯。参加劳动时也消极怠工，对监狱民警的教育有时心不在焉，有时无理狡辩，有时表面顺从而实质抗拒……总之，王某在狱中大错不犯、小错不断。监狱把他列为重点罪犯进行教育。监狱民警仔细分析王某的情况，了解到王某上有父母，下有儿女，妻子贤惠持家。但是，王某好吃懒做，盗窃成习，常年不顾家，因此家人也对王某彻底失望了。从王某入狱以来，家人既没有电话信件联系，也没有来探望过。时间久了，王某怀疑自己的妻子心中有人并要和他离婚，对自己的家庭感到担忧，无心改造。为此，监狱特地组织干警家访，动员王某的家人前来探监。终于，在 2023 年春节前，王某的父母、妻子和孩子一起到监狱，与王某会见。为此，监狱为王某和他的家人特地准备了亲情会餐，浓浓的亲情解除了王某心中的疑虑，王某动情地说："像我这样的犯人，政府没有放弃我，家人没有抛弃我，干警没有嫌弃我，我怎么能自己放弃自己呢？"从此之后，王某在监狱中像换了一个人似的，积极参加改造。

问题：如何对罪犯王某实施亲情规劝教育？

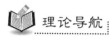 **理论导航**

亲情规劝教育是利用罪犯与其亲属的亲情关系，加深罪犯积极的情感体验，用亲情感化罪犯，调动罪犯改造积极性的一种教育形式。亲情规劝教育表现出了监狱对罪犯的关怀，体现了我国对罪犯的人道主义精神。通过发挥情感纽带，稳定罪犯的情绪，有利于罪犯安心改造。

一、亲情规劝教育的意义

高墙电网阻隔了罪犯与外界的联络，罪犯的爱情体验少了，亲情联系少了，友情感受少了，罪犯的情感世界一下子变得狭小、单调了。虽然监狱民警对罪犯实行人性化管理，使其受到人文关怀，但对于罪犯来说，来自亲人的探视、朋友的慰问则显得弥足珍贵。"良言一句三冬暖"，一条信息可以使罪犯反思过去，一个电话可以使罪犯畅想未来，一句问候可以使罪犯积极改造，一份祝福可以使罪犯真诚悔罪。教育关爱这群迷途"羔羊"，旨在除去他们的"兽性"，恢复他们的人性；去掉他们的恶性，激发他们的善性。这是亲情规劝教育的真义所在。

（一）唤起罪犯情感共鸣

亲情规劝教育能够唤起罪犯的情感共鸣。多数罪犯入狱后，都会牵挂父母妻儿。亲情规劝教育通过罪犯亲属讲述其所经受的痛苦，往往会使罪犯感同身受。父母的慈爱让罪犯感动，夫妻的感情让罪犯珍惜，儿女的成长让罪犯关心，每个故事都很感人。每个参加亲情规劝教育活动的罪犯，几乎都能从别人的故事中找到自己和家人的影子，从别人的情感中找到自己曾经遗忘或者刻意隐瞒的内心感受，从而产生持续的心灵感动。

（二）培养罪犯感恩意识

亲情规劝教育能够培养罪犯的感恩意识。亲情规劝的正面教育不是"注入式"强制灌输，而是在情感连接的基础上对罪犯进行积极引导，动之以情、晓之以理，不断启迪罪犯产生感恩意识。监狱抓住罪犯感动的有利时机，运用情感介入的办法，引导罪犯感悟亲情。亲属们用亲情督促罪犯"只有好好改造，你才是我们心中的好父亲（母亲）、好丈夫（妻子）、好儿子（女儿）"，用真心感激政府。

（三）激发罪犯改造动力

亲情规劝教育很好地激发了罪犯改造的动力。在亲情规劝教育活动中，罪犯亲属说出对罪犯新生的希望，希望罪犯审视过去的人生，服从民警管教，早日减刑回家等，声声呼唤催人泪下。亲情规劝教育提高了罪犯改造的积极性，为他们改过自新提供了新的动力。

二、亲情规劝教育的形式

（一）亲情电话

亲情电话专供罪犯同家人联系使用，是罪犯与家人有效沟通的桥梁。狱内亲情电话由专人管理并负责。亲情电话的使用要符合狱内规定的程序，并对通话的内容进行监听并做好记录。

（二）亲情会餐

亲情会餐是符合条件的罪犯与家属到狱内指定的地点共同就餐。亲情会餐一般都有具体的直接目的，需要提前申请。会餐时需要持会见证、身份证，会餐过程中不需要民警直接介入，但应遵守法律法规和监狱的相关规定。会餐时间一般以 1~1.5 小时为宜。通过亲情会餐，罪犯在和家人聚会时实现寓教于乐。

（三）亲情演出

亲情演出主要是利用重大节日，邀请罪犯家属到监狱内与罪犯团聚，同时组织罪犯以文艺演出等形式向家属表达亲情。抓住佳节的契机，利用家人团聚的机会，让罪犯深深感受来自亲情的力量。

三、亲情规劝教育工作流程

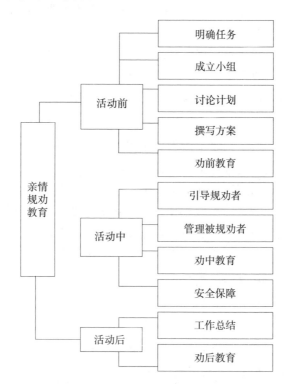

图 2-8-2　亲情规劝教育工作流程图

🖉 工作流程

一、亲情规劝教育活动前

（一）明确亲情规劝教育活动的任务

导入案例中，罪犯王某经常违反监规，对监狱民警的教育有时心不在焉，有时无理狡辩，有时表面顺从但实质抗拒。总之，王某在狱中大错不犯、小错不断。结合王某的日常表现，监狱在对王某的事件进行处理的同时，也选择了亲情规劝的教育思路。监狱民警明确了对王某实施以"放弃对抗，积极改造"为主要任务的亲情规劝教育。

（二）成立亲情规劝教育活动的小组

作为监狱的重点罪犯，监狱民警应对罪犯王某的改造高度重视。明确亲情规劝的教育思路，成立亲情规劝小组，明确分工。成立由监区长为组长，本监区民警王警官、李警官、张警官和教育科教育能手赵警官，以及心理卫生健康科孙警官为成员的亲情规劝教育领导小组。通过明确分工，明确成员职责，细化并成立家访小分组、心理咨询小分组、教育攻坚小分组、后勤保障小分组。

（三）制定亲情规劝教育工作计划

亲情规劝教育领导小组要全面搜集罪犯王某的信息，并掌握他的基本情况，组织成员对于王某的情况进行全面分析，展开充分的讨论，进行亲情规劝教育的可行性分析，制定亲情规劝教育工作计划。本案中，罪犯王某惦记家人，长期的思家恋亲和无人看望的现实矛盾导致王某"破罐子破摔"，屡屡违反监规。透过王某的行为，监狱民警分析出罪犯王某对家庭关怀的渴望和对婚姻的担忧，他的内心焦虑多疑，有轻生的危险。为此，亲情规劝教育领导小组制定了罪犯家属参与的亲情规劝教育工作计划。

（四）撰写亲情规劝教育活动方案

根据亲情规劝教育工作计划，针对罪犯王某的特点，亲情规劝教育领导小组撰写亲情规劝教育活动方案，并将活动方案上报给监狱相关部门。

（五）开展罪犯亲情规劝活动前的教育

亲情规劝活动前，亲情规劝教育领导小组要对亲情规劝活动的参与者进行教育。对于小组成员，要明确相关法律法规的要求和本次亲情规劝教育活动的工作纪律；对王某的家属进行劝说，引导他们积极参与监狱的教育活动，并且讲清亲情规劝的相关要求；对于罪犯王某，引导他正确分析自己的罪行，唤起他对社会和家庭的责任感，使他消除疑虑，积极改造。

二、亲情规劝教育活动中

（一）引导亲情规劝者

引导亲情规劝者到达指定的地方，采用正确的方式，进行亲情规劝。同时，要再次强调亲情规劝教育活动的法律要求和注意事项。

（二）组织管理罪犯

组织管理罪犯准时到达指定的场所，有序入场，积极主动参加活动。同时，要教育罪犯听从指挥，积极参与，珍惜机会，注意纪律要求和监管纪律。

（三）协调亲情规劝活动

对于亲情规劝教育活动，处处需要组织和协调。特别是活动项目多、参与人员多、场地更换频繁的活动，更需要积极协调，做到活动安排与教育有序进行。

（四）保障规劝现场安全

监狱无小事，处处讲安全。在亲情规劝教育活动中，更要时刻保障活动现场的安全，防范突发事件的发生。

三、亲情规劝教育活动后

（一）亲情规劝教育工作经验总结

亲情规劝教育活动结束后，要及时总结经验，将之化为今后教育罪犯的宝贵资源。本次亲情规劝教育，对于罪犯王某来说是一次深刻的教育；对于王某家属来说，是一次了解监狱和罪犯的过程；对于监狱来说，不仅感化了罪犯，化解了改造难题，而且也成功地架起了罪犯与家属之间情感的桥梁。这次成功的亲情规劝教育工作，为监狱的安全稳定作出了贡献。同时，监狱民警勇于克服困难，彻底化解重点罪犯难以改造问题的精神值得在监狱中弘扬。

（二）罪犯亲情规劝教育活动体会

亲情规劝教育活动后，要趁热打铁，及时巩固教育成果，鼓励罪犯积极谈亲情规劝教育的体会，树立积极、正确的改造态度。本案中，在亲情规劝教育活动结束后，要尽早对王某进行个别谈话，了解他的最新思想动向，鼓励他积极谈活动体会，明确下一步改造目标。

 学以致用

母亲节将至，为了充分发挥亲情规劝教育的作用，某少管所将组织一场150名少年罪犯与他们的母亲的见面会。亲情规劝活动项目有：参观罪犯生活现场、参观罪犯教育现场、罪犯文艺演出、亲情会餐等。

问题：请为这次亲情规劝教育工作撰写活动方案。

要点提示：可以参照罪犯亲情规劝教育工作流程图，结合本案例逐步进行。值得注意的有三个方面：一是本次亲情规劝教育活动是少管所的重大事项，任务多、责任大，组成亲情规劝教育工作领导小组的规格要高一些，可以以监狱长级

别的领导为工作小组组长，小组成员涉及的科室尽可能要多一些。二是由于参与人员比较多，涉及面比较广，所以一定要提前做好充分的准备。三是一定要明确各项活动的责任人，确保亲情规劝教育活动的每一个环节都安全有序进行。

★ 拓展学习

中秋共团圆 亲情促改造
——新康监狱举办2023年第三季度监狱开放日暨中秋节亲情帮教活动

在中秋、国庆"双节"来临之际，为充分发挥亲情帮教对罪犯改造的感化作用，进一步激发罪犯积极改造的内生动力，提高教育改造工作质量，新康监狱组织开展"中秋共团圆 亲情促改造"监狱开放日暨中秋节亲情帮教活动。

经过严格身份核验和安检后，家属在执勤干警的陪同下，近距离了解了罪犯改造、学习和生活情况。在参观环节，当看到监狱规范有序的改造现场和明亮洁净的生活环境时，罪犯家属们内心十分欣慰，并对监狱干警连连表示感谢。

监狱党委委员、副监狱长陈建华主持帮教活动，陈建华向家属们介绍了监狱在执法、管理、教育改造等方面的工作情况，并对家属们一直以来对监狱工作的支持表示感谢，希望家属帮助罪犯树立改造信心，与监狱一道将罪犯改造成为对社会、对家庭有用的守法公民，为家庭早日团聚和维护社会稳定作出应有的努力。

在亲情帮教环节，参加此次活动的罪犯与家属紧紧拥抱在一起，分享着"改造成绩单"、诉说着不尽的悔恨之情、承诺着坚定的改造决心……亲人的关心与期待激励着每一名罪犯积极改造、早日回家。

在现场，罪犯徐某的妻子激动地拿出了一面写着"医者仁心重塑健康之魄 规范执法照亮新生之路"的锦旗，并代表家人感谢监狱在罪犯徐某的管理改造和疾病救治工作中付出的努力。

彝族罪犯且某，与远在四川三年未曾相见、连夜坐火车赶往监狱的老母亲相拥而泣。母子二人共同向监狱干警表达了感激之情。母亲的到来对于罪犯且某是一份沉甸甸的亲情，更是一份满满的改造动力。

此次活动得到监狱党委的大力支持，在教育改造科及相关科室、监区共同组织下为罪犯与家属之间架起了一座"亲情之桥"，有效增强了罪犯的感恩之心和改造动力。新康监狱将持续发挥教育改造"攻心治本"的作用，不断创新教育改造方法，丰富教育改造载体，积极开展形式多样的帮教活动。

（来源：山东省新康监狱）

任务 30　组织社会救助

 学习目标

了解并掌握社会救助的特点和方法，能够独立协调、组织社会救助活动。

 案例导入

孙某，45 岁，河南人，因强奸罪被判处有期徒刑 3 年 6 个月，现在河南某监狱服刑改造。近几天来，监狱民警发现他情绪低落，整天唉声叹气。在管教民警的开导下，他才吐露了实情。原来他 9 岁的儿子身患白血病，巨额的医疗费用对于贫穷的孙家来说无异于天文数字。了解到这一情况后，监区党总支号召全体干警、罪犯及社会企业为孙某捐款，短短 1 个月，大家便为他捐款 28 000 余元。

问题：对罪犯孙某实施社会救助，如何组织这项工作？

理论导航

社会救助是"罪犯社会救助"的简称，是指监狱借助一切有益的社会力量，依法采取多渠道、多样化的方式实施的，对罪犯进行物质的、精神的、心理的、法律的等多方面的支持和帮助，以实现法律赋予的罪犯接受社会各界的救济、帮助、援助的各种权利，并促进罪犯积极改造的一系列活动。我国《监狱法》第 68 条规定："国家机关、社会团体、部队、企业事业单位和社会各界人士以及罪犯的亲属，应当协助监狱做好对罪犯的教育改造工作。"因此，不能因为罪犯身份，而剥夺了罪犯接受社会救助的权利。

一、社会救助的主要特征

（一）救助目的的特殊性

对监狱服刑的罪犯进行社会救助，不仅仅是给罪犯提供物质上的、精神上的帮助，解决罪犯面临的困难，更重要的是维护罪犯的人权和促进罪犯积极改造。

（二）救助主体的多元性

罪犯社会救助的主体呈现多元性的特征。主体包括：①国家行政机关、司法机关等；②社会组织，如团体组织、企事业单位等；③社会公民，包括罪犯家属在内的公民等。

（三）救助内容的特定性

与其他社会救助相比，罪犯的社会救助内容往往比较特定。罪犯的社会救助不能因为身份是罪犯，而在救助内容上表现出差异。但是，需考虑罪犯的服刑环境和监狱改造的需要，在法律许可的范围内进行。罪犯的社会救助主要集中表现在资助性、扶助性和服务性等特性。

（四）救助对象的平等性

罪犯社会救助的对象是平等的，救助对象的选择主要看社会救助的必要性和可行性，而不是罪犯的罪行、改造情况、处遇等级、考核计分等。罪犯社会救助不能成为激励罪犯的手段。

二、社会救助的主要内容

（一）帮困扶助方面的救助

许多人曾是家里的依靠，被判刑之后家庭经济支柱随即轰然倒塌，导致许多家庭陷入困境之中。老人得不到赡养，小孩上不起学校，家人生病无钱医治，来监探亲没有路费……家庭的困难牵动着囚子的心，使他不能安心改造。扶贫部门应把罪犯困难家庭纳入扶贫范畴，使罪犯在狱中没有后顾之忧；共青团及关工委应做好对罪犯子女的教育扶助工作，使罪犯在狱中积极投入改造；民政部门应把罪犯困难家庭纳入低保，切实解决罪犯家庭困难；教育部门应对罪犯未成年子女的学费进行减免；财政部门应设立专项资金，对有关部门实施帮扶解困工作给予资金支持。我们希望企事业单位、社会团体也加入到对罪犯的扶贫解困工程中来。全社会都来帮扶这些社会弱势群体，使罪犯家庭吃有所食，居有所住，老有所养，幼有所教，病有所医。只要社会各界各尽善心，各尽其能，给罪犯家庭一点帮助，他们将还社会一片安宁。虽然我国《监狱法》中明确了罪犯改造经费由国家保障，罪犯在狱中的生存得到了保障，但是由于种种原因，罪犯家庭的基本生存方面的困难仍然在现实生活中存在。罪犯基本生存方面的救助主要包括：保障罪犯衣、食、住、用、医疗、保健等方面的基本权利；保障罪犯所需的经费和设施；保障罪犯的劳动报酬、休息权；保障罪犯的人身、生命安全等。

（二）法律服务方面的救助

一个人被判刑之后，便留下了许多法律问题，如案件申诉问题、损害赔偿问题、婚姻家庭问题、财产分割问题等。有的确有冤情，入狱后不断申诉；有的量刑过重，强烈要求改判；有的婚姻发生变故，寻机越狱报复；有的财产分配不公，愤怒郁积于心……谁来平息他们的怨气？谁来安抚他们受伤的心？这些法律问题如不能得到妥善解决，轻则影响罪犯改造计划，重则给社会和谐埋下安全隐患。罪犯在狱中服刑，由于人身自由的限制和自身对法律认识的不足等原因，是法律上的弱势群体。他们盼望社会各界的法律帮助，希望监狱为其传递申诉，期望律师为其免费代理，盼望司法机关为其伸张正义。作为监狱主管机关的司法行政部门应将罪犯的法律援助纳入规划，在监狱系统建立法律援助工作站，组织律师为罪犯提供法律咨询、法律援助，为罪犯息诉罢讼搭建平台。因此，希望法律界的专家、学者、律师、实务工作者、高校大学生能共同携手，启动罪犯法律援助工程，排除罪犯身上的"定时炸弹"，为维护社会稳定尽心尽力。罪犯法律服务救助主要有：罪犯减刑、假释、控告、申诉、检举的法律服务，困难罪犯的法律援助等。

（三）教育改造方面的救助

教育改造罪犯是一项系统的社会工程，需要社会多方面、多部门的关心和支持。对罪犯进行文化教育需要教育部门统筹规划，提供师资，开展业务培训，给罪犯颁发证书；对罪犯进行职业技术教育培训需要劳动和社会保障部门将其纳入再就业培训规划，与监狱共同拟定对罪犯进行职业技术教育培训的项目、方案和计划并组织实施；对罪犯出监前的教育更需要公安、劳动和社会保障、民政、工商等部门宣讲就业安置政策。总之，搞好罪犯教育改造需要整合社会各界教育资源与社会各方面力量的参与和支持。罪犯教育改造方面的救助涉及罪犯教育的方方面面，主要包括：获得文化教育方面的社会救助，如罪犯扫盲教育，未成年犯的初等、中等教育等；法律知识的救助，充分利用社会资源对罪犯开展法律知识教育；道德方面的救助，借用社会力量，对罪犯开展道德情感、道德礼仪、道德实践活动；政策方面的救助，对罪犯进行时事、形势、前途教育，让罪犯了解社会政策，为其回归社会奠定基础。

（四）心理健康方面的救助

走进了监狱，这对罪犯的人生无疑是一次重大打击。在挫折面前，有的罪犯一蹶不振，感叹前途渺茫。当他们的思想崩溃、心理脆弱、精神空虚、意志摧垮，整个人心灰意冷时，罪犯的心理健康方面的救助就显得尤为重要。心理健康的救助就是罪犯社会救治的一个重要方面，主要是监狱借助社会力量对罪犯开展的有关心理健康方面的帮助，具体包括：对罪犯进行心理知识教育；对罪犯进行心理咨询和心理治疗等其他精神方面的救助。

工作流程

以"案例导入"中的情况为例：

1. 全面了解罪犯。通过孙某的异常表现，寻找原因。查阅档案及有关材料，收集其家庭状况、成长经历、犯罪过程等基本信息，全面了解罪犯。

2. 调查困难情况。掌握孙某家庭的经济困难情况，调查情况是否属实。

3. 明确救助对象。充分讨论，确定孙某为救助对象。

4. 制定教育计划。针对孙某的基本情况，选择有针对性的教育内容，采用行之有效的教育方法，采用独特的教育手段，为孙某量体裁衣制定教育转化计划。

5. 申请社会救助。根据掌握的资料和制定的教育转化计划，对孙某进行教育转化，并对教育转化工作进行记录，进行有效性分析。

6. 审批社会救助。在对罪犯孙某的调查、教育、谈话、观察等基础上，综合孙某在监狱服刑的表现情况，对于前期制定的教育计划进行适当的调整，使之更有利于孙某的教育转化。

7. 实施社会救助。结合对罪犯孙某的教育转化情况，按照新调整的罪犯教育转化计划，对罪犯孙某继续实施教育转化。

8. 总结社会救助。根据教育计划，结合孙某的表现情况，及时对孙某开展各种教育考核，掌握教育效果。

学以致用

某日，监区组织罪犯集中学习形势政策，由监狱民警带领大家学习报纸，当监狱民警在阅读报纸时，罪犯张某大吼一声："别读了！"便疯狂地乱扯自己的头发。监狱民警上前制止，张某大叫道："不想听就是不想听！"并且不服监狱民警的管理，挑衅监狱民警的权威。事后监狱民警查阅了当时阅读的报纸，报纸上说监狱服刑罪犯的子女有的无人看管，有的流浪街头。这些内容刺激了张某。张某的孩子 10 岁，一直和前夫生活，前夫经济宽裕却不供养孩子上学，而且经常虐待孩子，致使孩子流落街头。张某常常担忧自己的孩子但自己又无能为力，为此她想变更孩子的监护人。监区领导考虑到这件事情的重要性，批评教育张某后，想办法对张某实施法律方面的救助。

问题：假如你是监狱民警，由你组织对罪犯张某实施法律救助，该如何开展？

要点提示：请参照罪犯社会救助工作流程，结合本案具体情况逐步开展。值得注意的有三个方面：一是本案中对罪犯张某进行社会救助之前，必须让其意识到自己违反监规的行为要受到惩罚；二是在实施法律救助活动的前、中、后都要及时对罪犯张某进行教育，让其明白监狱干警的辛苦；三是法律救助不同于其他社会帮教，在权利与义务方面要及时和罪犯沟通，让罪犯明白法律的规定，避免意气用事。

 拓展学习

于丹走进监狱讲《论语》
——"发现心灵，道德人生"

"于丹老师，作为在监狱服刑的犯人，能够面对面听到您的现场讲座，实在是太幸运了。我想问，是什么力量使您在百忙中奔波几百里路途，专程来到这远离都市的监狱为我们免费开讲？"讲座现场一名姓杜的服刑人员激动地问于丹老师。

"自从我接到这份邀请，我就觉得这是我的一个荣誉。让我们每一个生命更美好，人最重要不是锦上添花，而是雪中送炭。不是说大墙外的心灵就没有伤痛，是因为这个地方更需要建设，更需要阳光、温暖和春天。而且看着大家的眼睛中的传神，我觉得来这里交流学习非常值得。"

紧接着，另一名服刑人员争先恐后地举起手发言："请允许我说两句！于丹老师，我以前是学理科的研究生，您讲的'没有道德约束的勇敢，是世界上最大的灾害。如何做一个心灵勇敢的人'对我曾经的犯罪以及目前的改过从新而言实在是触动太深了……您不愧是为'积极和谐理念'到处宣讲的'百姓学者'！"

这是出现在清河分局前进监狱大礼堂，以"发现心灵，道德人生"为主题的《〈论语〉心得》讲座现场，服刑人员和于丹老师的一番对话。

在当天的讲座中，于丹走上讲台直奔主题。她说："我一走进这个礼堂，一眼就看见墙上'让走出清河的人远离犯罪'的标语，对我来说这是一个陌生的环境，特殊的人群。我知道，这是一个需要穿越的地方，这是一个不能长期逗留的地方……孔子说：'君子过而勿惮改，过而不改视为过。'"

　　面对几千名监狱警官和近万名监狱服刑人员这种特殊的听众，于丹一改以往用"之、乎、者、也"范讲《〈论语〉心得》的风格，巧妙结合近年来首都监狱系统确立的"以改造人为中心，全面提高罪犯改造质量"的中心工作任务和北京市监狱管理局清河分局"让走出清河的人远离犯罪"的共同愿景，以及在干警职工中开展的"做一个有责任的人"主题教育活动，在服刑人员中开展的"传承文明，励志新生"年度主题教育活动等相关内容，将自己对《论语》心得体会的精髓与监狱文化、监狱事例相佐相融，娓娓讲解。结合《论语》中天地人之道之教人、心灵之道之悟生、处世之道之和谐、交友之道之甄别、理想之道之从新和人生之道之明理等观点，正确理解"仁者不惧不忧"这种做人的道理，引导和勉励服刑人员"认识自我，改过从新，珍惜现在，充实自己，励志求新"。

　　讲座结束后，于丹老师与现场的数百名监狱警官及服刑人员代表开展了现场互动交流。于丹老师现场为清河监狱分局的警官及服刑人员代表赠送了亲笔签名的《〈论语〉心得》等书籍。

（来源：新浪博客）

任务31　组织志愿服务

学习目标

　　了解并掌握志愿服务的特点和方法，能够独立组织志愿服务。

案例导入

　　某监狱以关押男性重刑犯为主，在押犯人保持在4000人以上。监狱在罪犯教育改造上坚持创新，依法吸纳社会力量进行罪犯改造，取得了明显的效果。以促使罪犯改造为中心任务，监狱考虑到重刑犯的服刑心理状态，号召社会专业力量积极参与到罪犯的心理健康工作中去，准备组建罪犯心理援助社会志愿者团队。

　　问题：该监狱如何实施心理健康志愿服务？

理论导航

　　志愿服务是"监狱志愿者服务"的简称，是指志愿者们基于道义、信念、良知、同情心和责任，贡献个人的时间及精力，为监狱教育改造罪犯提供的服务，泛指利用自己的时间、技能、资源、善心为监狱或者罪犯提供非营利、非职业化援助的行为。监狱教育改造罪犯是一个系统工程，需要充分发挥社会资源，提高罪犯改造质量。

我国《监狱法》第61条规定："教育改造罪犯，实行因人施教、分类教育、以理服人的原则，采取集体教育与个别教育相结合、狱内教育与社会教育相结合的方法。"第68条规定："国家机关、社会团体、部队、企业事业单位和社会各界人士以及罪犯的亲属，应当协助监狱做好对罪犯的教育改造工作。"司法部于2003年发布实施的《监狱教育改造工作规定》第41条明确提出："监狱应当鼓励和支持社会志愿者参与对罪犯进行思想、文化、技术教育等方面的帮教活动，并为其帮教活动提供便利。"由此可见，志愿者协助监狱做好对罪犯的教育改造工作，既是志愿者的一项参与权利，又是一份应尽的社会责任。因此，积极利用社会志愿者参与对罪犯的教育改造，是贯彻监狱工作有关法律法规、落实依法治监的需要。

一、志愿服务的主要特征

（一）服务目的的特殊性

对罪犯的志愿服务应以精神上的帮助为主，物质上的帮助为辅。这种志愿服务的最终目的是帮助罪犯克服人格缺陷、塑造罪犯健全人格，积极改造，顺利实现再社会化。

（二）服务对象的特殊性

志愿服务的对象不是一般的社会公民，而是在监狱服刑的罪犯。这些人曾经实施过犯罪行为，触犯过法律，被法院判处有期徒刑、无期徒刑或者死刑缓期二年执行，并且被依法收入监狱接受改造。他们不仅失去一定的人身自由，而且往往存在一定的人格缺陷，人生观、世界观、价值观、道德观发生偏差，思想、心理不够健康。

（三）服务过程的限制性

志愿服务活动的开展要受到多方面的限制。志愿服务的对象特殊和监狱刑罚执行的威严性决定了志愿服务必然要受到限制。既要考虑到法律的许可，又要注意罪犯的改造情况。因此，对罪犯志愿服务的过程，不能有过多的随意性，而要受到国家法律法规和监狱规章制度的约束。

（四）罪犯表现的差异性

对罪犯开展志愿服务要考虑罪犯表现的差异性。与一般志愿服务对象乐于接受帮助不同，罪犯在接受志愿服务时心态比较复杂。他们有的能主动接受，积极配合；有的消极对待，表里不一；有的干脆抵触拒绝。所以，在对罪犯进行志愿服务前，要做好充分的准备。

二、志愿服务的主要内容

（一）法律服务

对罪犯开展法律志愿服务的直接目的是解决罪犯服刑过程中遇到的法律方面的困难和问题，根本目的是增强罪犯的法律意识，增长法律知识，使其自觉认罪服法，遵守监规纪律。法律志愿服务的主要形式有：解答法律知识、提供法律服务等。

（二）教育服务

对罪犯进行教育志愿服务的直接目的是丰富罪犯的教育生活，提高罪犯的文化、政治、技能水平，根本目的是提高罪犯接受教育的意识，增进罪犯积极改造顺利再社会化的积极性。教育志愿服务的主要形式有：思想教育、文化教育、技术教育等。

（三）其他服务

对罪犯志愿赋予的其他服务主要有参与监区文化建设和解决罪犯各类实际困难和问题。比如，开展音乐、美术、书法、体育等艺术活动，传播先进文化、活跃监区文化生活；对罪犯开展困难救助，解决罪犯改造中遇到的生活、医疗和心理问题，促使其安心改造。

三、志愿服务工作的流程

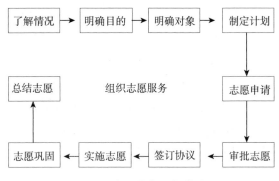

图 2-8-3　志愿服务工作的流程图

工作流程

1. 全面了解情况。通过各种渠道了解监狱、罪犯和志愿者的情况，为志愿服务活动的顺利开展奠定基础。"案例导入"中监狱的特点是以关押男性重刑犯为主；本案中罪犯的特点是刑期普遍较长，心理状态可能比较复杂；本案中的志愿者的特点是具有心理咨询能力，能够为罪犯做心理健康援助工作。

2. 明确志愿目的。明确志愿服务的目的：志愿服务的一切行动都要紧紧围绕志愿服务的目的开展。本案中的志愿服务的直接目的是缓解罪犯的心理压力，使其形成积极健康的服刑心理。

3. 明确参与对象。须明确志愿服务的参与者，包括志愿者、监狱干警、罪犯。特别是志愿者的选择必须符合一定的条件，可以适当请求精神卫生机构或者心理健康教育机构的帮助。明确各方的职责，讲明法律要求和注意事项。

4. 制定志愿计划。为了保障志愿服务活动的顺利进行，制定志愿服务计划。具体到本案中，志愿服务计划包括志愿服务的内容、形式、时间、地点、参与人员、如何开展等。计划尽量要详细，具有可执行性。

5. 申请志愿服务。把计划好的志愿服务计划向有关部门申请。本案中对罪犯进行心理健康志愿服务，需要向监狱有关部门进行申请。

6. 审批志愿服务。根据实际需要和志愿服务的预期效果，相关部门进行调查和审批。本案由监狱进行可行性调查，并进行初步评估，进而确定是否审批这次志愿服务活动。

7. 签订志愿协议。经过监狱、志愿者、罪犯的同意，三方签订《志愿服务协议书》，签订后志愿服务活动正常启动。

8. 实施志愿服务。得到审批后，在法律许可的范围内，依照计划召开志愿服务活动。本案中实施志愿服务的过程必须从有利于改造的角度出发。

9. 巩固志愿成果。在志愿服务结束后，应当及时巩固这次志愿服务的成果。本案中，在对罪犯进行心理健康服务志愿活动后，要跟踪罪犯，及时巩固志愿服务活动成果。

10. 总结志愿服务。志愿服务活动结束后，要及时进行经验总结。针对本案中这次心理健康志愿服务活动，要总结志愿服务活动的每一个环节，并将之作为宝贵的经验记录下来，以便于下次活动参考。

 学以致用

某部队官兵将作为志愿者来监狱为罪犯实施志愿服务活动，请你结合官兵的特点，选择恰当的罪犯作为志愿服务对象，组织实施志愿服务活动。

问题：请写出志愿服务活动方案。

要点提示：可以参考组织志愿服务活动的工作流程，并结合本次工作的情况，选择有针对性的罪犯参与到志愿服务中去。有两个方面值得注意：一是本案中志愿者的身份是部队官兵，他们作为志愿者有自身的优势，要充分发挥他们的优势；二是要认真地选择参与帮教的罪犯，选择一些犯罪前是军人或者是退伍军人的罪犯，提升志愿服务的针对性。

 拓展学习

"爱的黄丝带"启动：呼唤社会帮教永恒主题

全上海社会帮教系列活动的代表性活动——上海市第六届"爱的黄丝带"社会帮教活动于 2016 年 5 月 10 日启动。

本届活动月由上海市社会帮教志愿者协会（简称市协会）、上海市爱心帮教基金会、上海市新航社区服务总站、黄浦区社会帮教志愿者协会、新航社区服务总站黄浦工作站主办，各区县社会帮教志愿者协会协办，主题为"精准帮扶　共享和谐"。活动月特聘中国文联副主席、中国电影家协会副主席、著名艺术家、国家一级演员奚美娟为宣传大使。

上海市司法局党委书记、局长郑善和等出席活动，上海市相关部门的老领导参加了活动。市慈善基金会理事长冯国勤出席会议并代表基金会现场捐助 50 万元用于支持上海市社会帮教项目——新航驿站建设。

从 2011 年起，市协会联合本市社会帮教组织，每年集中开展为期 1 个月的社会帮教系列活动，着眼于重点帮助解决刑满释放人员和社区服刑人员的生活、就业、心理疏导等疑难突出的困难、矛盾和问题。同时，向社会宣传并动员社会力量支持安置帮教和社区矫正工作。"爱的黄丝带"社会帮教活动月已经成为上海社会帮教志愿服务一张亮丽的名片。

五年来，帮教志愿者队伍不断壮大，市、区县帮教志愿者协会通过广泛宣传、引导，吸引众多有志之士加入志愿者队伍，全市现有社会帮教志愿者 20 777 名，会员单位有 726 家。全市帮教协会组织了 90 040 人次帮教志愿者参与社区矫正小组，使 89 000 人次社区服刑人员得到了志愿帮扶服务；组织了 165 000 人次志愿者参与安置帮教小组，将 264 000 人次刑满释放人员纳入帮教对接。全市帮教协会成功举办了 209 场专场招聘会，为特殊对象提供就业岗位 9500 个，有 5659 人参加应聘，成功就业 625 人，通过就业岗位绿色通道帮助 150 人上岗。开展特殊人群家庭未成年子女的关爱行动，为 7246 人次特殊家庭青少年资助爱心帮扶款 216 余万元。市协会中途之家累计接纳"三无"人员 349 名，落实住宿安置 115 名，刷新了重新犯罪"零的记录"。面对不断出现的上访、闹访、缠访，市协会主动积极参与和协助政府部门化解各类棘手的信访矛盾，累计有 12 起。指导区县协会配合司法行政部门缓解社区矫正人员家庭矛盾 600 起；化解刑满释放人员家庭矛盾 748 起；有效调解邻里矛盾 289 起；化解社区矛盾 416 起；妥善处理上（闹）访 168 起。同时，协助司法行政部门完成各重要时间节点的安保维稳任务，充分发挥了社会组织在加强和创新社会管理、构建和谐社会中起到的政府不可替代的作用。

在启动仪式分会场，召开了"帮扶·新航·和谐"专场招聘会，300 余名特殊人群围着 20 家设摊的企业单位进行应聘或咨询，另有帮教志愿者在现场进行志愿者招募、心理疏导、法律咨询、就业指导等服务。

（来源：上海新闻网）

任务 32　运用信息技术

 学习目标

了解罪犯教育专网在监狱文化建设中的作用，掌握罪犯教育专网的操作与应用。

能够有效运用罪犯教育专网提升教育改造效果。

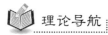 **案例导入**

随着监狱信息化建设，某监狱新开辟了罪犯教育专网"育新网"，内容板块设有罪犯教育系统，内容涵盖在线视频教育、在线考试、网上购物、狱长信箱等栏目。

问题：如何有效利用罪犯教育专网？

理论导航

罪犯教育专网是监狱信息化建设的重要组成部分，对更新教育改造理念、创新教育改造内容和形式、提高教育改造质量起着重要作用。

一、了解罪犯教育改造专网的特点

（一）节省资源和财力

罪犯教育专网平台的运行，满足了实际的教育工作要求，减少了大量服刑人员流动培训带来的资源浪费和不确定因素，节省了大量的警力，减轻了教育改造工作强度，有效地解决了监区生产与服刑人员学习的各种冲突。服刑人员可以随时随地地使用教育平台接受教育，使服刑改造生活充满了求知色彩，使得服刑人员在服刑改造生活中能够利用好教育平台，减少大量的人力和物力浪费，并且保证了服刑人员的受教育时间，大大提高了资源利用率。

（二）丰富教育资源

为了满足服刑人员对知识的探索性和学习的趣味性，多媒体管理中心努力丰富平台资源，通过不断地更新资源以满足服刑人员不断变化的文化需求。对于服刑人员喜爱的视频及一些资源，多媒体管理中心会定期做调查，使得合理的文化知识需求很快得到满足。

（三）互动性强

罪犯教育专网平台的互动性强，服刑人员可以在论坛里发帖谈时政、写心情、抒情感、发议论、晒图片等，可以与其他服刑人员和干警交流心得、欣赏佳曲、关注时事、发表感叹。通过不断的互动交流，使得服刑人员在交流过程中学到了知识，开阔了眼界，发泄了情绪。而监狱干警也可以通过这一版块的审核，对服刑人员的心理变化有一个很好的掌握，及时地发现问题、解决问题。

（四）方便监控

通过教育平台网络，利用监区原有的场所、设备和管教干警队伍，既能达到教育、培训、娱乐的目的，保证教学效果，又减少了人员流动带来的管理压力，同时也节省了监狱在人力、物力、财力上巨大的投入，实现了社会效益和经济效益的双赢。

二、掌握罪犯教育专网板块内容

（一）门户网站

通过平台链接可以进入门户网站。某某监狱门户网站风格清新明朗、活泼开放，给人以振奋的感觉，让服刑人员在使用网站时产生积极、健康的心态。网站覆盖了综合信息、群团政工、医疗业务、监管改造、行管后勤、通知公告、交流学习、后勤保障等栏目，内容丰富，并且摒弃乏味说教，引人入胜。

（二）信息发布系统

1. 信息类别管理。信息的类别可根据单位的具体情况自行设定，管理员可在后台添加、修改、删除资讯的类别。根据目前需求，可设定为：公告信息、时事新闻、狱务信息、监区动态、政策法规等。信息类别字段包括：类别名称、排序、描述、是否可用。

前台分别有公告信息、时事新闻、狱务信息、监区动态、政策法规几个模块和后台相对应，把后台通过审核的信息在育新网上相应的模块展示出来。

2. 信息管理。具有发布信息权限的用户登录后可在后台维护发布信息。信息发布之后需经过审核通过才能发布到网站前台。系统能够设置具有审核权限的用户进行审核，管理员亦可对资讯的内容进行添加、查询、修改和删除。通过后台的动态发布信息功能，实现前台信息实时更新。

在后台，每个用户登录进去后，只能查看赋予他查看权限的信息，不能进行修改、删除。只有管理员、信息发布者才有更改、删除信息的权限。

在前台，每个展示模块内设定权限的信息内容，在前台相应模块内可以看到标题，但无法查看具体内容，只有登录后并有此资讯信息的查看权限才能进行查看。

3. 信息检索。普通用户都可以通过在网站首页选择信息类别，输入关键字搜索相关信息，方便用户查找相关资讯。检索到的资讯信息依然带有权限，没有权限的只可看到标题。

（三）教育改造系统

1. 在线教育。当前社会信息化发展迅速，创新网络教学形式，推动网络教育工作全面发展，已成为监狱发展的重点。因此，要充分利用育新网教学资源，及时下载和更新教学课件、教学片、专题教育片，定期组织罪犯收看学习，开阔罪犯视野，满足罪犯学习需求。

为方便用户浏览，对视频进行栏目分类也是非常必要的。可以设置监狱概况栏目、"三课"教育栏目、安全培训栏目、出入监教育栏目、辅助教育等栏目，对应后台所发布的视频。监狱概况栏目包括：监狱简介、监狱专题等。"三课"教育栏目包括：思想教育、文化教育、劳动技术等。安全培训栏目包括：法律法规、岗前培训、全员培训、事故案例等。心理教育栏目包括：心理知识、心理课堂、心理驿站。出入监教育栏目包括：入监教育、出监教育、职业教育。辅助教育栏目包括：狱内新闻、系列专题、社会帮教、反脱逃、服刑改造指南等。

2. 在线考试。考试系统支持多种题型，包括选择题、判断题、填空题、问答题、连线题等。考试系统具有自动出卷的功能，可以根据题型、试题难度、分值等自动组成一份完整试卷，供用户作答。支持在线练习或考试，能设置考试的考生范围和考试时间。支持客观题的自动判卷、主观题的手动判卷，可以自动核算分数，完成排名，生成成绩分析报表。

后台具有发布试题权限的管理员可以发布试题，试题发布之后需经过审核通过才能发布到试题库，系统能够设置具有审核权限的用户进行审核，管理员亦可对试题进行添加、查询、修改和删除。判卷、排名、成绩分析报表须有权限的用户才能查看，严格权限控制。

3. 社会化帮教模式。

（1）在罪犯监外执行和假释的执行方面，强化信息化的监督和控制。由于监狱工作范围的局限性以及与当地公检法部门缺乏沟通，罪犯监外执行和假释的执行往往达不到预期的效果，甚至产生脱管的后果。信息化的出现给我们提供了有效、便利的条件和载体，可以建立监狱、当地公检法部门、受矫治人员三位一体的网络通信系统，利用视频、音频、IP 地址监控进行即时的两方监督、三方对话，既可以提高效率，也可以节约监督和管理方面的人力、物力投入，起到事半功倍的效果。

（2）在法律援助方面，律师和罪犯借助远距离传播媒体进行双向交流的远程互动发挥出了独特的优势。信息化环境下，远程法律援助模式利用数字信号实现一定的交互性，并能够超越时空，为罪犯提供丰富的法律资源；或者可以有条件地开放律师咨询网站，一方面，可以使法律援助惠及更多的罪犯，另一方面，可以增加社会法律工作者对罪犯权利和义务的关心程度。

（3）在亲情帮教方面，尝试开通可视电话，可以有效解决罪犯与其亲属之间因距离远而淡化亲情的教育盲点，让罪犯和其家属通过可视电话这一平台，拉近彼此之间的距离，为从空间上延伸罪犯亲情帮教搭建平台。

（4）在罪犯的社会生存能力培养方面，建立罪犯就业指导网。具体包括以下几点：一是引进社会用工信息网，对即将出监的服刑人员实行网上推荐就业。二是开设网上经贸、科技信息市场，向罪犯灌输市场意识，提高罪犯的现代化观念，并且培养罪犯参与社会的平等意识，使其重新找回尊严，增强改造信心。

（5）在狱务公开方面，通过监狱的广域网，连接监狱工作有关政策法规、执法程序、动态新闻等内容，接受社会各界的监督和帮助；通过监狱的局域网，连接组织人事、财务制度、反腐廉政等内容，接受监狱民警的监督和建议。通过两个层面的工作，增加监狱对内对外执法的透明度，进一步提升监狱形象，有利于实现行刑社会化。

三、监狱教育改造专网运行与维护

为了确保教育改造专网运行稳定，教育网络功能使用流畅，收到预期效果，监狱应从以下几个方面加强管理：

（一）网络运行管理

一是按照技术要求，由专人定期对机房设施设备进行巡查、维护，确保服务器、交换机各节点、各终端运转正常，认真填写机房管理日志，详细记录服务器、交换机等设备运行情况。严禁出现因超负荷运行等原因出现设备损毁、服务停止的现象。二是及时更新平台各系统软硬件，安装杀毒软件，保持平台良好运行状态。三是定期备份重要数据、系统日志、软件数据等文件，数据库文件定期做好备份记录，保证数据安全。四是实现微机 IP 地址与 MAC 地址绑定，服刑人员用本人狱政编码登录，所有网络动作可追溯，系统日志及软件后台管理记录全部可查。五是各监区警察网管及服刑人员变动信息按时上报平台管理中心，确保人员数据库真实、准确。

（二）平台内容管理

一是各管教科室、各监区要结合实际，积极向教育平台提供稿件、视频、图片等内容，重要信息及时在平台发布。平台上传内容要经过严格的审核程序，填写审批单并经监区、监狱两级审核，确保内容健康向上。监狱将各单位平台使用管理情况纳入单位考核内容，并定期在平台公布。二是对平台内容严格审核，严禁出现涉密信息；严禁出现宣扬反动、低俗、封建、迷信、宗教、拜金、色情、消极思想的内容；严禁出现利用网络发布污言秽语，发动人身攻击，散布谣言，煽动群众等事件。一旦发现上述现象，要追究提供人、发布人、审核人的责任。

✍ 工作流程

1. 配备罪犯教育专网人员。指定专职干警网络员，具体负责狱务公开、媒资上传、学习室管理、论坛管理、回复服刑人员咨询等工作。监区学习室配备服刑人员网管员协助干警管理，确保平台有效运行。定期对网络管理人员进行技术培训和保密意识培训，确保工作人员队伍技术过硬、素质过硬。

2. 维护监狱教育改造专网运行。这主要包含设备维护、网络维护、内容维护。设备维护主要是维护设备的正常使用与运转；网络维护主要是保证网络接口通畅，正常运行；内容维护主要是网站内容的上传以及及时更新内容。

3. 有效利用教育改造专网。这包括集中教育和个别教育，前者是指可以利用电视端口，直接组织监区服刑人员观看网络视频、影片等资料；后者是指可搜集教育专网上的 PPT 课件、视频资料、影片、新闻素材等，下载到个人 PV，用于教学。

 学以致用

为了加强罪犯教育网络建设，提高网络在罪犯教育中的利用效果，提高教育

质量，结合当前监狱关押罪犯现状和社会主义核心价值观，请在罪犯教育网络模块建设方面提出意见和建议。

问题：在罪犯教育网络中，哪方面的知识是必需的？

要点提示：监狱建设概况、"三课"教育的内容（思想教育、文化教育、职业技术）、安全培训相关知识（包括岗前培训、事故案例、法律法规等）、心理健康教育相关知识（心理知识、心灵驿站）、入监出监教育和辅助教育（服刑改造指南、狱内新闻、社会帮教）等。

✦ 拓展学习

常州监狱拓展信息技术运用提升工作效能

江苏省常州监狱紧紧围绕高质量建设"新时代全国一流的现代监狱"目标，积极拓展现代信息技术在思想政治教育、监狱安全防范、罪犯电化教育、政务办公等领域的运用，努力促进工作效能提升，积累了有益的经验。

一、着力打造政治学习新阵地

常州监狱的网上党建系统是监狱 2020 年党建书记项目之一，通过建立网上平台，为各党支部及党员开展政治学习、组织生活、党建活动等提供学习资源、交流平台和便捷服务。

据悉，监狱通过开发网上党建系统，设置党建动态、支部工作、党员工作、理论学习、党建资料、积分排行等 7 个模块，强化后台数据信息实时智能分析，努力促进基层党组织规范化、标准化落实，为深化党建工作开辟新路径。

据统计，常州监狱网上党建系统自运行以来，共上传各类文件 500 余份、开展组织生活会 116 次、举办线上主题党日活动 383 次、发布党建活动信息 451 篇，促进了党建工作和监狱业务工作的进一步融合。

二、安防技术促进监狱持续安全稳定

近年来，常州监狱将更多的专业技术和专业设备投入到监狱安防建设的运用之中，有效提升了安全防范工作水平，为筑牢监管安全防线筑起了坚实护墙。

监舍"红黄绿"三色警报灯是常州监狱的一项创新举措，通过移动侦测技术及时发现物体位移。"三色灯闪烁，指挥中心屏幕就会自动弹屏，跳出相关监舍的多个监控画面，以便监狱值守民警及时处置。"指挥中心民警介绍说："绿黄红三种颜色代表了监舍静默、移动、异常的三种状态，通过科技运用，助力值班值守民警及时便捷地掌握管理信息、发现处置异常情况，提升安全防范水平。"

此外，监狱还积极探索将移动侦测技术应用于监狱各区域的安全管控。据指挥中心教导员王科介绍，监狱引入 AR 实景地图技术，通过高点 AR 摄像机进行云台控制，将高清监测与电子地图相结合，实现全景与特写的实时监控，完成多维度联动、布控报警、目标跟踪、人车流量统计等。

"AR 系统是指挥调度的重要技术支撑，车辆进监后，通过系统实现远程跟踪、高点监测，随时可以切换特写镜头，查看车辆在监内的安全状态。"女子分监狱指挥中心民警介绍："除了车辆管理，还可以通过人像识别，实现人员的实时管理，实现民警履职考核、罪犯流动监测等辅助管理。"

"除了色灯警报、AR 全景地图系统，监狱还积极探索整合集成各项工作信息流，运用 X 射线车辆安检、生命探测仪等装备，不断筑牢监管防线。"监狱指挥中心主任在讲起运用信息化手段、强化技防安防工作的时候如数家珍："人脸分析、红外报警、视频对讲、紧急报警、门禁管理等五大系统，努力确保监管安全在控可控。"

监狱长在智慧监狱建设总结会上强调："智慧监狱建设始终在路上，要坚持用活、用好信息化技术手段，做到向科技要警力，向信息化要战斗力，向智能管理要安防能力，不断提高监内安全防护等级，着力打造更高水平的平安监狱。"

三、电化教育丰富教改形式载体

打造在线教育平台是常州监狱 2020 年主攻的创新课题，主要目的是将罪犯教育网"常新网"接入监区、接到监舍，促进罪犯主动参加学习、自觉接受改造。

"在线教育平台的资源分为累积计分和消耗计分两个部分，每名罪犯都有自己的专有账号，可以通过学习时政要闻、发布心得体会、交流改造收获而得到平台积分。"监狱管教办主任介绍说："这些积分可以在教育网上使用，阅读电子书籍、点播爱国主义教育视频等。"

教育矫治支队支队长介绍说，监狱充分运用与江苏理工学院、常州纺织学院等社会院校的协作伙伴关系，录制思想政治、文化教育、技能培训等课程视频1200 余课时，全部上传到在线教育平台，通过累积加分的方式，引导罪犯主动学习；罪犯可以使用积分进行自主选学，进一步丰富改造生活、激发学习的内生动力。

四、线上办公提升警务运行新效能

监狱探索运用的 GOA 办公系统集文件传阅、课题研讨、维修申请、内部用车等功能为一体，很便捷高效。"尤其是在疫情防控期间，既保证了不必要的接触，又实现了办公电子化，有利于各项工作运转有序。与此同时，桌面云系统的使用，也大大节省了办公时间，提升了办公效率。"监狱青年民警孙警官说。

监狱政委表示："监狱将更多地运用现代信息技术手段解决民警执法办公中的实际问题，不断提高监狱智慧监狱建设水平，为监狱整体工作的高质量发展助力增效。"

（来源：司法部官网）

项 目 九

出监教育

图 2-9-1　迈向社会第一步[1]

知识储备

　　出监教育，是指监狱以促进罪犯成功重返社会为目的，对即将出监的罪犯进行的包括遵纪守法、形势政策、就业指导等内容的过渡性专项教育活动。进行出监教育的监区作为罪犯刑满释放前的最后一站，是巩固教育改造成果的重要环节，也是罪犯从监狱回归社会的重要衔接阶段，是提高罪犯的社会适应能力，从"监狱人"向"社会人"过渡的重要举措。

一、出监教育的目的

　　出监教育是为了巩固和提升教育改造成果，使罪犯顺利回归社会，尽快适应社会，融入社会，立足社会，生存发展，从而不再重新犯罪，成为守法合格的公民。

---

　　〔1〕　图片来源于山东省济微监狱。

（一）检验罪犯的改造成绩，巩固改造成果

出监教育可以结合罪犯改造实际和思想状况，侧重于解决罪犯在日常教育期间没有完全解决好的思想问题，通过巩固反思教育，使罪犯总结自己的改造经验和教训。比如，自己在改造犯罪思想上都解决了哪些认识问题，收获了什么；为什么同在一个环境中进行改造，有的人在改造中立功受奖和获得减刑，而有的人却受到延长刑期等处罚。通过自我反省，明确今后应该做什么人，走什么路，如何做一个适应社会需要的守法公民。

（二）帮助罪犯认清社会形势，增强法制观念

罪犯服刑期间，多数人都能从过去的违法犯罪中接受教训，认识到自己的罪行，并且树立守法的决心。但仍有少数人言行不一，甚至有少数罪犯到刑满释放时也不认罪、不服法，报复心理和重新犯罪思想仍然存在。这些人一旦回归社会，必然会重蹈覆辙，再次受到法律的严肃处理。所以，对临释罪犯集中进行法制教育可以帮助罪犯消除不良思想倾向，使他们能够正确认识当前社会形势，学习和了解新的法律知识和法治精神，帮助罪犯知法、懂法，回归社会后守法。

（三）提高罪犯就业技能，缓解服刑压力

出监前期，罪犯出现心理躁动，既有喜也有忧。喜的是即将获得自由、回归社会，忧的是就业是否顺利、婚姻家庭能否美满、社会是否歧视。而这些忧虑的核心是前途和出路问题。罪犯在和社会相对隔绝的监狱中生活，虽然通过新闻媒体、书信往来、亲人探视等方式对社会形势和家庭生活有所了解，但缺乏系统的接触，认识并不完整，容易产生一些顾虑和偏见。

通过出监教育，使罪犯在回归社会之前，能够全面客观地认识我国改革开放和社会主义建设的伟大成就。通过相应的职业技能培训和心理健康教育，使其初步掌握一技之长，心理状态逐渐稳定，学会出狱后正确处理婚姻家庭关系、人际关系的方法。初步了解释放后落户安置的程序、社会就业形势及就业渠道，为罪犯回归社会后，在政府相关部门的帮助下，实现顺利就业和生活打下基础。

二、出监教育的内容

出监教育的内容主要有三个方面：一是对过去罪犯改造生活的总结教育；二是对罪犯自身素质缺陷的补课教育；三是对罪犯刑满释放回归社会的适应教育。

（一）总结教育

总结教育是指引导罪犯全面总结过去改造生活的成绩和存在的问题，制定回归社会后的工作、生活规划，强化其心理准备和思想准备，达到监狱与社会的有效对接。组织罪犯从法制观念、思想道德、文化技术、纪律作风四个方面开展自我总结。

（二）补课教育

补课教育是指针对罪犯改造总结中发现的不足和问题，结合即将出监罪犯在思想和行为方面存在的突出问题，进行有侧重点的复习和补课，以巩固改造成果。其重点是思想道德补课和职业技术补课。

（三）适应教育

适应教育是指针对罪犯即将刑满回归社会而进行的增强罪犯适应社会生活能力的教育，其主要内容包括形势政策、就业安置、心理健康教育、理想前途等。由于长期服刑，脱离社会生活，出监后能否顺利适应社会、融入社会是罪犯最关心的问题，也是预防他们重新犯罪的重要因素。因此，有条件的监狱可建立模拟社会实训中心，让罪犯提前预演社会人角色，模拟回归社会情景适应性训练，如模拟到司法所帮办报到、模拟到公安派出所报到、模拟到人才市场报到、模拟到银行开户储蓄、模拟到邮局办理业务、模拟外出到车站乘车等，帮助出监前罪犯调整心态，了解社会，掌握立足社会的基本技能，使罪犯不再重蹈覆辙，成为真正的守法公民。

任务 33 课程安排

学习目标

了解出监教育期间，需要教给罪犯的主要知识和能力。能够根据罪犯需要培养知识和能力，编制课程表。

案例导入

王某，男，初中文化，18 岁时因暴力抢劫被判 7 年有期徒刑。已经年满 25 岁的王某今年 1 月刑满。出监在即，他有些不知所措。去年底被调入出监监区，监狱民警让每个人写下自己的人生规划，但王某对着一张白纸发呆。当监狱民警

　　找他谈话时，他解释说自己确实没规划，反正浪费了这么多年，走一步算一步。

　　问题：针对罪犯王某的情况，如何安排出监教育课程？

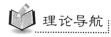 理论导航

一、出监教育的要求

　　为进一步巩固教育改造质量，提高刑满释放人员适应社会的能力，让即将刑满释放的人员顺利回归社会，教育改造实务部门和专家学者通过调研认为，出监教育要具有针对性和实效性。在教育内容上，不仅要开展形势、政策、前途、遵纪守法等常规教育，更重要的是要开展认罪悔罪和价值观改造教育，使罪犯以悔罪之心、敬畏之心、感恩之心回归社会。在教育项目选择上，注重引进一些周期短、见效快、实用性强的项目，建成"监狱社会模拟实践基地"，定期邀请各区（县）司法、公安、民政、工商和社保等单位对临释人员开展政策咨询和答疑解惑。在犯情对接方面，对于出监前后可能会出现的倾向性、苗头性、突发性问题，进行深度分析和评估，并采取切实可行的办法和措施，将矛盾解决在基层，将问题化解在狱内。

二、出监教育主要课程

（一）法治教育

　　根据罪犯巩固教育的成果和回归社会的需要，组织罪犯学习《宪法》《刑法》《刑事诉讼法》《民法典》《监狱法》等基本法律知识。

（二）心理健康教育

　　即将刑满释放的人员的不健康心理主要有三类：一是迷惘茫然；二是抱有复仇心理；三是愧疚惶恐。因此，要建立一支由经验丰富的心理咨询师组成的队伍，针对即将出监罪犯存在的各种心理问题，对症下药，积极进行心理健康教育、心理咨询和矫治，帮助罪犯改变"监狱型人格"，学会调整自己，学会与人沟通，以积极的态度迎接新生活的挑战。

（三）形势、政策、前途教育

　　帮助罪犯了解我国的政治、经济、社会等各方面的新形势，帮助其正确认识个人前途与社会现实以及自身努力的结果。

（四）职业技能培训

根据罪犯刑满释放后就业的需要，组织罪犯开展岗位技术培训，让罪犯掌握劳动技能，提高他们回归社会后的就业能力。

（五）生活和就业创业指导

针对罪犯回归社会后可能遇到的婚姻家庭问题、就业创业问题、人际关系问题，进行针对性的咨询辅导，让罪犯学会与人沟通，并根据当前就业形势，引导罪犯对新的人生合理定位，理性规划，树立正确的就业观、创业观。

（六）安置帮教教育

向罪犯介绍中央及地方有关刑满释放人员安置帮教工作的规定，包括释放后如何到当地公安机关落户、如何接受社区矫正等。

（七）模拟社会实训

通过开展适应社会的专项训练，使罪犯亲身体验各项社会生活、活动的场景，学习立足社会和谋生的基本常识和技能。

工作流程

一、制定教育计划

出监教育的时间一般不少于 3 个月，400 个教育课时。监狱应当按照《监狱法》和《监狱教育改造工作规定》等法律法规，做好出监教育工作。

出监监区根据罪犯的年龄、刑期、改造表现、回归就业要求，制定切实可行的教学计划。教学计划必须具备开班动员、集中教育、考试考核、总结验收四个要件。

出监教育分两个阶段：第一阶段主要进行巩固教育和补课性职业技能教育；第二阶段以就业形势、就业指导、心理辅导、社会适应性训练为主。例如，如何缩小与社会的距离，如何处理婚姻家庭关系，出去后与人打交道的社交礼仪，遭遇社会歧视该怎么办，如何申报户口，模拟求职和如何在淘宝网开店等内容。

表 2-9-1　山东省微湖监狱 2014 年第四期出监教育配档表（第一周）

时间		内 容										
		上午	方式	教师	课时	下午	方式	教师	课时	晚上	方式	教师	课时
第一周	周一(10.13)	开学典礼出动监员	大会	监狱领导	4	熟悉环境整理内务	现场观摩选举班委	监区	3	形势政策	讲座	朱长军	2
	周二(10.14)	职业技能	理论	技师学院	4	职业技能	理论	技师学院	3	就业分析	讲座	唐福忠	2
	周三(10.15)	职业技能	实践	技师学院	4	职业技能	理论	技师学院	3	心理健康	讲座	张波	2
	周四(10.16)	职业技能	实践	技师学院	4	职业技能	理论	技师学院	3	守法教育	讲座	田家文	2
	周五(10.17)	职业技能	理论	技师学院	4	自助教育	警察督导		3	出监教育概述	讲座		2
	周六(10.18)	礼仪教育	讨论	朱长军	4	回顾与总结	讲座		3	复习		值班警察	2
	周日(10.19)	文体活动	自助	警察轮值	4	整理内务	自由活动	警察轮值		周检	会议	监区警察	2

二、选择教材

出监教育教材的形式可以多样化，既可以是印刷品，也可以是音像制品。选择教材时，要尽可能选择司法部监狱管理局和省级监狱管理局的统编规划教材。同时，也要照顾监狱和地区差异，适当选择监狱自编教材，做到因地制宜，满足罪犯出监教育的实际需要。

三、教学组织

合理编排出监教育的班级，每一个班级都由出监监区的 1 名警官担任班主任，负责具体的班级管理工作。加强监狱与地方合作，建立监狱民警教师、合作院校教师、罪犯教员"三位一体"的教师配置机制，打造专业化的师资队伍。坚持集体教育与个别教育相结合、课堂教育与实训操作相结合、狱内教育与社会教育相结合的方式方法。针对罪犯的现实表现、余罪情况、职业技能情况，开展针对性的教育培训内容，提高罪犯出监教育的质量。监区领导负责承担每期出监教育开班动员工作，任课教员依据监区安排负责授课及考核等工作。

运用模拟教学法、现场教学法、情境教学法等，探索出监教育新模式、新方法。例如，用贴近生活的形象案例丰富相关法律法规的教学；用就业招聘、家庭邻里矛盾处理等场景模拟活动提高即将刑满释放的罪犯适应社会的能力和正确处理各类矛盾的能力；用励志歌曲和爱国歌曲增强即将刑满释放的罪犯的生活信心；用勤劳致富、名人成功奋斗史等视频增强即将刑满释放的罪犯的社会就业谋生能力。

加大监狱民警教师专业化的建设力度，派遣优秀监狱民警到高等院校进修，提升监狱民警教师教学能力和专业化水平。

 学以致用

罪犯张某，汉族，初中文化，未婚，无业。因犯盗窃罪被依法判处有期徒刑2年6个月。张某系累犯，自入监以来一直不服判决，不服管教，主观认为监狱民警正常的执法监管活动是有意为难他，跟他过不去，甚至提出不给他定生产任务、为他安排一个舒适的岗位等无理要求。他还曾因多次顶撞监狱民警被扣分，被送严管集训。张某之所以不服管教并有多次的违规记录，就在于他认为自己被判得太重了。他在整个服刑改造过程中一直纠结于这个问题，无法放下，认为社会不公平，进而认为自己被抓属于不够高明，是因为没把事情做干净一点。出监前3个月，由于妻子突然提出离婚，母亲没人照顾，张某产生了焦虑情绪。

问题：根据张某出监前的表现，制定一份教育计划。

要点提示：针对张某心理压力大、悔罪意识差的特点，监狱民警采取了为其制定详细转化方案、落实转化责任监狱民警、安排罪犯包夹、亲情联系帮教等措施。

第一，通过个别谈话了解刑满释放人员生活现状，倾听刑满释放人员的诉求；

第二，掌握刑满释放人员心理动态，做好心理咨询，化解心理纠结，实现无负担回归；

第三，为刑满释放人员进行技能培训及安置帮教就业。

拓展学习

上好出监教育"五堂课" 照亮"迷路者"新生归途

出监教育，是教育改造罪犯的最后一道"工序"，是巩固和提升罪犯改造质量的重要环节。云南省小龙潭监狱积极探索科学有效的罪犯出监教育模式，通过上好回归"五堂课"，帮助即将刑释的罪犯建立融入社会的信心、习得谋生的技能，进一步预防和减少重新犯罪的发生。

一、强化思想引领，上好弃旧图新"必修课"

根据新形势优化和调整出监教育课程，围绕形势政策、法律法规、社会美德、心理健康、社会适应性教育等内容，除运用传统的课堂授课模式外，还依托教育频道、NVOD、服刑人员教育专网点播等方式组织罪犯进行理论学习，将国际国内新形势、新政策、新信息融入课程之中，全方位引导罪犯总结改造收获，梳理经验教训，更好地规划自己的新生之路。

二、厚植五大认同，上好思想回归"政治课"

在出监教育原课程资源的基础上，依托监狱电教系统平台，不断丰富和完善国家形势政策等课程内容。在每批次教案设计中适时增加社会主义核心价值观内容，结合中华传统文化、红色精神、脱贫攻坚精神、中国梦等内容，坚持以政治改造为统领，突出政治改造功能和方向，潜移默化地使罪犯从思想上、情感上做到"五认同""五树立"，为成为遵纪守法的合格公民奠定思想基础。

三、科学辅导评价，上好心理回归"专业课"

出监监区心理咨询师联合启迪工作室成员，在不同阶段结合课程进度组织出监罪犯以个别测验和团体测验等方式开展出监心理测试，根据综合分析结果安排进一步专业测试。最终将测评结果与警察综合评议相结合，对罪犯的社会适应能力、重新犯罪可能性进行综合评估。结合评估结果开展心理健康疏导、团体心理辅导、心理咨询矫治，帮助罪犯实现"心理回归"。

四、开展就业指导，上好就业培训"选修课"

疫情防控常态化形势下，采取"网课+实操"的方式，对即将刑满释放的罪犯开展职业技能培训和创业能力培训。采用电化教育为主和罪犯自学为辅的方式，通过对创业计划、创业意识等内容的培训，培养罪犯创业思维、提高罪犯创业能力，引导罪犯对刑释后的生活进行提前规划，为罪犯成功创业、就业奠定基础。对即将刑释罪犯开展就业指导，与开远市人力资源社会保障局合作搭建高质量就业平台，邀请人力资源和社会保障部门通过视频教学的方式，帮助罪犯了解、掌握就业安置政策、创业资金补助、养老保险以及社会就业形势等情况，帮助罪犯选择正确的就业方向，全力打通罪犯走向社会的"最后一公里"。

五、落实回访安置，上好回归社会"安心课"

出监监区联合分监狱启迪工作室对即将刑释罪犯进行社会适应能力评估，科学评价即将刑释罪犯的教育改造质量，提高重新犯罪预测的准确性，为地方安置帮教部门提供真实有效的帮教建议。罪犯刑释后，分监狱对部分帮教对象回归后的思想变化、家庭情况、生活状况以及就业情况进行电话回访，以"回访+宣传+帮助"的形式，引导罪犯克服自卑心理、自力更生、遵纪守法。通过监地协同，实现安置帮教工作的无缝对接，实现监狱改造职能的监外延伸。

（来源：云南监狱）

任务 34　回归指导

学习目标

了解罪犯回归社会后面临的主要问题和困难，通过帮助、监督、培训等方式，提高罪犯回归社会的适应能力，降低重新犯罪率。

案例导入

美国经典影片《肖申克的救赎》中有个叫布鲁克斯的老人，他在肖申克监狱服刑50载，当他终于获得假释要离开时，竟因惧怕外面的生活而企图伤害其他犯人。出狱后，他因为不适应社会，最终选择自杀。

因盗窃罪被判有期徒刑8年6个月的四川人阿华就曾有过类似想法。2015年9月，阿华获得假释出狱的机会，但面对可以提前获得的自由，他却犹豫了，担心出狱后没有企业录用他，不会与人沟通，无法开始新生活。"你知道怎么回家吗？听说现在有高铁，我很想坐，可我现在连怎样去火车站都不知道。你知道吗？"阿华问身边的狱友。

"外面的改变令我难以想象，我童年时只见过一次汽车，但现在到处都是，世界改变得很快……晚上我不能入睡，经常做噩梦，身体像一直往下掉，醒来时感到恐惧，要想一会儿才知道自己在哪里，也许我该持枪打劫，让他们好送我回监狱……"这是另一位在监狱关了 10 年的罪犯回归社会后说的话。

问题：针对罪犯阿华的情况，如何做好回归指导？

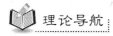 理论导航

一、临释人员回归社会的需求

一般来说，临释人员回归社会前，会担忧自己难以重新适应新的环境，无法融入新的社会生活。他们的担忧主要集中在三个方面：

1. 期盼及早就业谋生，但对回归社会后的就业缺乏有效的规划。绝大多数临释人员希望回归后能及时就业，并很想寻求较高收入的工作。但是，临释人员文化程度普遍较低，他们大多数人在服刑前没有一技之长，尽管在服刑期间经过监狱学习培训，大都获得了职业技术资格证书，但是所获得的绝大多数证书是初级证书。因此，文化程度低和职业技能差，使得他们的就业局限于低端职业范围。在城市外来人口增大、低端职业竞争比较激烈的情况下，临释人员回归社会后的就业难度增大，担心回到社会后难以就业谋生。

2. 期盼得到家庭支持，又怕给家庭关系带来影响。临释人员的家庭经济条件有限，并且临释人员回归后还将明显减少家庭人均可支配收入，如果不能解决经济来源，有可能影响与家庭成员的关系。一想到回归后的艰难生活与亲友的埋怨，自卑心理油然而生。因此，临释人员回归后的经济来源问题、婚姻家庭问题成为最重要的问题。

3. 期盼得到社会帮助，又担忧社会援助不能落实到自己。大多数临释人员不了解现行社会保障的法律法规和政策与劳动就业的政策与发展，以及求助社会的渠道及方法。他们最担心的是，如果遭遇社会歧视，该解决的事情解决不了；不会处理人际关系，影响有关问题的解决；不了解就业政策和要求，得不到实际的救助。

可以看出，临释人员对回归的需求是实在的。帮助他们正确认识未来生活任务和要求，正确把握回归需求的合理解决，增强自律自强的信心，成了我们回归指导教育的切入口和抓手。

二、做好罪犯回归社会工作的现实意义

做好这项工作的现实意义主要体现在三个方面：

1. 社会发展方面。罪犯来源于社会，最终要回归社会。罪犯的监禁是有限

的，回归社会是监狱矫正的必然性走势，对罪犯进行理论知识（包括心理矫治、人际关系等方面知识）和生产技能教育培训是满足罪犯刑满释放后立足社会的基本要求。同时，罪犯回归社会满足自身生存发展的同时，也服务于社会发展。

2. 监狱发展方面。监狱开展罪犯回归社会工作是监狱实现自身发展的重要手段。对此，一方面可以理解为，对罪犯进行生产技能方面的教育培训是稳定和改造罪犯思想，助推其接受惩罚的重要方式；另一方面可以理解为，对罪犯进行生产技能方面教育培训是实现劳动改造，提高监狱企业生产经营效益的重要方式。

3. 罪犯回归方面。监狱以帮助即将刑满释放罪犯更好地回归社会、适应社会、融入社会为出发点，在罪犯刑满释放前，组织出监罪犯认真开展思想文化、就业与创业、职业分析等各类教育活动，指导他们做好回归社会的思想、心理和能力准备，提高回归后的社会适应能力。

工作流程

一、开展系统的回归社会常识教育

利用出监教育 3 个月的时间，在组织回顾服刑生涯、总结经验教训、巩固服刑改造成果的基础上，系统地进行回归就业指导、社会生活指导、立足社会守法做人指导教育，加强出监前后的心理调适教育、家庭关系修复教育、人际关系与心理健康教育等。

二、开展适应社会教育

围绕临释人员关心的问题，引入社会资源开展适应社会教育。例如，邀请有关专家教授和社会爱心人士进行家庭关系调适、生命教育、挫折教育等讲座，邀请监狱驻地的社会保障部门开展安置帮教政策宣传和当前就业、创业的课程等。利用节假日，邀请家属亲人到监狱与临释人员谈心，共商回归社会后的生活规划。

三、组织开展心理咨询辅导

围绕临释人员回归前出现的抑郁、焦虑、适应障碍、人际交往不良等心理问题，监狱心理健康指导中心采取心理健康主题讲座、心理咨询、团体训练等形

式，进行适当的心理健康教育和心理调适。

四、开展模拟社会适应训练

为提高临释人员的社会适应度，监狱大都建立了模拟社会实训中心，按照社会上的司法所、派出所、人才市场、银行、交通站等，设置了高度仿真、设备齐全的场景。监狱民警组织临释人员体验社会环境，开展情景模拟实训，了解回归社会后的办事流程。

五、做好回归社会的接茬帮教

监区要配合地方落实"出狱必接、户口必报、情况必知、重点人员必控"的社会安置帮教衔接工作的要求，并在临释人员释放前1个月向其户籍所在的区县司法局寄送《出监综合评估报告》，为安置帮教提供参考。对临释人员中"无家可回、无亲可投、无业可就"的"三无"人员，及时与地方相关职能部门沟通。

六、落实个别化指导教育

出监教育初期，通过个别谈话，了解他们的性格特点、行为特征及回归需求等问题，分析个体需求以及回归社会后可能面临的居住、就业、家庭关系等实际问题，归纳回归指导教育的重点，分别进行个别化指导教育。

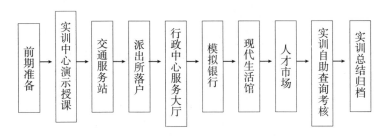

前期准备 → 实训中心演示授课 → 交通服务站 → 派出所落户 → 行政中心服务大厅 → 模拟银行 → 现代生活馆 → 人才市场 → 实训自助查询考核 → 实训总结归档

图 2-9-2　模拟社会实训流程图

 学以致用

李某，女，36岁，因挪用公款被判刑14年。她刚入狱时，丈夫提出离婚，5岁的儿子也判给了丈夫。她一直积极改造，屡次获得嘉奖而减刑，将于近期刑满

释放。

虽然即将出狱，她也拿到了电子操作初级证和珠绣证书，有了傍身之技，但在监狱里面，一直都是宿舍和改造场所"两点一线"式的生活。一想到高墙外面的未知世界，她仍然忐忑不安。

问题：针对李某的问题，如何进行回归指导？

要点提示：

1. 在进行巩固性和补课性职业技能教育的同时，对其进行以就业形势、就业指导、心理辅导、社会适应性训练为主的教育和指导。

2. 教育形式可以灵活多样，活动可以生动有趣，教给她普通人需要掌握的技能，如实名购买火车票、在淘宝网开店做生意、用支付宝付水电费等，还包括对婚姻家庭关系的问题应该如何处理。

3. 根据李某的特长，向其提供就业信息，为其提供技术培训，并与李某户籍所在地政府协调，做好刑满释放人员的就业安置工作。

✦ 拓展学习

刑释回归创业典型示范引领向新生

"几年前，我在这里，和大家一样用心改造，几年后，我以新的身份又回到这里，主要是和大家分享我的过去。"刑释回归人员项新生（化名）感慨地说，"出狱后，我利用在狱中所学的电器维修技术，开了一家空调零售、维修的专营门店，赚到了新生后的第一笔资金。我觉得现在的我不但可以自食其力，还能帮助更多需要帮助的人，来回报社会。"

2023年11月26日，安徽省巢湖监狱举办监区主题开放日活动暨刑释人员创业典型报告会，刑释回归人员项新生重返监狱面对百余名服刑人员，分享了自己的新生创业历程。

项新生因暴力犯罪被判处有期徒刑14年，服刑期间，在监狱民警的鼓励支持下，在监区维修组岗位学习电工技术，并主动报名参加监狱职业技能培训电器维修班的学习，先后获得电器维修、钳工等职业技能等级证书。刑满释放后经过努力，项新生于2023年4月开办了自己的第一家门店，半年经营后门店面积扩大了5倍。在专营新旧空调总汇的同时，项新生兼营给各类小型机械加工厂、建筑工地维修电器电路，形成了上下游产业链自给自足模式，成为当地小有名气的创业典型。会上，项新生与服刑人员分享了融入社会的沟通方法和自己的创业体会，并给仍在监狱改造的服刑人员以信心，鼓励他们正确认识自己的过去，积极改造，重塑新生。

（来源：民主与法制网）

任务 35　出监评估

 学习目标

了解出监评估指标，熟悉出监评估流程，能够组织和操作对临释罪犯的评估。

 案例导入

张某，男，25 岁，初中文化，因盗窃罪被判处有期徒刑 3 年。3 年的监狱生活并没有改变张某好吃懒做的习惯。临近出监时，出监教育评估意见指出其在监狱表现较差，建议列为重点帮教对象。

出狱后，当地司法所工作人员主动与其对接，联合张某户籍所在村的村干部成立帮教小组，与其建立帮教关系。

问题：请思考如何对罪犯张某进行出监评估？

理论导航

一、出监评估的概念

出监评估是指在罪犯服刑期满前，对罪犯的社会适应能力、重新违法犯罪的可能性所进行的评估。出监评估是根据罪犯的基本情况、现实改造表现、心理状况、道德素质、社会适应状况、社会支持系统等进行的综合评估，以便于发现问题，解决问题，进而提高罪犯适应社会的能力，并将结论以参考意见的形式反馈给刑满释放人员原籍社区矫正组织或帮教机构，使相关机构能够有针对性地开展矫正和帮教工作，做好其与社会衔接的工作。

出监评估是评价罪犯在改造期间表现的一项重要指标，是全面检查罪犯在服刑期间教育改造质量的一个重要环节。

二、出监评估系统

（一）罪犯释放后的预测性评估体系

所谓罪犯释放后的预测性评估，就是对即将离开监狱的罪犯进行评估，并将结论反馈给相关组织或帮教机构，为做好与社会衔接工作提供依据。基本框架主要包括以下五个方面：

1. 违法犯罪恶习评估。罪犯违法犯罪恶习越深，则出狱后重新犯罪的可能性越大，在评估中可以进一步从本次犯罪情况、前科劣迹、反社会情绪等方面展开。

2. 心理状况评估。心理状况评估主要是对罪犯出狱后的倾向性心理因素进行综合性诊断评估。

3. 现实改造表现评估。实践证明，改造期间表现好的，重新犯罪的可能性较低；表现差的，重新犯罪的可能性较高。没有改造好的刑满释放人员构成了重新犯罪的高发群体。

4. 道德素质和社会适应状况评估。刑满释放人员道德低下是其重新犯罪的重要原因之一，罪犯因长期监禁，回归社会后社会相容性和适应能力差，再加上就业困难、社会歧视等原因，很容易重新走上犯罪道路。因此，道德素质和社会适应状况评估是刑满释放后预测性评估的重要方面。

5. 社会支持系统评估。社会支持系统包含了家庭的稳固程度、社会安置帮教情况、社区组织严密程度、社会接纳环境优劣等因素，影响着刑满释放人员生活道路和行为方式的选择。

（二）罪犯社会适应性评估体系

所谓罪犯的社会适应性评估，是指为促进罪犯回归社会后能正常生活，监狱通过对罪犯社会适应性状况进行评估，发现问题，解决问题，进而提高罪犯社会适应能力的活动。基本框架主要包括以下六个方面：

1. 罪犯自身犯罪原因与改造效果评估。通过调查，发现罪犯多次犯罪的性质具有相同和类似的关联性，这能够表明罪犯自身犯罪原因与服刑经历对其适应社会生活的不良影响。因此，在罪犯社会适应性评估中，首先应当对罪犯自身的犯罪原因及其改造效果进行评估。

2. 罪犯社会适应能力的评估。刑满释放人员面临怎样的社会生活，或者说监狱服刑经历对刑满释放人员的社会生活产生了哪些影响呢？主要有以下三点：

（1）服刑经历对回归后职业类别选择的影响。监狱服刑经历缩小了罪犯出狱后职业选择的范围。国有企事业单位及一些非国有企业单位工作人员的招录都对有服刑经历的人排斥或设限。即使在一般的体力劳动或务工的职业中进行选择，在录用、岗位分配、岗位晋级等方面仍然会受到不同的对待。

（2）服刑经历对社会地位的影响。服刑经历使原有的社会关系产生淡漠甚至断裂，而且服刑时间越长，不良影响越严重，服刑经历大大降低了罪犯回归社会后的社会地位。

（3）回归社会后面对新的生活环境不适应。刑满释放人员回归社会后，面对的是服刑期间社会不断变化后新的生活环境。这些变化有些是有形的，但很多是无形的。这些变化使得刑满释放人员回归社会后，在短时间内不能适应。

3. 罪犯"监狱型人格"状况评估。罪犯在整个服刑过程中要完成两次转变，一是进入监狱后适应监狱生活，由"社会人"转变成为"监狱人"；二是刑满释放后适应社会生活，由"监狱人"转变成为"社会人"。"监狱人格"是监狱生活与社会生活异质性的体现，罪犯的"监狱人格"越严重，其社会适应性越差。

4. 罪犯权利保护状况评估。这里的权利主要是指罪犯公民身份的权利。罪犯公民权利包括拆迁补偿安置、土地承包、社会保险、债权行使等，这些权利的保护能为刑满释放人员的生活提供必要的支持。罪犯入监后，公民身份的相关权利虽未被剥夺，但因其在监狱失去了行使权利保护自身合法利益的便利，因此，在罪犯社会适应性评估中，应当评估罪犯的哪些权利需要进行保护。

5. 罪犯社会生活面临问题评估。刑满释放人员社会生活面临的问题是多方面的，监狱对刑满释放人员社会生活面临的问题进行评估，可以促使监狱采取针对性的措施，帮助其在回归之前解决一些问题，也可以提前反馈给社区矫正和安置帮教组织，以便他们及时解决问题。

6. 罪犯心理状况评估。罪犯是心理障碍高发的人群之一，其总体心理健康分值明显低于社会正常人群。然而，由于大多数罪犯没有明确的自我认识，他们对自身存在的心理问题不能进行清晰的认知和自觉的调节。这不仅影响了罪犯的改造质量，而且直接威胁监狱的安全稳定。因此，对罪犯进行心理状况评估显得尤为重要。

🖐 工作流程

一、成立出监评估专门机构

监狱应成立罪犯个体改造质量评估领导小组，由分管教育改造的监狱领导担任组长，教育、狱政、侦查、生活卫生、出监监区等部门负责人为成员，评估小组办公室可设在出监监区。领导小组负责指导罪犯的改造质量评估工作。

二、了解罪犯教育改造情况

组织专门管理的警察了解罪犯在监狱内教育改造的情况，掌握罪犯的现实表现，是出监评估的前提和基础。了解罪犯情况的主要渠道有：

1. 查阅罪犯档案资料。通过查阅罪犯的犯罪和改造情况的全部档案、罪犯改造总结书、服刑期间的来往信件等了解罪犯的情况。

2. 个别谈话。通过个别谈话，了解和掌握罪犯的情况，让罪犯自述改造情况和体会，以对查阅档案材料中的重要情况予以印证。

3. 向罪犯原改造监区的监狱民警和其他罪犯了解情况。通过掌握罪犯教育的基本情况，然后再对照罪犯出监评估的结果，寻找罪犯现实表现与出监评估结果之间的差异，提出更有针对性的罪犯出监犯罪预测和出监建议。

三、组织罪犯进行出监测评

1. 制定与实施出监评估方案。出监评估方案是实施出监评估的基础，其确定了出监评估的组织与控制过程。评估方案包括：组织领导、评估对象、评估内容、评估方法、评估步骤等内容。

2. 选择出监评估工具。目前，我国监狱出监评估一般利用 CX（重新犯罪预测分析量表）简评表对罪犯刑满释放后重新犯罪的概率进行预测评价。罪犯出监重新犯罪预测评价表是对罪犯刑满、前释放后再次犯罪的可能性进行预测评价的综合性量表，主要是从罪犯在监狱内改造的现状入手，通过对其改造质量的评定而作出的一个评价体系。其主要指标包括罪犯的基本情况、犯罪状况、改造状况以及罪犯的生理、心理、认知和行为的检验指标。通过对每一项指标给予分数和评价，在此基础上，结合罪犯的实际状况，对其重新犯罪的可能性进行预测。

3. 确定出监评估的方法。具体包括以下几种：一是分项量化考核法。分项量化考核法是根据罪犯教育内容评估指标体系所设定的量化标准，对罪犯教育内容进行考核的方法。这一方法使考评结论比较客观、公正，能够比较准确地反映罪犯教育工作现状。二是考试考查法。考试考查法是针对罪犯教育过程中接受的课程学习效果的测验，从而考试、考查检验罪犯对监狱教育内容的掌握情况。三是直接记录法。直接记录法是将罪犯日常改造中的行为表现如实记录在案的方法。直接记录法要求准确无误地记载罪犯的日常表现，掌握罪犯教育改造的真实情况。

四、组织罪犯进行自我总结

1. 由罪犯本人总结其在服刑期间认罪悔罪、服刑服法、遵守监规监纪、掌握劳动技能的情况，反映服刑期间受到的不公正对待或狱内存在的不良现象，说明在刑满释放后可能遇到的生活困难、家庭变化、社会交往等问题。

2. 《服刑改造自我总结》由罪犯直接投入监区综合信箱。监狱业务部门按照综合信箱管理相关规定，收集后交给监区分管教育的副监区长。

五、出监鉴定

出监评估结果最后要形成罪犯出监鉴定。出监鉴定是监狱对罪犯在服刑期间的改造表现作出的结论，是释放人员必备的法律文书之一，也是地方帮教机构对释放人员安置帮教的重要参考资料。监狱要填好针对释放人员的《出监罪犯评估表》，连同刑事判决书一起移交到刑满释放人员安置户口所在地的公安机关和司法行政机关。《出监罪犯评估表》一般包括以下的内容：

1. 罪犯的基本情况，主要是罪犯姓名、刑期、罪名、性别、家庭住址、刑期变动情况、出监事由、出监时间等。

2. 罪犯教育改造评估质量分析，主要是通过对罪犯进行心理、行为、认知、人身危险性测试，以及改造的程度和前后的数据进行对比与分析，评估结论。

3. 出监建议。根据罪犯的改造情况，由监区、监狱分别填写意见和建议，在罪犯释放前1个月内录入刑释人员安置帮教管理系统，为罪犯家庭、街道、社会有关团体提出安置帮教建议，有效防范刑满释放人员重新违法犯罪，并做好与社会的交接工作。

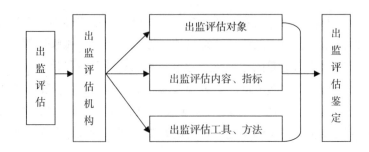

图 2-9-3 出监评估工作流程图

表 2-9-2 出监自我评定

<table>
<tr><td rowspan="8">基本情况</td><td colspan="2">姓名</td><td></td><td>性别</td><td></td><td>民族</td><td></td></tr>
<tr><td colspan="2">原文化程度</td><td>现文化程度</td><td></td><td>出生年月</td><td colspan="2">年 月 日</td></tr>
<tr><td colspan="2">家庭住址</td><td colspan="5"></td></tr>
<tr><td colspan="2">原户籍所在地</td><td colspan="5"></td></tr>
<tr><td colspan="2">案别</td><td></td><td colspan="2">原判刑期</td><td colspan="2"></td></tr>
<tr><td colspan="2">附加刑</td><td></td><td colspan="2">刑期起止</td><td colspan="2">年 月 日 起
年 月 日 止</td></tr>
<tr><td rowspan="5">改造表现情况</td><td>认罪悔罪</td><td colspan="5"></td></tr>
<tr><td>遵纪守法</td><td colspan="5"></td></tr>
<tr><td>学习培训</td><td colspan="5"></td></tr>
<tr><td>劳动表现</td><td colspan="5"></td></tr>
<tr><td>奖惩记录</td><td colspan="5"></td></tr>
<tr><td>服刑期间主要收获</td><td colspan="6"></td></tr>
</table>

续表

就业谋生意向	
婚姻家庭及社会关系状况	
出狱打算	

以上是我真实的自我评定

评定人：　　　　　　　　　　　　　　　　　年　　月　　日

 **学以致用**

刘某，男，因犯强奸罪被判处刑期 3 年 6 个月。该犯在服刑期间积极改造，并积极参加监区文体活动，多次受到奖励。刘某即将刑满释放时，合作企业来招

工，刘某提交了申请，出监监区根据该犯出监评估结果，向合作企业推荐就业。刘某在厂方工作期间，得到了厂方的高度认可和赞扬，成功地回归了社会。

问题：如何对刘某进行出监评估？

提示：

1. 心理测验。主要是使用标准化的量表对刘某进行测试，通过采集数据进行定量分析，评估危险性程度。

2. 行为观察。主要对刘某的日常表现，如认罪态度、情绪状态、人际关系、学习和劳动表现等观察，进行分析评估。

3. 个别谈话。通过与罪犯有目的的谈话聊天，来搜集心理特征和行为信息，重点发掘其对人生的看法、伦理观念，是否存在精神障碍，进而进行罪犯危险性评估。

★ 拓展学习

九成分局三项措施扎实推进出监评估工作

一、优化量表测试

根据罪犯现实改造表现，内设监区责任民警组织罪犯开展《刑释人员心理健康自评》《预测量表》《重新犯罪可能性评估量表》等三个量表测试，综合研判罪犯的重新犯罪危险倾向和帮教类型。明确"重点帮教对象"界定范围和标准，建立处置责任和工作标准，加强与地方司法局的沟通联系，妥善落实必接必送措施。

二、健全评估机制

建立三级评估架构，分为罪犯自评、内设（分）监区民警评估、心理咨询师评估三项内容，经内设（分）监区、监区、分局三级鉴定，真实、具体地反映罪犯在监内的现实表现，科学预见出监后可能存在的危险系数，针对罪犯的不同心理健康状况作出评估，为当地司法局和公安机关等相关部门提供个性化帮教建议。

三、拓展评估教育

成立出监教育教研室，对临释罪犯开展出监前谈话和针对性的出监教育，充分了解其思想状况、家庭经济情况、社会支持系统、出监后打算、就业方向等，并针对疫情封闭管理现状，录制出监教育专题课程，通过远程视频会议系统，集中开展出监回归心理适应教育，引导罪犯守法守规，帮助刑释人员顺利回归并尽快适应社会。

（来源：安徽省监狱管理局官网）

任务36 出监谈话

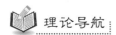 学习目标

了解出监谈话的内容，掌握出监谈话的要求。能够按照出监谈话的要求，对即将刑满释放的罪犯进行谈话教育。

案例导入

王某，男，45岁，初中文化，已婚，育有一子，因故意伤害罪被判有期徒刑10年。入狱时，王某才30多岁，在监狱服刑期间他积极配合改造，多次获得减刑机会，希望早日改造出监和家人团聚。2018年3月，罪犯王某再过半年就可以刑满释放了，监狱机关将其调到出监教育监区。

但随着出监日期的临近，在出监教育监区罪犯王某的表现却越来越差。后来，监狱民警通过与罪犯王某进行谈话，了解到罪犯王某的妻子近日来监狱探视时向王某提出了离婚的要求，并且告诉了王某，他们的儿子正因刚考上大学却交不起学费而苦恼。他自己也感觉到出监后前途渺茫，不知道出监后该如何处理家庭关系和解决自己的生活问题。

问题：针对罪犯王某的表现，如何对其进行出监谈话？

理论导航

一、出监谈话的必要性

出监人员即将重新踏入社会，能否把好最后一道关直接影响改造效果的好坏。因此，出监前谈话就显得非常必要。

出监谈话是监狱民警从对即将出监的罪犯进行教育改造的实际出发，与罪犯面对面地交流思想观点，解决其思想和实际问题的一种教育形式。监狱民警对每一名余刑在1个月内的即将出监的罪犯进行个别谈话教育，使其做好出监准备。出监谈话不等同于日常的教育谈话，它有更为明确的针对性和目的性。针对不同的出监罪犯，出监谈话的内容也有不同侧重。监狱民警要针对罪犯的现实改造表现，叮嘱他们增强法治意识，在社会上做守法公民，通过自己的双手勤劳致富，促使其更好、更快地回归社会，以打好"出监预防针"。

二、出监谈话的要求

（一）目的明确

根据出监谈话对象的不同，制定有针对性的谈话方案，做好出监谈话准备。

（二）方法得当

要有针对性和策略性，做到因人施教，有的放矢，要区别情况，妥善处理，把握出监谈话的方法技巧。

（三）注意时宜

出监谈话时间不宜过长，一般掌握在 50 分钟以内，要在有限的时间内获得较多有价值的信息，正确对待罪犯存在的问题。要端正谈话的态度，语速缓和，要主动和罪犯谈心交心。

（四）做好谈话记录

按照出监谈话的要求，每次谈话均要有 2 名以上监狱民警与 1 名罪犯谈话，并有针对性地做好记录，保证记录内容的真实和准确。

（五）做好后续跟进

针对罪犯在出监谈话中反映出的问题，要及时跟进并将反馈结果及时告知相关部门和人员。

🖊 工作流程

1. 做好出监谈话的相关准备工作。根据出监谈话对象的情况，制定相应出监谈话的方案，包括出监谈话的时间、场合、谈话内容、方法技巧等。

2. 组织罪犯进行出监谈话。根据出监谈话的方案，认真组织罪犯的出监谈话，并做好出监谈话中的相关应对策略。

3. 填写出监谈话的相关工作台账。根据出监谈话的情况，组织专门警察做好出监谈话的内容记载、相关台账的填写工作。

4. 反馈出监谈话的相关情况。要及时准确地把出监谈话的情况反馈给监狱领导、安置帮教机构和罪犯的家属，做好相关的后续帮教等工作，为罪犯顺利回归社会提供条件。

在上述导入案例中，监狱民警可以劝说王某，妻子之所以提出离婚，是因为对王某失去了信心。引导王某理解妻子的难处，现在能做的就是赶紧好好改造，争取早点出去，弥补孩子缺失的父爱，承担起家庭的责任。

学以致用

赵某，男，初中文化，在贵州的一个山村里长大。18 岁那年，他跟老乡跑到南方，老乡带他抢劫，他参与布置并望风，把受害人打成重伤，随后入狱服刑 11 年。这意味着他的青春都将在铁窗里度过。

在监狱的这几年，他学会了一门技术，别人每月挣 100 多元的生产报酬，他可以挣到 300 多元。8 年下来，他也有一笔回家的积蓄。

出狱前 1 个月，赵某用"近乡情更怯"形容自己的心情：离出狱日子越近，他越害怕。总要回去看一看家，但村里人见到从监狱出来的自己，会说些什么难听的话？自己的头还能抬起来吗？

问题：针对赵某出监前的表现，如何与他进行谈话？

要点提示：监狱民警可以开导他、鼓励他："你有一门技术，可以靠正当的本领谋生。你改造成功了，你变成一位能自食其力的人回家了，没什么可羞耻的。"并对其如何走好新的人生道路提出要求。

拓展学习

新疆第一监狱扎实开展罪犯刑满释放前谈话工作

新疆第一监狱扎实开展刑满释放人员的谈话工作，认真听取各方面意见，科学疏导罪犯情绪，依法保障罪犯的合法权益，避免矛盾激化和尖锐化，进一步维护监狱的安全稳定。

第一，确保谈话率 100%。监狱纪委明确专人负责谈话工作。谈前积极掌握谈话对象的基本情况，区分不同的谈话对象和谈话重点，灵活运用谈话技巧和方法，保证在对正常释放罪犯的谈话工作中达到 100% 的谈话率。

第二，规范谈话程序。谈话开始前，两名纪委工作人员需向罪犯告知谈话人的身份、谈话目的、谈话要求和罪犯享有的权利；谈话中，对罪犯反映的问题，及时反映给相关单位；对有关执法执纪过程存在的疑惑，要及时解答问题，疏导罪犯负面情绪，不让刑满释放人员带着问题和情绪离监。并做好谈话记录，所记录内容必须如实、准确，并遵守保密规定。谈话结束时，要求罪犯如实填写《执法问卷调查表》，就监狱民警在罪犯的减刑、假释、保外就医、计分考核、行政奖惩、调动、工种安排、医疗等环节是否充分体现了"公开、公正、公平"原则，以及监狱民警对罪犯依法文明管理和廉洁自律情况进行调查，并听取罪犯对监狱执法工作的合理化建议或意见等。

第三，督促落实整改。对谈话及执法问卷调查中反映的一般性问题，及时查清事实，作出解释或者答复；对涉嫌违法违纪或者提供重大案件线索的，必须及时上报，不得隐瞒和拖延；对被谈话人要求向领导等直接反映情况的，及时帮助其约谈。

第四，创新工作方法。不断探索罪犯释放前谈话新方法，监狱纪委着眼于提高谈话质量，力求增强谈话的实效性，提前了解罪犯的思想动态，做到"因人而异"，采取不同的方式方法，合理运用教育、心理等技术手段，引导罪犯讲真话、讲实话。在谈话中，结合狱政公开工作谈执法监督，结合监狱环境问题谈监管改造，结合罪犯关心的问题谈个人发展，做到既要谈出问题，又要辅以心理教育和情绪疏导。

（来源：监狱信息网）

任务 37　出监宣誓

学习目标

了解出监宣誓的要求，熟悉出监宣誓活动的组织程序。能够组织协调出监罪犯宣誓活动。

案例导入

任某，男，因抢劫罪被判刑 5 年，入监时他的改造态度十分消极。监狱民警从亲情感化入手，侧重对他进行中华传统孝道和感恩教育，帮助他树立正确的人生观，增强家庭责任感，使他的改造思想和表现有了明显转变。

"自以为了不起，其实只是别人眼中的混蛋，亏欠了母亲及家人这么多，真是不知道怎么样才能偿还，踏踏实实做人吧，至少让母亲过个安稳的晚年。感谢警官一直没有放弃我，让我看清了未来的路。"这是任某在出监宣誓仪式上的留言，表达了自己忏悔和感恩的心情。

问题：如何组织任某等临释人员出监宣誓？

 理论导航

一、出监宣誓的意义

出监宣誓是指罪犯在重返社会的仪式中说出的以表示忠诚和决心的认罪服法、重新做人的誓言。出监宣誓是出监教育结束时，监狱为了进一步巩固罪犯的教育改造成果，在罪犯出监教育中举行的一种"出监仪式"和"毕业典礼"，是出监教育的一项基本制度。

通过出监宣誓，使他们铭记教训，深刻理解监狱民警和家人对他们的殷切希望。坚定他们改过自新的信念，巩固出监教育的成效。

通过出监宣誓，能够净化罪犯心灵，坚定他们改过自新的信念，激励罪犯重获新生，增强他们回归社会后遵守法律的信心和勇气。

通过出监宣誓，能进一步彰显法律的威严，增强监狱作为国家机器的震慑力，警醒罪犯牢记曾经的犯罪危害以及服刑改造的付出与艰辛，促使罪犯回归社会后自觉遵守宪法、法律，自食其力，做一个守法公民。

二、出监宣誓誓词

罪犯出监宣誓誓词应该规范、科学，要体现国家对罪犯出监后的基本要求和殷切希望。语言要简洁易懂，让罪犯能够听得懂、记得住。通过宣誓，罪犯能够受到潜移默化的约束和教育影响。不同监狱的誓词各有特色，这里摘录了几段：

目前通用的出监誓词："爱党爱国，拥护宪法；牢记教训，珍惜自由；严守法律，遵守公德；自尊自爱，自信自立；承担责任，服务社会；绝不违法犯罪，永做守法公民。"

山东潍坊监狱出监誓词："走过了人生的沼泽，沐浴了法治的阳光，即将迎来新生，面对国旗，我宣誓：爱党爱国，拥护宪法；牢记教训，珍惜自由；严守法律，遵守公德；自尊自爱，自信自立；承担责任，服务社会；绝不违法犯罪，永做守法公民。"

江苏句容监狱出监誓词："告别旧我，迎接新生；珍惜自由，自食其力；爱国守法，奉献社会；誓不违法，永不犯罪。"

工作流程

1. 制定出监宣誓计划方案。确定出监宣誓的时间、地点、参加人员等，保

证出监宣誓规范有序地进行。

2. 组织好出监宣誓活动。活动仪式要庄重、严肃，组织即将刑满释放人员面对誓言墙，面向国旗，举起右拳，在监狱领导、监狱民警和罪犯家属的监督下郑重做出新生宣誓。

3. 宣誓后，即将刑满释放人员在宣誓墙上庄重地签下了自己的名字，并在"出监感言"记录本上记下自己的所思所想和意见建议。现场的监狱民警对他们进行嘱咐和鼓励。

4. 做好出监宣誓的反馈工作。监狱民警要做好后续照管工作，解决他们的实际困难，为罪犯顺利回归社会打下坚实基础。

 学以致用

某监狱为即将刑满释放人员组织出监宣誓仪式，在出监宣誓前，出监监区民警抽取两名罪犯代表在仪式上作了即将新生的发言。一名叫阿军的罪犯说："感谢监狱民警的教诲，我们回到社会后，要利用在监狱学到的一技之长，在社会上找到谋生出路，做一个有益于社会的守法公民。"许多回归人员和前来迎接的家属都被感动得流下眼泪。走出监狱铁门前，阿军认真地对送他的监狱民警说："我对重新踏上社会充满信心。"

问题：你如何组织阿军等人的出监宣誓？

要点提示：宣誓仪式一般由教育改造科与出监监区统一组织，出监监区全体监狱民警和罪犯均参加。确定仪式主持人，选好罪犯发言代表以及监狱民警监誓人。

在仪式上，首先，由监狱或监区领导对出监人员寄语，希望他们回归社会后，做一个诚实、守信、懂法的好公民；其次，由出监人员代表发言；最后，进行集体宣誓。

 拓展学习

誓词铮铮国旗前　肺腑声声换新颜

"我宣誓，爱党爱国，拥护宪法；牢记教训，珍惜自由……"在监狱的高墙内，响起坚定自信的声音。这一句句铿锵有力的誓词，即表达了即将刑释罪犯对祖国的热爱和对法律的敬畏，也表达了对家的渴望和对自由的向往。

2017 年 2 月 5 日下午，四川省汉王山监狱首次罪犯"归正宣誓"仪式在监狱帮教室举行，77名即将刑满释放的罪犯参加了仪式。监狱长在讲话中要求即将刑满释放的罪犯以此为分界岭，抛弃旧我，重新规划好自己的新生路。要常怀感恩之情，成为有担当的人，不辜负干警和亲人的希望，做一名诚实守信、学法守法的社会公民。

仪式上，罪犯代表李强（化名）作了发言，他说："15年的监狱生活，在监狱干警的教育引导下，我学到了法律知识，掌握了生产技术，学会了与人和睦相处。更重要的是，学会了关爱他人，珍惜生命。这一切，将对我走好今后的人生之路有着重要的指导意义。"

随后，在1名罪犯的带领下，参加仪式的77名罪犯在国旗下举起右手，庄严宣誓。宣誓结束后，罪犯纷纷在印有宣誓词的红幅上，签下自己的名字。

"归正宣誓"是罪犯出监教育的一个重要内容，旨在加强罪犯刑满释放前的形势政策和法规教育，敦促他们牢记教训，树立面对未来新生活的信心。

（来源：四川省监狱管理局官网）

图 2-9-4　出监教育流程图

第三部分 教育管理

项目十

考评与台账

图 3-10-1 罪犯教育工作规范化〔1〕

 知识储备：

罪犯教育工作考评是指上级司法行政机关和监狱管理部门对监狱开展教育改造工作的情况定期进行评估检查，切实保证国家有关监狱工作方针、政策、法律、法规的贯彻执行，以及教育改造罪犯的目标和各项工作措施的实现。没有考核，就没有管理，考核不是目的，但是可以有效促进罪犯教育工作的标准化和规范化，了解罪犯教育工作最新状况，及时发现问题、解决问题。

一、罪犯教育工作考评的内涵及特点

罪犯教育工作考评是监狱机关根据罪犯教育工作的目标，对罪犯教育过程的组织管理、教育内容、教育方式方法、实施过程、教育设施、民警工作、罪犯个

---

〔1〕 图片来源于陕西杨凌监狱。

体和群体的悔改程度、守法状态以及社会生活适应等项目所进行的综合客观评定。罪犯教育工作考评主要表现为以下几个特点：

（一）考评内容的全面性

罪犯教育工作考核内容包括教育资料、管理制度、教育设施、监狱民警工作、罪犯情况等，从罪犯接受教育的内容形式，到接受教育后的效果，基本涵盖了罪犯教育工作过程和效果的基本要素。

（二）考评方式的多样化

罪犯教育工作考评可以采用材料检查、调研、座谈、访谈、问卷调查、考试、统计等多种手段。

（三）考评标准的明确性

司法部颁布了《监狱教育改造罪犯工作目标考评办法》及《监狱教育改造罪犯工作目标考评评分标准》，量化了罪犯教育改造效果的考评标准，将罪犯教育工作的标准由软指标变成硬指标。

（四）考评程序的可操作性

罪犯教育工作考评是针对罪犯教育工作系统化的考核，既要充分全面了解罪犯教育工作过程，又要对罪犯教育工作效果进行全面客观的综合评价，因此必须在工作实践中注重考评的可操作性，能够公正、客观地对监狱民警的教育工作进行量化考核。

二、罪犯教育工作考评类型

1. 根据罪犯教育工作的内容可分为：思想政治教育过程考评、文化知识教育过程考评、职业技术教育过程考评、心理健康教育过程考评及其他教育过程考评等。

2. 根据使用的技术与方式可分为：集体教育工作考评、个别教育工作考评、社会帮教工作考评、教育技术考评等。

3. 根据考评使用的方法可分为：量化考评、定性考评及综合评估。

4. 根据罪犯教育的时间段可分为：入监教育考评、常规教育考评、出监教育考评。

三、罪犯教育工作目标考核规定

司法部《监狱教育改造罪犯工作目标考评办法》对罪犯教育工作目标考核的内容、标准及方法作了明确规定。

（一）罪犯守法守规率

1. 指标要求。年度刑满释放人员中，90%以上为守法守规罪犯。

2. 标准界定。守法守规罪犯，是指能够认罪悔罪，遵守规范、认真学习、积极劳动，在服刑期间没有受到警告、记过、禁闭处分的罪犯。

3. 考评方法。查阅考评期内刑满释放罪犯档案和罪犯奖惩记录等。

（二）法治教育合格率

1. 指标要求。年度刑满释放人员中，95%以上法律常识教育合格。

2. 工作要求。对罪犯开展全面的法律常识教育和认罪悔罪教育。

3. 标准界定。法律常识教育合格，是指参加规定的法律常识教育课程学习，考试成绩合格。认罪悔罪是指承认犯罪事实，认清犯罪危害，对自己的行为表示悔恨，服从法院判决，不无理缠诉。

4. 考评方法。查阅考评期内刑满释放罪犯档案、试卷；查阅教育计划、教案和教学记录；查阅教育登记台账、统计表等；询问有关人员了解情况。通过和罪犯谈话，了解认罪悔罪教育开展情况。

（三）道德教育合格率

1. 指标要求。年度刑满释放人员中，95%以上道德常识教育合格。

2. 工作要求。对罪犯开展全面的道德常识教育，道德常识教育的内容包括：公民道德、中华传统美德、世界观、人生观、价值观、社会主义荣辱观、道德修养等。

3. 标准界定。道德常识教育合格，是指参加道德常识教育所包括的所有内容的学习考试成绩及格。

4. 考评方法。查阅考评期内刑满释放罪犯档案、试卷和教育登记台账、统计表等；查阅教育计划、教案和教学记录；询问有关人员了解情况。

（四）文化教育合格率

1. 指标要求。年度刑满释放人员中，脱盲人员达到应脱盲人数的95%以上；小学文化程度以上的达到应入学人数的90%以上。

2. 工作要求。对新入监罪犯进行文化程度测查，针对不同文化程度，分别开展扫盲、小学、初中文化教育；对文盲罪犯，应当在 2 年内完成扫盲教育；对尚未完成义务教育、不满 45 周岁、能够坚持正常学习的罪犯，应当开展义务教育；对已完成义务教育的罪犯，有条件的可以开展高中（中专）教育，鼓励罪犯参加电大、函大、高等教育自学考试或者其他类型的学习，并为他们参加学习和考试提供必要的条件。

3. 标准界定。脱盲，是指文盲罪犯参加所有扫盲课程学习，考试成绩及格；应脱盲罪犯，是指能够坚持正常学习的文盲罪犯。小学文化教育合格，是指小学教育应入学罪犯，参加所有小学文化课程学习，考试成绩及格；小学教育应入学罪犯，是指未完成小学教育，年龄不满 45 周岁，能够坚持正常学习的罪犯。

4. 考评方法。查阅考评期内刑满释放罪犯档案、试卷和教育登记台账、统计表等；查阅教育计划、教案和教学记录；询问相关教育机构。

（五）职业技术教育合格率

1. 指标要求。年度刑满释放人员中，取得职业技术技能证书的达到参加培训人数的 90% 以上。

2. 工作要求。结合罪犯实际，开展劳动意义、劳动意识、劳动观念教育；组织罪犯开展岗位技术培训和多样性的职业技能培训。

3. 标准界定。职业技能证书，是指人力资源和社会保障部门颁发的职业技能证书；参加培训罪犯，是指年龄不满 50 周岁，没有一技之长，能够坚持正常学习的罪犯；岗位技术培训，是指根据罪犯在狱内劳动的岗位技能要求，进行的"应知""应会"培训和必要的安全教育培训；职业技能培训，是指按照人力资源和社会保障部门制度的标准进行的技能培训。

4. 考评方法。查阅考评期内刑满释放罪犯职业技能证书和教育登记台账、统计表等；查阅教育计划、教案和教学记录；查看培训场所和设施。

（六）心理健康教育普及率

1. 指标要求。对罪犯开展心理健康教育的普及率，达到应参加人数的 100%。

2. 工作要求。对罪犯开展心理健康教育，并有针对性地开展心理矫治工作。

3. 标准界定。应参加心理健康教育的罪犯，是指无严重精神疾病，能够坚持正常学习的罪犯。

4. 考评方法。查阅教育登记台账、统计表等；查阅教育计划、教案和教学记录；查阅心理矫治资料；询问有关人员了解情况。

（七）新入监罪犯心理测试率

1. 指标要求。本年度新入监罪犯，心理测试率达到应测试人数的100%。

2. 工作要求。运用心理测试量表等科学方法，对罪犯进行个体分析和心理测验，进行危险程度、恶性程度和改造难度评估。

3. 标准界定。应测试罪犯，是指具备小学以上（含）文化程度，能正常进行测试的罪犯。对新入监罪犯的心理测试应当在罪犯入监2周内，基本熟悉服刑生活后进行。

4. 考评方法。查阅服刑改造专档资料。

（八）顽固犯转化率和危险犯的撤销率

1. 指标要求。对已确定的顽固犯，年转化率达到50%以上；对危险犯要努力消除危险。

2. 工作要求。建立对顽固犯和危险犯的认定和教育转化制度，严格认定和撤销程序，建立专档，指定专人负责管理教育。

3. 标准界定。对顽固犯是指有拒不认罪、无理纠缠，打击先进、拉拢落后、经常散布反改造言论、屡犯监规、经常打架斗殴，抗拒管教，无正当理由经常逃避学习和劳动及其他需要认定为顽固犯情形之一的罪犯；危险犯是指有自伤、自残、自杀危险，有逃跑、行凶、破坏等犯罪倾向，有重大犯罪嫌疑，隐瞒真实姓名、身份和其他需要认定为危险犯情形之一的罪犯；顽固犯和危险犯的认定与撤销，由监区集体研究，提出意见，报监狱教育改造、狱政管理部门审核，由分管副监狱长审定。

4. 考评方法。查阅顽固犯、危险犯登记表、登记台账、教育管理记录等；查阅有关制度和工作安排资料。

（九）出监罪犯评估率

1. 指标要求。年度刑满释放人员中，开展出监评估的罪犯达到100%。

2. 工作要求。对即将出监的罪犯，根据其原判案情、刑期、服刑改造表现、奖惩情况，运用心理学等相关知识和技术，进行全面评估，并就评估结果，向罪犯原户籍所在地的司法行政机关提供书面评估意见和建议。

3. 标准界定。对即将出监罪犯的评估，是指在罪犯服刑期满前，对罪犯社会适应能力、重新违法犯罪的可能性进行的评估。

4. 考评方法。查阅考评期内刑满释放罪犯档案资料；查阅评估、建议资料；询问有关机构，了解情况。

（十）教育改造罪犯工作保障

1. 指标要求。监狱主要领导主抓改造，副监狱长分工专抓教育改造；监狱长办公会每季度至少专题研究 1 次教育改造工作。监狱教育改造罪犯所需的硬件设施完备。教育改造经费足额到位，专款专用。成年罪犯的教育改造教学时间每年不少于 500 课时，未成年犯不少于 1000 课时；入监教育时间为 2 个月，考核不合格的，延长 1 个月，出监教育时间为 3 个月。

2. 标准界定。主要领导是指监狱长和政委；教育改造罪犯所需硬件设施，是指《监狱教育改造工作规定》明确规定的各项硬件设施。教育改造经费是指监狱基本支出经费标准中明确规定的教育改造费。教育改造教学时间包括课堂化教育时间和罪犯参加文艺、体育等监区文化活动的时间，未成年犯的教学时间还包括以课堂教育形式进行的习艺劳动教育指导时间。

3. 考评方法。查阅领导分工文件、会议记录和会议纪要；查看监狱基本资料，对照监狱建设标准等相关要求检查；查阅经费收支台账；查阅教育统计台账、统计表；询问相关人员了解情况。

任务 38　罪犯教育工作考评

学习目标

掌握罪犯教育工作考评内容、流程和方法，能够根据给定材料制定某项罪犯教育工作的考评方案。

案例导入

某监狱为迎接上级部门罪犯教育考核督查，提前进行自查自评活动，按照罪犯教育工作考评标准进行模拟考核，查找总结 1 年来罪犯教育工作整体情况，以便及时整改，迎接上级部门的考核督查。通过模拟考评发现，监狱在省局教育处的指导下，在监狱党委的正确领导下，坚持"惩罚与改造相结合，以改造人为宗旨"的监狱工作方针，大力推进了监区文化建设和服刑指导中心建设，紧紧围绕全面提高罪犯改造质量这个中心，以"两个最大限度"为目标，积极推进了监狱工作创新发展，但同时也存在"三课"不够扎实、心理咨询不完善、教育活动欠缺主线、教育设施不达标等问题。

问题：请根据案例思考如何进行模拟考评？

 理论导航

罪犯教育工作考评是在对罪犯教育工作全面认识的基础上，对罪犯教育工作的总结和预测，是切实保证国家有关监狱工作方针、政策、法律法规的贯彻执行，以及教育改造罪犯的目标和各项工作措施得以实现或落实的有力武器。考评结果要与考核奖惩挂钩。

一、罪犯教育工作考评内容

罪犯教育工作考评内容主要包括以下几个方面：

1. 罪犯教育工作的组织管理。对教育管理机构即教育处（科）的考评，项目包括：处（科）室工作人员人数占在押罪犯的比例；个人基本情况；工作尽职尽责情况；工作能力与实绩状况；等等。对教研室的考评，项目包括有无教研室及分科设置情况；教师数量及基本情况；开展教研活动情况；等等。对教学组织形式的考评，项目包括：班级类别；课程设置；参加学习的罪犯人数占罪犯比例；等等。

2. 罪犯教育内容。考评包括思想教育、文化知识教育、职业技术教育、心理健康教育、入监教育、出监教育。

3. 罪犯教育方式、方法。考评的内容主要包括：教育方法是否科学，是否行之有效。这些方式、方法主要包括集体教育、个别教育、辅助教育、社会教育等。

4. 罪犯教育的台账。罪犯教育资料的考评，项目包括：罪犯教育计划；集体教育、分类教育、社会教育实施方案及活动情况记录；教学计划；教学大纲；授课计划；课程安排表；教师业务档案；罪犯学习情况有关记载；工作总结；帮教协议；监狱小报；个别教育方案和谈话记录、谈话笔记；等等。罪犯教育管理制度的考评，项目包括：组织机构的管理制度；罪犯教育工作民警管理制度；罪犯学习管理制度；罪犯教育设施管理制度；等等。

5. 罪犯教育民警。考评的主要内容为思想政治素质、专业素质以及罪犯教育工作实绩。罪犯教育工作实绩考评的项目有：执行罪犯教育计划情况；组织实施有关分类教育状况；个别教育情况；"四知道"的熟悉情况；教学方面的备课、辅导、批改作业等情况。

6. 罪犯。考评主要包括：学习成绩、劳动态度、计分考核情况、奖惩情况等。

7. 罪犯教育设施。考评包括：教室，包括教室数量、采光情况和空气流通情况等；课桌，包括桌凳设备及完好程度；图书馆和阅览室，包括图书馆藏书量、种类及利用率，阅览室的报刊种类、数量及座位数、利用情况等；教学器具，包括可供教学的实物、标本、教具以及电化教育设备等；体育器材；文化宣传设施；等等。

8. 改造质量。考评包括：罪犯入监评估、过程评估、出监评估三个部分。

此外，对教育效果的考核还可由监狱内延伸到监狱外，即对刑满释放人员进行跟踪考察调查和评议评估。

二、罪犯教育工作考评的方法

（一）定量评估法

此方法可分为两个步骤：一是预先制定罪犯教育工作评估指标体系。制定指标体系时，应把罪犯教育工作分为几个大项目及子项目，如组织管理、教育内容、教育方式和方法、教育管理制度、教育者素质、教育设施等，然后确定每个项目的分值、子项目的分值以及子项目内不同等级的分值。二是具体考评得分阶段，即根据某监狱或某监区的实际工作情况所达到的程度，确定不同的等级分值。这种考评方法的关键在于确定一个科学的量化标准，以使考评结论能够比较客观、公正，能够比较准确地反映教育工作现状与实绩。

（二）定性评估法

定性考评主要是对考核罪犯教育工作效果和工作整体绩效质量方面的考核评价，要注意与定量考核相结合，综合优缺点，客观评价。

（三）综合分析评价法

综合分析评价法，即综合多方面因素，对事物的性状做出判断的方法。就一个监狱或一个监区的罪犯教育工作而言，综合分析评价特别重要。在考评时应注意：个别与整体相结合；过去与现在相结合；问题与成绩相结合；工作与效果相结合。既要考查做了哪些工作，怎么做的，更要考查罪犯接受教育改造的工作效果。总之，注重对罪犯教育工作进行综合因素的评价，才能对其工作质量做出比较科学的评价结论。

三、罪犯教育工作考评的组织实施及要求

罪犯教育工作考评组织实施者一般是上级机关，一项考评活动的圆满完成，要经过制定组织实施计划、确定考评内容、制定备选方案、开展考评活动、形成结果、撰写报告、反馈等一系列过程。因此，要成立实施机构，制定完善的实施计划。

罪犯教育考评工作实施基本程序如下：

1. 召开会议，进行考评工作部署。监狱领导机关召开罪犯教育工作考评组织实施工作会议，成立考评领导机构并进行责任分工，责成职能部门进行活动的准备、部署。

2. 调查、研究、制定实施方案。考评小组对罪犯教育工作过程考评进行调查研究，制定考评实施方案，报领导审批通过。

3. 下发通知，通告考评安排。各单位知悉考评事项、考评流程等，预先做好考评准备工作。

4. 实施考评工作。考评小组按照考评方案组织相关部门及人员对各单位进行考评，并根据考评结果进行打分。

5. 对考评活动全面总结，撰写考评总结报告，并将考评结果与奖惩挂钩。

📋 **工作流程**

1. 成立考评领导小组，选调小组成员。由该监狱主要领导或主管罪犯教育工作的领导担任组长，小组成员由相关科室主要领导组成，领导小组下设工作机构，主要由主管罪犯教育业务的教育科工作人员组成。

2. 考评小组分工。考评小组组长负责全面领导职责，小组其他成员负责相应的协助工作，根据司法部《监狱教育改造罪犯工作目标考评办法》和《监狱教育改造罪犯工作目标考评评分标准》制定考评细则和指标体系，并按上级领导的安排，负责罪犯教育活动的具体组织实施。

3. 制定考评实施方案。由教育科组织制定考评实施方案，内容包括指导思想、考评领导机构、考评内容与标准、考评方法、实施细则、流程、奖惩等。

考评的内容包括：该监狱罪犯教育工作的组织管理、"三课"教育、出入监

教育、集体教育、个别教育、辅助教育、社会教育的教育组织、方式、方法等；服刑指导中建设与监区文化建设的特色；罪犯教育的台账；罪犯教育民警"四知道"的熟悉情况以及教学方面的备课、辅导、批改作业等情况；罪犯学习成绩、劳动态度、计分考核情况、奖惩情况；罪犯教育设施；改造质量；等等。

4. 按照方案组织实施考评。

5. 结论与总结。考评结束后，由考评领导小组撰写结论与总结，肯定成绩、指出不足，就该监狱罪犯教育工作中存在的心理健康教育不够规范、教育活动欠缺主线等问题，指定相关部门提出整改方案，积极改进，针对其他考核台账等不规范的问题及时整改，明确下一步工作努力方向。

 学以致用

某监狱提出教育改造工作要以"教育改造质量年"为平台，着力构建集教育、矫正、回归于一体的教育改造体系，进一步夯实教育改造工作基础，加强各项目标考核和保障，创新教育改造工作的方式、方法，丰富文化监狱建设的内涵，提高罪犯改造质量，实现教育改造效果最大化。

一是落实教育改造"5+1+1"模式，确保"六大"教育正常进行。二是继续扎实开展监区文化建设，增强监区文化氛围，巩固已经形成的"一监狱一品牌、一监区一品牌"的文化格局。三是继续加强每周一天"个别谈话教育日"制度，重点抓好"十必谈""重点谈"和"及时谈"，做到问题隐患不过夜。四是进一步抓好职业技能培训工作，刑释人员获证率要达到应参加培训人数的91%以上，其中实用性强、易就业的要达到30%以上。五是进一步规范心理矫治工作，建成监狱罪犯心理健康指导中心、监区心理健康辅导站、罪犯心理互助小组"三级网络"。六是办好监内广播站，用好电视广播、电视网络系统，开展好电化教学。七是加强罪犯入出监教育和质量评估工作，确保入监评估率和出监评估率达到"两个100%"要求，按照《社区矫正工作办法》等文件，加强与地方矫正部门实现无缝对接。八是进一步拓展社会帮教活动，年内社会团体帮教活动达2次以上，帮教协议签订率达50%以上。九是开展"季度改造之星"评比活动，召开罪犯年度刑事奖励大会，选好区局第六届服刑改造积极分子，表彰先进，激励后进。

问题：根据上述材料分组讨论罪犯教育工作考评内容与程序。

要点提示：结合司法部《监狱教育改造罪犯工作目标考评办法》和《监狱

教育改造罪犯工作目标考评评分标准》的实施要求。

 拓展学习

业务考核强技能 锻造本领强基础

为深入贯彻司法部全国监狱工作推进会精神，全省监狱系统认真贯彻落实业务考核工作部署，推进管教民警业务考核全覆盖，各监狱围绕以考促学、以考促干，充分准备、精心组织，高质量完成各项考核，进一步夯实罪犯教育改造基础，着力推动教育改造工作提质增效。

贴近平时，全面检验民警基本功。背后点名流畅无误，民警熟悉掌握包组罪犯体貌特征，做到见人知名、提名知貌。逐一考评"四知道"内容，民警对罪犯的基本情况、犯罪事实、社会关系、现实表现等基本情况了然于胸，做到一口清、问不倒；队前讲评围绕场景要求，进行即兴讲评，展现业务功底；队列指挥铿锵有力、口令准确，罪犯整齐划一，精神饱满，有效展现罪犯规范养成成效；民警上台授课语言流畅、内容详实、逻辑清晰，充分展现教学基本功；"一犯一策"改造案例的撰写紧扣要求，详细反映有效做法、先进经验和工作成效，为深化个别教育积累丰富素材。部分单位结合改造工作实际开展其他考核内容，如汾阳监狱采取理论考试的方式，重点考察民警掌握执法标准、执法制度规定及书写法律文书等能力，切实提升执法规范性和写作规范性。

贴近实战，全面展示攻坚本领。开展个别教育情景模拟考试，所有民警随机抽取试题，针对不同情景下如何做好个别谈话、个别教育等进行现场作答，现场设计教育方案，现场提出举措办法，并由管教经验丰富的民警组成评委，现场打分，公平公正，真正考核出民警实实在在的本领。

贴近成效，树立改造人工作导向。考前抓好动员部署，厘清任务要求，成立考核小组，确定考核项目，研究赋分标准，确保考核有序公正。考后及时总结反思，形成长效机制。表彰宣传获奖人员，形成赶学比超良好氛围。总结优秀经验做法，推动监区和监狱间的交流互鉴。

（来源：山西省监狱管理局官方微信公众号）

任务 39 罪犯教育工作台账

学习目标

了解罪犯教育工作台账的种类与制作要求、组成要素，能够根据给定材料制作、整理和分类管理台账。

案例导入

某日，值班民警王某某带班。早晨出工时，谷某因为排队集合与曾某发生口角，被民警批评制止。中午开饭时，谷某帮助突然生病的刘某收拾工具、打饭，受到民警表扬。下午劳动生产时，谷某积极肯干，超额完成当天生产任务。

问题：请结合案例思考应如何做好罪犯考核台账表册的记载与管理？

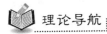 理论导航

罪犯教育工作台账，是监区在教育改造罪犯过程中，按照一定的程序和方法，收集、整理、保管而形成的原始账册，是监区教育改造罪犯的原始凭证或原始资料。罪犯教育台账反映了监区罪犯教育工作质量，具有存查、利用价值，也是建立教育改造档案的基本条件和基础。随着监狱智慧化和信息化的发展与推进，罪犯教育工作电子台账逐步走向规范。

一、罪犯教育工作台账的种类

罪犯教育工作台账主要有以下几种：

1. 入监教育台账。
2. 思想教育台账。一般包括：法律常识教育台账、道德教育台账、爱国主义教育台账、人生观教育台账、时事政策教育台账、专题教育台账。
3. 文化教育台账。
4. 技术教育台账。
5. 心理健康教育台账。
6. 分类教育台账。
7. 个别教育台账。其中包括顽危犯转化教育台账。
8. 监区文化建设台账。

9. 社会帮教台账。

10. 罪犯改造评估台账。

11. 教育改造保障台账。其中包括：教育改造基础设施、教育改造的师资以及经费使用等台账。

12. 出监教育台账。

二、罪犯教育工作台账的组成要素

1. 教学计划。一般包括教学目的、教学时间、教学内容、教学方法和途径等。

2. 登记册、花名册、点名册、成绩册。内容包括姓名、年龄、罪错性质、文化程度、起止刑期及家庭住址等。但有的登记册，如技术教育获证人员登记册，需增加成绩、工种及其等级等内容。

3. 课堂记录簿、教学日志。课堂记录簿是教师授课情况的真实记录。内容包括：授课时间、授课人数、授课内容、课堂纪律等。教学日志，是每日教学活动（包括课堂教学）情况记录簿。

4. 作业簿、试卷、记录簿、记事簿等。

5. 个别谈话记录簿、个别谈话记录检查登记簿。个别谈话记录检查登记簿是监区对本监区民警个别谈话记录进行检查登记的簿册。内容包括：检查时间、检查对象姓名、谈话次数、谈话记录质量、改进意见等。

6. 板报、壁报、所内小报原稿等。

7. 社会帮教协议书等。

三、注意事项

罪犯教育工作台账的建立和管理，是罪犯教育管理中的一项基础性工作，十分琐碎，只有具有高度的责任心、耐心和细心，才能做实、做细、做深、做好。

1. 要站在规范执法的高度。作为贯彻落实《监狱法》、《监狱教育改造工作规定》、《教育改造罪犯纲要》和《监狱教育改造罪犯工作目标考评办法》的具体执法行为，罪犯教育工作台账的建立和管理是其中的一个环节，务必严格规范，以维护监狱法治形象。目前，全国各监狱逐步重视执法档案建设，开始应用信息化软件为罪犯全程、全方位建立服刑改造档案，罪犯教育工作台账的建立和管理越来越受重视。

2. 要站在科学改造罪犯的高度。罪犯教育工作台账是教育改造罪犯的原始资料和重要轨迹，务必建立好和管理好，以便于为科学认识和科学教育改造罪犯提供翔实数据。

3. 要站在创新管理的高度。遵循教育改造工作科学化和档案管理科学化的规律，建立"执法工作严格，廉政环节必设，记录工作客观，监狱特色突出"的台账工作新模式，精减一般台账，强化重点台账，规范台账格式，完善教育改造管理系统的管理和使用，推进工作台账电子化，提升工作信息化水平。监狱要准确、及时地做好教育改造管理系统的信息输录和维护工作，做好基本台账、工作资料和统计报表的记载、保管和整理，完成工作数据的统计分析，全面提升罪犯教育工作台账的建立和管理水平。

工作流程

1. 笔记本记事、资料积累。监区一线管教民警积累原始资料，平时必须做到"五勤"，即眼勤、口勤、腿勤、脑勤、手勤。每做一件教育改造工作，就要把过程写下来或者记录下来，保存起来就是原始资料。要在工作过程中去收集、去积累，工作过后发现缺少的资料，应及时补上。要熟悉教育改造中的各种指标、数据，如"思想、文化、技术"三课教育的参学率、到课率、合格率、获证率等。如果不熟悉上述应达到的指标，那么，收集的资料就有可能不达标，需要重新补课和重新收集资料。

上述案例中，值班民警王某某应全面观察谷某的表现，将当天改造表现比较突出的情况记录在值班记录上或电子台账上。

2. 按照表格或者报表要求使用蓝黑笔准确填写。本案中，民警应将谷某情况记录下来，并按照一定程序将谷某奖扣分的结果详细填入考核积分表。

3. 资料归类。资料归类是指监区民警把教育改造过程中积累的原始资料，按《教育改造罪犯纲要》规定的主要内容进行整理归类。上述案例中，民警对谷某的计分考核表应按照一定的分类添加到罪犯教育档案中。

4. 台账管理。罪犯教育工作台账应有专人负责管理，一般应有监区的教育干事或者监区内勤专门负责管理。负责罪犯教育工作台账管理的民警，应尽心、尽力、尽责。台账数据准确、内容齐全、字迹清楚，格式、标题、大小统一、装订规范、放置有序。值班民警记录完毕后，交接分管民警或监区内勤，按规定保管台账。

5. 涉及谷某的电子台账要及时录入系统，备份留存，信息共享不能违背档案保密纪律。

 学以致用

汪某，曾经有过装病、逃避劳动改造的行为。某日值班民警马某带班，正在劳动的汪某突然大喊肚子疼，并躺在地上抱着肚子打滚。值班民警经过诊断观察，判断汪某系故意装病逃避劳动。

问题：根据案例思考民警应如何做好罪犯的日常考核台账记录与管理？

要点提示：做好值班记录，办理扣分手续，记入台账，保存管理。

 拓展学习

重规范严执法　打造平安监狱

湖北省司法厅坚持强基础、重规范、严执法、抓改造、建队伍，全面提升监狱工作水平，探索走出了一条具有湖北特色的平安监狱之路。全省监狱连续7年无罪犯脱逃，连续10年无较大安全生产事故，连续5年无死亡生产事故。

夯实基础保平安。围绕安全稳定，建成视频会议、IP应急指挥电话、周界防范、紧急按钮报警和罪犯外医远程监控系统，实现了监控全覆盖；围绕教育改造，建成罪犯服刑指导网和罪犯教育网站，实现了网上学习、阅读电子图书、开展心理矫治等"一网通"。

完善管理创平安。以"监狱内部管理规范年""基层基础建设年"等活动为抓手，从安全警戒设施、狱政管理、刑罚执行、狱内侦查、生活卫生、劳动改造、教育改造、警察队伍、基础业务、信息报告及处理等十个方面，深入推进监狱规范化建设，制订修订基层管理规章制度190多项，建设省级规范化监区117个。

公正执法促平安。编印《刑罚执行手册》，构建刑罚执行工作"三个一模式"：一套刑罚执行规范和标准模型、一套刑罚执行工作软件、一套工作流程与台账，进一步完善罪犯计分考核、行政奖励、减刑假释、保外就医办理各环节的制度。以广华监狱为试点，大力推进狱务公开，统一狱务公开内容、流程和监督，共公开119项内容，将监狱执法权力晒在"阳光"下。

科学改造助平安。连续12年开展"中华魂"读书活动，打造"新程之星""孝文化"教育、"红色文化进监狱"等活动品牌，大力推动监区文化建设，培育"楚韵"等23个监区文化特色品牌，通过文化熏陶引导罪犯积极改造。狠抓

文化教育和职业技能教育，罪犯职业技能培训获证率达到 90% 以上，出监教育质量评估率达到 100%。建成现代化可视心理咨询系统和心理矫治三级网络，建立心理咨询中心 28 个，加大心理矫治力度，罪犯心理测试率、心理健康教育普及率、对顽危犯的心理矫治面均达到 100%。

（来源：法制日报）

项目十一

文书制作

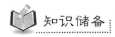 **知识储备**

一、罪犯教育工作文书概念

监狱作为国家的刑罚执行机关，在对罪犯进行改造、教育、考核和执行判决、裁定的过程中，形成了许多文字材料，而罪犯教育文书主要是指监狱在对罪犯进行教育改造活动中形成的具有一定格式的文字材料，包括对罪犯的讲话稿、个别谈话记录、帮教协议书、思想动态分析报告以及各种表报簿册等。

二、罪犯教育工作文书分类

按照罪犯教育文书的形式进行分类，一般可以包括：

1. 表格类文书。表格类文书是指文字的要素内容以表格形式设计并加以固定的文书，制作时只要按照表格内容进行填写即可，如《罪犯入监登记表》《顽危犯审批表》等。

2. 填写式文书。填写式文书是指将供选择的项目在文书内留出空白，在制作时按要求在空格内填写相关内容的文书，如《罪犯奖励通知书》等。

3. 拟制式文书。拟制式文书是指文书设计好一定的样式，制作者用文字组织成文章写入相关部门的一种文书，如《个别谈话记录》等。

三、罪犯教育文书基本栏目的制作要求

罪犯教育工作中涉及的各类文书是监狱文书的重要组成部分，它最直接反映了监狱罪犯教育改造工作情况，具有一定的法律效力。它既是惩罚罪犯的工具，又是教育改造罪犯的手段；既具体体现着法律的实施，又如实记载着罪犯的教育改造情况。所以，从这个意义上讲，罪犯教育工作文书一定程度上体现着罪犯教育改造工作的质量，因此，必须严格依法制作。其基本栏目的制作要求如下：

1. 姓名栏。罪犯姓名要与人民法院判决书中的姓名一致，字迹清楚，不能潦草涂改。对少数民族和外国籍罪犯，应正确填写汉语译名并注明其本民族或本国文字的姓名。

2. 别名栏。别名包括罪犯的常用名、笔名、乳名、绰号等。

3. 出生年月栏。以公历为准，计算到年月日。

4. 文化程度栏。以最高学历为准，可分为研究生、大学、高中（中专）、初中、小学、文盲等档次，有些罪犯通过自学达到一定的文化水平，也可以在栏目中填写"相当文化水平"，有的罪犯未完成相关学历的教育，可填写"肄业"。

5. 籍贯栏。指罪犯原籍或祖居，填写时注意与出生地、居住地等加以区分。

6. 婚姻状况栏。一般分为未婚、已婚、离婚、丧偶四种情形。

7. 家庭地址栏。必须详细准确，不能简写和缩写，一般以判决书中载明的地址为准。

8. 口音栏。基本口音和习惯口音，如发现会使用其他方言的应注明。

9. 健康状况栏。以收监体检结论为主，如发现有生理、精神疾病或缺陷的应如实填写。

10. 职业栏。捕前所从事的具体职业。

11. 工作单位栏。捕前工作单位名称和地址，不得简写或缩写。

12. 本人简历栏。从上小学一直到逮捕服刑。

13. 罪名栏。以人民法院判决书所列罪名为准。数罪并罚的按先后顺序填写。

14. 刑种栏。在服刑期间，由于减刑或加刑等情况致使原判刑种发生变更的，可将原判刑种与现有刑种分别填写。

15. 刑期栏。在填写时，不能只写数字不写年月日。

16. 刑期起止栏。以人民法院判决书为准，期间发生变化的，可将原判刑期和现有刑期的起止日分别填写。

17. 发文字号。发文字号由年份、监狱名称、文种和文书的序号四部分构成。

18. 印章的使用。加盖于成文日期的年月日上面，俗称"骑年盖月"。一纸多联的文书在每联的中缝应填写发文字号并加盖公章，俗称"骑缝章"。

19. 数字与计量单位的使用。除发文字号、统计表、计划表、序号、专用术语或其他必须使用阿拉伯数字的以外，一般都用汉语书写。

四、罪犯教育文书的归档

罪犯教育文书办理完毕后，应当根据《中华人民共和国档案法》和其他有关规定，及时整理（立卷）、归档。

归档范围内的罪犯教育文书，应当根据其相互联系、特征和保存价值等整理（立卷），要保证归档文书的齐全、完整，能正确反映监狱罪犯教育的主要工作情况，便于保管和利用。

归档范围内的文书应当确定保管期限，按照有关规定定期向档案部门移交。拟制、修改和签批公文，书写及利用纸张和字迹材料必须符合存档要求。不具备归档和存查价值的公文，经过鉴别并经有关负责人批准，可以销毁。销毁秘密公文应当到指定场所由 2 人以上监销，保证不丢失、不漏销。

任务 40　制定罪犯教育工作计划

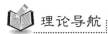 学习目标

掌握罪犯教育工作计划方案的类型、内容和注意事项，能够根据材料制定罪犯教育工作计划方案。

案例导入

某监狱地处中国优秀传统文化发源地孔孟故里，近两年一直在试点开展中国传统文化教育，并取得了一定的成效和经验。近期省司法厅和省监狱管理局下发文件，要求全省各个监狱全面推广和实施中国传统文化专题教育。根据文件要求，某监狱于年初制定本年度的中国传统文化专题教育计划。

问题：请结合案例思考如何制定罪犯教育工作计划？

理论导航

罪犯教育工作计划方案是指负责罪犯教育的组织机构，为了实现罪犯教育的目的和任务，而对未来某一阶段的工作目标、工作步骤以及方法、措施等预先进行谋划和安排而制定的指导性文件。它是指导罪犯教育活动的重要手段，是开展罪犯教育活动的重要依据，是使罪犯教育活动有序进行的重要保证。上级通过制订计划方案指导下级工作，下级则依计划方案开展工作。

一、罪犯教育工作计划类型

罪犯教育工作计划根据不同的标准，有不同的分类：

1. 根据时间划分，可分为：年度计划方案、半年计划方案和月计划方案等。

2. 根据内容划分，可分为：思想教育计划方案、文化教育计划方案、技术教育计划方案、心理矫正计划方案和社会教育计划方案。

3. 根据教育形式划分，可分为：集体教育计划方案、分类教育计划方案、辅助教育计划方案和个别教育计划方案等。

4. 根据作用不同划分，可分为："三课"教育计划、辅助教育计划和社会帮教计划等。

5. 根据实施的层级划分，可分为：国家、省级、监狱计划等。

二、罪犯教育工作计划内容

罪犯教育工作计划方案的内容主要包括标题、正文和结尾三个部分。其中，以正文中的目标和任务、方法和措施、步骤与时间安排三个方面为核心。

（一）标题

标题需要包含三个方面要素：计划单位、计划时间和计划性质，如《山东省监狱××年至××年罪犯职业技能培训计划》。

（二）正文

1. 指导思想、依据及罪犯教育工作目标。罪犯教育计划是按照有关法规，根据上级主管部门的要求，结合本机构实际制定而成的。目标是一份计划的灵魂，把罪犯改造成为守法公民，这是我们改造罪犯的总任务、总目标。但在对罪犯进行某方面的教育时，往往要明确一个具体任务和具体目标。例如，罪犯年度职业技能培训计划，则需要明确技能考核合格率、拿证率、上岗率等。

2. 罪犯教育的任务与要求。明确划分计划阶段及每一阶段的任务。欲达成教育罪犯的目标，一般可以分条目来写，用小标题或在每一段开头用概括性语言来表述。

3. 完成任务的具体措施。这主要包括完成任务的方法与措施、步骤与时间安排等。在制定对各类罪犯的分类教育计划时，应根据其犯罪和改造特点，设计应采取的方法、措施。例如，针对性格冲动、情绪波动大、自控力差等特点的罪犯，主要从引导其深挖犯罪的主观根源、认识犯罪危害、陶冶情操、磨炼性格等方面去预设切实可行的方法和措施。

一个涉及时间较长的计划或一个较大目标的实现，往往都是分步骤、分阶段实施的。阶段性小目标的实现是达到所预想的大目标的基础和保障。所以，在制定罪犯教育工作计划方案时，应当明确先做什么，后做什么，什么时间完成什么工作等，以使整个计划有条不紊、有步骤地实施。应根据罪犯的犯罪情况以及改造初期、中期和后期三个不同阶段的改造特点，明确各阶段教育改造的基本目标，即改造初期促其认罪、中期促其稳定改造、后期促进巩固改造成果，并明确相应的方案和措施。

（三）结尾

计划的最后要注明日期。

三、罪犯教育计划制作注意事项

（一）罪犯教育计划要注意兼顾

当前，罪犯教育内容要求越来越多，范围越来越广，教育形式也越来越多样化。因此，在制定罪犯教育工作计划时，既要突出重点，又要兼顾全面；既要完成罪犯教育任务，又要确保监狱安全稳定；既要重内容，也要重形式。

（二）罪犯教育计划必须可行和可测量

制定的罪犯教育工作计划方案必须便于操作实施，即提出的任务和指标，以及措施、方法和步骤等一定要具体、明确、可行。同时，又不能定得太死，要留有余地，以便在实施过程中根据情况的变化，对计划进行调整、修改，使之更符合实际。要合理设置评估、考核办法及考试计划。

（三）罪犯教育计划必须要有责任意识

罪犯教育计划制定后，相应的人、财、物要围绕计划来完成。目标较大的，需要层层分解，具体到每个岗位和个人，明确每个部门、岗位和个人所担负的目标、任务，明确各自应承担的责任。

工作流程

1. 研究省厅和省局关于罪犯传统文化专题教育的相关指导意见，总结本监狱上一年度罪犯传统文化教育计划执行情况，对照目标任务，总结经验，查找不足。对实际效果好的措施要继续发扬，对实际效果差的要改变措施和方法。

2. 制定本年度罪犯传统文化专题教育计划时，要充分分析犯群结构变化情况，受教育情况、罪错情况以及法律意识、道德意识，心理状况等；分析目前监狱民警师资力量、教育场所、设施等教育资源。根据监狱自身的教育实际和罪犯实际情况制定具有可行性的发扬与创新相结合的教育计划。

3. 由该监狱教育科负责制定罪犯中国传统文化专题教育年度计划草案，提交分管领导审核，下发各监区征求意见。

4. 汇总整理各部门意见，召开教育工作专题会议。逐条逐项讨论草案，根据讨论结果修订完善，提交办公会议审议。

5. 根据审议结果，修改完善并以文件形式下发罪犯传统文化年度专题教育计划。

××监狱××年至××年度罪犯传统文化专题教育计划（参考）

一、指导思想与主要目标

司法部《教育改造罪犯实施纲要》提出："要对罪犯进行中华传统美德教育，使罪犯了解中华民族优秀的民族品质、优良的民族精神、崇高的民族气节、高尚的民族情感和良好的民族礼仪。""要对罪犯进行道德修养教育，教育罪犯掌握道德修养的正确方法，从小事做起，敢于自我解剖，严格要求自己，养成良好的道德品质。"这一规定明确强调了对罪犯开展中华传统文化教育的内容和方法问题。

实践证明，我们对罪犯开展的优秀传统文化教育，正是落实这一《纲要》的重要举措，是在新的历史条件下对监狱教育改造工作内在规律的探索和实践。

我狱经过近一年来的探索和实践，在监狱党委的有力支持下，罪犯中国传统文化教育取得了明显的阶段性成果，受到了社会各界的广泛关注。为了将优秀传统文化教育工作进一步引向深入，建立教育的长效机制，切实地履行好监狱改造人的工作宗旨，贯彻省厅《关于全省监狱系统深化优秀传统文化教育工作的意见》，特制订××年至××年度罪犯传统文化专题教育计划，进一步提高对深化优秀传统文化教育重要性的认识，加强对优秀传统文化教育工作的领导力度，不断将优秀传统文化教育引向深入。

……

二、主要内容和措施

（一）教育内容与时间安排

1. 教育内容：根据我狱教育改造工作的实际，按照省厅优秀传统文化教育要求，我狱本年度传统文化教育以《了凡四训》《孟子》为基本教材。《了凡四训》的教学，是以"三改十善"为主要内容的改过修善的教育。通过教育，使罪犯转染为净，干干净净地做人。《孟子》的教学，是以"心性修养"为主要内容的善的教育。通过教育，使罪犯转迷为悟，明明白白地做人。

2. 时间安排：1年2本书，3年为1个周期，循环进行，要把《弟子规》的学习贯穿整个教学周期。必须坚持并落实每年2周集中教育办班时间，对当年的1本书进行面对面授课。必须坚持并落实每周1个半天、2个晚上的常规教育时间，安排当年1本书的教育时间应占全年常规教育时间的50%以上。

3. 教育形式：以集中课堂教育为主，继续实行晨晚诵读制度，学唱感恩歌曲，诵读圣贤经典，举办幸福人生及中华传统伦理道德演讲比赛、艺术表演，组织开展罪犯每人写一封家书活动，汇报自己学习中国传统文化的感悟、体会和收获等，与罪犯交流学习心得与体会等，继续开创与丰富教育形式。

（二）民警师资力量的培训

本年度在原有师资力量的基础上，组织民警教员围绕《了凡四训》和《孟子》课程内容，认真编写讲义，备课试讲，经省验收合格后上岗授课。监狱党委对各监狱民警教员编写的讲义，进行精选汇编。对讲义入选的民警教员，给予必要的奖励。本年度继续加大教员培养的投入，建立不少于8人的民警师资队伍，力求向教育科和心理健康指导中心集中，并注意确保师资队伍的稳定性和梯次结构，为具有潜力的民警教员提供外出学习和培训提高的条件，创造开阔视野、丰富阅历、加深造诣的环境，进一步完善优秀民警教员的奖励和选拔任用的机制。

（三）教学队伍的管理

教育者先受教育，因此，在深化教育阶段必须继续坚持。将民警的优秀传统文化集中教育纳入民警教育培训计划，由政工部门负责落实，要求全体民警都参加培训，坚持每课必培，培训必集中。培训要每年进行1次，每次集中培训时间不少于15天。培训应围绕本年度所开课程进行，每次培训都要制定详细的教学计划和明确的教学目标，落实授课人，采用外请专家和本单位民警教员共同授课的办法进行。每次培训应面对面教学，培训结束要统一考试，进行全面总结。同时，要在民警政治学习中适当安排优秀传统文化的学习内容，坚持每月学习不少于1次，并有记录备查，确保优秀传统文化教育经常化。

（四）保障条件

……

×××年×月×日

 学以致用

某女子监狱位于某省会城市城郊位置，押犯人数约在 4000 人。根据要求于年初制定本年度的文化教育计划，但罪犯的学历差距较大，文盲至大学学历各层次均有，普遍开展学历文化教育没有相应的师资和场地，罪犯入狱时间长短也不同，需要合理设置文化教育内容及文化教育周期。

问题：根据该监狱实际情况拟定本年度罪犯文化教育计划方案。

要点提示：需要注意结合女子监狱的实际、女性罪犯教育的实际，合理设置教育内容，解决罪犯层次不一、服刑时间长短不同的矛盾，注意计划制定的基本程序和基本要素。

拓展学习

××监狱罪犯心理健康教育活动实施方案

为进一步加强我狱的教育改造工作，积极吸纳社会教育资源，全面提高罪犯的心理素质和自我调节能力，培养罪犯积极向上的改造心态，维护监狱的安全稳定，经我狱与××学院教育科学系积极沟通协调，决定在我狱开展为期 3 个月的罪犯心理健康教育系列活动。届时将邀请××学院优秀心理学专家、教师对我狱服刑人员进行心理健康教育。具体实施方案如下：

一、指导思想和目的

以提高罪犯教育改造质量为中心，以提高罪犯的心理健康水平、塑造积极健康的人格、维护监狱的安全稳定为目标，以排解罪犯的心理障碍和提高罪犯的自我调节能力为重点，充分利用和整合社会资源，进一步提高罪犯改造质量，预防和减少心理问题和疾病的发生，为创建安全文明现代化监狱奠定思想基础。通过此次活动，使罪犯了解心理健康基本常识，学会识别心理问题，掌握对心理问题进行自我调适的方法，寻求心理帮助的途径，挖掘违法犯罪的心理根源，消除不良心理，矫正犯罪心理，提高心理素质。

二、原则和要求

在保证专业人员安全的前提下，最大限度地确保教育效果，切实提升罪犯的心理健康水平。坚持知识传授与方法指导相结合、心理健康教育与日常管理教育相结合、普及教育与重点引导相结合、心理预防与心理发展相结合。

三、教育内容和形式

1. 罪犯心理健康教育的重点内容为：心理健康知识的普及、自我心理健康教育、心理障碍罪犯的矫治。

2. 罪犯心理健康教育的形式为：课堂化教学、专题教育、团体咨询、个体咨询、座谈交流。

四、时间安排

活动时间为××年×月×日至×月×日。利用每周六教育日或晚思想教育课时间，邀请××学院心理专家进行现场授课和心理辅导。

五、要求

1. 加强文明共建，做好配合、沟通和交流，扎实开展好各项教育活动。

2. 各监区要以此为契机，认真摸排本监区有心理障碍或问题的罪犯，积极配合，共同开展好此次教育活动。

3. 教育讲座期间，当日不得安排其他活动，监区分管领导要现场组织，维护教育秩序。

4. 活动期间，教育改造科将进行考核，对无故不参加学习或违反课堂纪律者，按有关规定予以处罚，纳入当月管教绩效考核。

任务41　罪犯教育表报簿册

学习目标

了解罪犯教育表报簿册的类型和部分表格，能够根据给定材料制作相应的罪犯教育表报簿册。

案例导入

某监狱二监区罪犯葛某妻子来信，因孩子年幼需要照顾，本人又没有固定工作，婆媳关系越来越僵，于是提出离婚。分管民警认为，葛某性格内向、心胸狭窄，孩子是他最大的希望和牵挂，但是该犯刑期较长，剩余刑期还在 15 年左右，而且家庭关系、婚姻基础比较脆弱，离婚在所难免。于是，决定对该犯进行个别教育谈话，引导该犯正确看待妻子的离婚要求，面对漫长刑期及家庭矛盾，懂得换位思考，对离婚有足够的心理准备。

问题：请思考罪犯表报簿册的制定与管理，并结合案例填写两份与罪犯教育工作相关的表报簿册文书？

 理论导航：

为了做好罪犯的教育整理、记录和归档工作，根据罪犯教育内容的不同，监狱设计了很多表报簿册，用来记录罪犯教育工作内容。根据教育内容的不同，有的是档案资料，有的是向上级汇报工作的表报。表报簿册一般由上级主管部门统一印刷或统一表样，未经允许不得随意改变。目前，在监狱信息化建设中，电子表格越来越多，极大地方便了查阅和档案管理，但对于涉密的表报簿册仍应进行手工填报。

一、罪犯教育表报簿册类型

随着监狱建设的信息化、规范化，教育改造地位的提升，罪犯教育表报簿册也越来越丰富和规范，归纳起来大致有以下几类：

1. 表：入监教育登记表、课堂教学实施情况月报表、学习点名册课堂教学日志、顽危犯确立（解除）审批表、个别谈话记录、罪犯学分登记表、罪犯讲话稿等，约计 19 种。

2. 簿：教研活动记录、民警谈话记录簿、罪犯思想动态分析会议记录、个体心理咨询记录、教研活动记录、个体心理咨询记录、图书借阅登记、视频教学听课情况检查、谈话记录检查登记、民警谈话记录簿等，约 18 种。

3. 档案：主要包括教育矫治档案和心理健康档案的相关表格或资料。

（1）教育矫治档案：基本情况登记表、认罪悔罪书、入（出）监教育自我鉴定及矫治计划、入（出）监教育鉴定表、"三课"教育、心理健康教育等。

（2）心理健康档案：基本情况都能基表、气质测试答卷、行为测试答卷、个性因素示意图、SCL-90 测试答卷、入（出）监心理评估表等。

二、罪犯教育表报簿册制作注意事项

1. 按照规定的要求进行填写，在规定的时间内上报。

2. 各监区要建立教育表报簿册管理制度，设置专柜，做到分类装订成册，实行统一标号、封皮，分类保管和归档，电子类表报簿册应单独建立文件夹。

3. 涉及罪犯数量、构成比例等敏感性资料要严格按照保密等级管理，遵守保密制度。

三、罪犯教育表报簿册表格样式（节选）

罪犯教育表报簿册应由民警亲自仔细填写和保管。目前，部分罪犯教育表报簿册有全国统一适用格式，部分是由各省（市、自治区）监狱管理局自行设计，节选文书表格样式与本省省（市、自治区）监狱规定不一致的，以本省（节选）（市、自治区）规定为准。

表 3-11-1 顽危犯管理教育动态记录表

（　年　月）

单位		罪犯姓名		专管民警	
民警当月所做工作					
罪犯当月改造表现					
教育转化效果评估及下一步对策措施					
分监区（监区）意见					
备注					

填表说明：（略）

表 3-11-2　教育活动记录表

活动时间		活动地点		主题形式		参加人数	
活动过程							
评比结果							
教育效果							
备注	教育活动包括：辅助活动，社会帮教，举办合唱比赛、运动会等竞赛性活动，须记录评比结果。						

填表说明：（略）

表 3-11-3　个别谈话记录表

被谈话人姓名		谈话时间		谈话地点	
谈话原因或目的					
谈话内容					
谈话效果	好	较好	一般	差	
分析处理意见					

表 3-11-4　入监教育登记表

时间：　年　月　日～　年　月　日

姓名	年龄	文化程度	案情	入监日期	考试时间	备注

填报说明：（略）

表 3-11-5　课堂教育情况实施月报表

单位：　年　月　日

科目	授课课时	应参加	实参加	到课率%	参加考试人数	及格人数	不及格人数	及格率

说明：（分）监区每月将课堂教学情况详细统计，报教育科一份，本监区留一份。

负责人：　　　　　　　　　　填表人：

填表说明：（略）

工作流程

1. 统一使用黑色笔填写，不得涂改和折页。

2. 按规定要求进行填写，并在规定时间内完成上报。

3. 监区要建立教育表报簿册管理制度，设置专柜，做到分类装订成册，统一编号，统一封皮，分类保管和归档。电子版格式的表报簿册应单独建立文件夹。

4. 相关人员岗位变动时，应及时办理交接手续。

5. 涉及罪犯数量、构成比例等动态性资料要严格按照保密等级管理，遵守保密制度。

表 3-11-6　入监教育登记表

时间：2009 年 8 月 12 日~2009 年 9 月 30 日

姓名	年龄	文化程度	案情	入监日期	考试时间	备注
葛某	36	初中	抢劫	2009.08.12	2009.09.30	
......						

表 3-11-7　个别谈话记录表

单位：某监狱二监区

使用人：××

被谈话人姓名	葛某	谈话时间	2010.4.6	谈话地点	谈话室
谈话原因或目的					

被谈话人姓名	葛某	谈话时间	2010.4.6	谈话地点	谈话室
谈话原因或目的	该犯妻子来信提出离婚，恐对该犯打击较大，引导该犯正确看待妻子的离婚要求。面对漫长刑期及家庭矛盾，懂得换位思考，对离婚有足够的心理准备。				
谈话内容	了解其家庭情况，重点：婚姻、婆媳、婚恋、父母身体、孩子等情况。（略） 　教育内容：主要分为三点：①反思个人对家庭带来的伤害；②换位思考孩子还小，父母身体差没有抚养能力，妻子一个人很难，要为妻子、孩子着想；③妻子愿意等你是最好的，是你的福气和动力。你的刑期如此漫长，如果执意离开，也是情理之中，要有思想准备。 　该犯表现：号啕大哭，承认对家庭、孩子、妻子的伤害和愧疚，妻子执意离婚也没办法，但想留下孩子。 　民警希望：他回去好好反思，多为孩子、老人考虑，多一分理智，放下思想包袱，有问题和想法可以找民警交谈，相信他会正确处理此事。				
谈话效果	好	较好 较好	一般	差	
分析处理意见	葛某犯罪对给家庭带来的巨大伤害表达了愧疚之心，并对离婚有了一定的思想准备。 　将此情况在分监区民警犯情分析会上说明，要求各值班民警多关注该犯情况，要求值岗罪犯加强监督，注意其情绪变化，并及时报告。				

 **学以致用**

　　某监区为迎接雷锋日，开展了"学雷锋、勇做新人"系列活动。第一阶段为宣传发动阶段：利用监内广播、标语、板报等宣传工具对涌现出的好人好事进行大力宣传，营造浓厚的活动氛围，使罪犯深刻理解此次活动的意义，正确对待并积极投身到活动中去。第二阶段为活动实施阶段：各监区根据监狱通知要求，结合监区实际，成立学习雷锋活动小组，在狱内开展形式多样的学习雷锋活动。同时，组织罪犯学习雷锋生平事迹、学唱雷锋歌曲、播放雷锋影片、阅读雷锋日记等，并开展以"我同身边人找差距"的讨论，组织罪犯撰写心得体会和感想的征文，监狱广播站设专题节目每天进行播出。通过学习雷锋活动，罪犯的心灵进一步得到净化，教育改造质量得到进一步提高。

　　问题：填写本次教育活动记录并上报。

　　要点提示：活动过程要简明扼要地记录活动开展情况，字数不可过少，凡是涉及比赛等排名次的，都要记录评比结果。

拓展学习

黑龙江省黎明监狱组织开展罪犯档案管理业务大讲堂

　　为扎实推进监狱各项工作落深落细落实，不断提升监狱基础工作规范化、标准化水平，按照监狱党委安排部署，近日，黑龙江省黎明监狱组织开展了罪犯档案管理业务大讲堂培训会。

　　培训会上，授课干警首先讲解了做好罪犯档案管理工作的重要意义。罪犯档案不仅是管理罪犯的重要依据，更是罪犯改造成果的实际体现。同时，授课干警紧密结合实际工作，通过理论介绍、剖析案例、集体讨论等方式，重点围绕罪犯档案的日常管理、提请减刑、假释的档案材料整理和呈报、档案的借阅、档案信息化建设等方面，进行了深入浅出的系统讲解。对狱政管理方面的执法文书、工作资料逐条梳理，明确了每一项应当记录的内容、记录方式、规格样式、制作要求、保存期限。针对现场监区干警提出的问题以及在开展罪犯档案管理工作中容易遇到的难点、堵点，尤其是信息化系统如何高效运用，进行了详细解答，并结合实际情况提出了合理可行的建议。

　　基础工作是全部工作的基石，筑牢基础是做好工作的前提，没有基础工作，所有的工作都是舍本求末，都是无源之水、无本之木。罪犯档案管理是监狱机关的一项重要的基础工作，加强罪犯档案的管理，充分发挥其在监狱执法中的积极作用，有利于依法、科学、文明管理罪犯，有利于防范执法风险，有利于监狱工作的法制化、科学化、社会化建设。本次培训使干警充分认识到做好档案管理工作的重要性、必要性和紧迫性，工作中每一个微小的瑕疵和漏洞都会酿成不可挽回、不可补救、不可逆转的后果和影响，要坚决贯彻落实监狱党委"抓基层强基础，规范管理，关键是持之以恒"的工作要求，在精细化、规范化管理上下功夫，做到精心管理、精细管理，向精致方向努力，全面规范基础工作，以此推动监狱各项工作的全面发展。

（来源：黑龙江省黎明监狱公众号）

参考文献

1. 赵卫宽主编:《罪犯教育》,中国政法大学出版社 2010 年版。

2. 王雪峰等:《罪犯教育理论专题研究》,法律出版社 2014 年版。

3. 司法部监狱管理局编:《入监教育》,湖北科学技术出版社 2011 年版。

4. 魏荣艳主编:《罪犯教育学》,法律出版社 2015 年版。

5. 王祖清、赵卫宽主编:《罪犯教育学》,金城出版社 2003 年版。

6. 贾洛川主编:《罪犯教育学》,北京大学出版社 2016 年版。

7. 石中英:《教育哲学》,北京师范大学出版社 2007 年版。

8. 章恩友:《罪犯心理矫治》,中国检察出版社 2010 年版。

9. 王秉中主编:《罪犯教育学》,群众出版社 2003 年版。

10. 高莹主编:《矫正教育学》,教育科学出版社 2007 年版。

11. 周雨臣:《罪犯教育专论》,群众出版社 2010 年版。

12. 边文颖主编:《罪犯教育工作实务》,中国政法大学出版社 2015 年版。

13. 武伯欣主编:《中国心理测试技术——实践与理论》,中国人民公安大学出版社 2010 年版。

14. 岳平主编:《特殊类型罪犯矫治》,中国法制出版社 2012 年版。

15. 张建秋:《个别谈话——沟通心灵的艺术》,江苏教育出版社 2008 年版。

16. 汪勇:《理性对待罪犯权利》,中国检察出版社 2010 年版。

17. 应朝雄编著:《监狱分监区工作实务》,中国政法大学出版社 2006 年版。

18. [法] 米歇尔·福柯:《规训与惩罚:监狱的诞生》,刘北成、杨远婴译,生活·读书·新知三联书店 2004 年版。

19. 李金华、殷尧、李玉成主编:《服刑人员心理健康与调适》,河南人民出版社 2006 年版。

20. 郭建安、鲁兰主编:《中国监狱行刑实践研究(上)》,北京大学出版社 2007 年版。

21. 郭念锋主编：《心理咨询师（习题与案例集）》，民族出版社 2015 年版。

22. 江光荣：《心理咨询的理论与实务》，高等教育出版社 2005 年版。

23. 钱铭怡编著：《心理咨询与心理治疗》，北京大学出版社 1994 年版。

24. 李豫黔：《监狱工作三十六讲》，中国法制出版社 2023 年版。

图书在版编目（CIP）数据

罪犯教育实务 / 李振玉主编. -- 2 版. -- 北京：
中国政法大学出版社, 2024. 8. -- ISBN 978-7-5764
-1660-2

Ⅰ. D916.8

中国国家版本馆CIP数据核字第2024RG3113号

出　版　者　　中国政法大学出版社

地　　　址　　北京市海淀区西土城路 25 号

邮　　　箱　　fadapress@163.com

网　　　址　　http://www.cuplpress.com (网络实名：中国政法大学出版社)

电　　　话　　010-58908435(第一编辑部) 58908334(邮购部)

承　　　印　　北京鑫海金澳胶印有限公司

开　　　本　　720mm×960mm　1/16

印　　　张　　22.25

字　　　数　　386 千字

版　　　次　　2024 年 8 月第 2 版

印　　　次　　2024 年 8 月第 1 次印刷

印　　　数　　1~3000 册

定　　　价　　66.00 元